El cambio del comportamiento en el trabajo

Diseño de tapa:
ESTUDIO MANELA

SANTIAGO LAZZATI

El cambio
del comportamiento
en el trabajo

GRANICA

BUENOS AIRES - BARCELONA - MÉXICO - SANTIAGO - MONTEVIDEO

© 2008, 2012 *by* Ediciones Granica S.A.

ARGENTINA
Ediciones Granica S.A.
Lavalle 1634 3º G / C1048AAN Buenos Aires, Argentina
Tel.: +54 (11) 4374-1456 Fax: +54 (11) 4373-0669
granica.ar@granicaeditor.com
atencionaempresas@granicaeditor.com

MÉXICO
Ediciones Granica México S.A. de C.V.
Valle de Bravo N° 21 El Mirador Naucalpan - Edo. de Méx.
53050 Estado de México - México
Tel.: +52 (55) 5360-1010 Fax: +52 (55) 5360-1100
granica.mx@granicaeditor.com

URUGUAY
Ediciones Granica S.A.
Scoseria 2639 Bis
11300 Montevideo, Uruguay
Tel.: +59 (82) 712 4857 / +59 (82) 712 4858
granica.uy@granicaeditor.com

CHILE
granica.cl@granicaeditor.com
Tel.: +56 2 8107455

ESPAÑA
granica.es@granicaeditor.com
Tel.: +34 (93) 635 4120

www.granicaeditor.com

Reservados todos los derechos, incluso el de reproducciónen todo o en parte, en cualquier forma

GRANICA es una marca registrada
ISBN 978-950-641-622-5
Hecho el depósito que marca la ley 11.723
Impreso en Argentina. *Printed in Argentina*

Lazzati, Santiago C.
    El cambio del comportamiento en el trabajo. -
2a ed. - Buenos Aires : Granica, 2012.
    416 p. ; 22x15 cm.

    ISBN 978-950-641-622-5

    1. Administración. I. Título.
    CDD 65

ÍNDICE

9

AGRADECIMIENTOS

Al pensar en agradecimientos me vienen a la memoria cuatro personas que contribuyeron significativamente a mi desarrollo personal, a lo largo de una actividad profesional de más de medio siglo. En la primera mitad de ese prolongado viaje, me concentré en el campo de la contabilidad y la auditoría. Pero durante la segunda mitad migré casi totalmente a la consultoría, especialmente en temas de recursos humanos. Y a lo largo de ambos períodos me dediqué a la docencia, tanto en la universidad como en el ambiente empresario; y a escribir unos cuantos libros o libritos.

Dicha trayectoria es la que me motiva y me permite escribir ahora este libro. Por ello mi reconocimiento a esas personas:

- Mi padre, que me educó, ayudó y alentó siempre, no solo durante mis épocas de estudiante, sino también todos los años siguientes hasta su muerte, a los noventa y seis años.
- Roberto Pistrelli, fundador de la firma local en la que me inicié profesionalmente; mi gran mentor, que ejerció una influencia enriquecedora en la primera parte de

mi carrera, y que dejó una profunda huella y un recuerdo imborrable para el resto de mi vida.

- Mario Vázquez, director general ("Managing Partner") de Arthur Andersen en Argentina durante 20 años aproximadamente; mi jefe durante todo este tiempo. Su estilo de liderazgo y su apertura mental hicieron posible que un iconoclasta como yo pudiese desempeñarse en una gran organización. Además, Mario ha sido mi "mejor amigo" desde que compartimos juntos el colegio secundario; lo cual prueba que la amistad bien entendida es compatible con el reconocimiento de la jerarquía en el trabajo.

- Hugo Hirsch, psicólogo y compañero de actividades y proyectos en las últimas décadas; mi *coach* en el mundo de la psicología, que me motivó y enseñó en esta materia, de la cual soy un amateur apasionado. Hugo también es un gran amigo.

A dichas relaciones de aprendizaje, apoyo y amistad debo agregar con todo mi sentimiento:

- A mi madre, que siempre compartió con mi padre el amor y la educación con un hijo nada fácil.
- A mi familia, mi esposa Susana y mis hijos Alejandra, Diego y Paula, que dan sentido a la vida de este agnóstico; sin su contención no habría podido hacer casi nada de las cosas buenas que he podido realizar (además de las muchas malas).

Por último, aunque no menos importante, agradezco profundamente a Carlos Haehnel, CEO de Deloitte Argentina y LATCO, y a Alberto Allemand, director de sus departamentos de Consultoría y Enterprise Risk Services (ERS), que me han brindado la oportunidad de trabajar estos últimos años en Deloitte, lo cual estoy disfrutando plenamente.

Podría agregar tantas otras personas que me han ayudado, en mayor o menor grado. Sin embargo, si continúo con la lista, en adición a los nombrados, no sabría dónde cortarla.

A MODO DE PRÓLOGO

Quizá hoy, más que en otras épocas, la palabra cambio es parte de las preocupaciones y desvelos de nuestra generación: cambio climático, cambio generacional, cambios políticos, cambios en el gusto del consumidor, cambio tecnológico, etcétera, etcétera, etcétera.

En realidad, el tema del cambio no es un concepto tan nuevo. Heráclito acuñó una acertada frase vinculada con él al expresar: "Lo único permanente es el cambio". Curiosamente, los seres humanos somos, en general, reluctantes al cambio. "Todo tiempo pasado fue mejor", "Siempre lo he hecho así y funciona" y muchas otras expresiones cotidianas exteriorizan esa suerte de aversión visceral a transitar hacia otras formas superadoras de lo actual. Pero, mal que nos pese, el cambio está y se proyecta hacia el futuro, como oportunidad invalorable de progreso y evolución, o como amenaza destructiva de lo edificado hasta el presente.

La visión mecanicista y estática de las organizaciones, basada en el análisis eminentemente estructural, ha dejado paso a una mirada mucho más integral en la que, sin dejar de lado el componente material (arquitectura, sistemas, etc.),

13

se focaliza en el elemento humano como esencial en la consecución de los resultados propuestos por la organización. En definitiva, una mirada más humanista de nuestras organizaciones actuales.

Somos los seres humanos los factores clave de los resultados de una organización. En palabras del autor de la presente obra, **"Los resultados de la organización dependen de los resultados de sus miembros"**. Ellos podrán contribuir en mayor o menor medida a esos resultados si, además, el contexto o las circunstancias que los rodean son o no los adecuados para alcanzarlos. Y si el ser humano es el factor clave, todo lo vinculado con él es necesariamente complejo y posee un delicado equilibrio. A diferencia de una máquina, el hombre responde a estímulos internos y externos que se generan en el contexto de variables tales como la educación, la salud física, la motivación, los hábitos culturales, las experiencias de vida, los valores y creencias y otras "características personales". El gran desafío es, pues, cómo lograr que el comportamiento individual se canalice hacia la obtención de los resultados buscados por la organización. Qué competencias debemos buscar (estrategia) y desarrollar (aprendizaje) en los integrantes de la organización para cumplir con aquel objetivo. Para ello es necesario pensar primero objetivamente en las competencias, sean estas "funcionales" (consistentes en los conocimientos y habilidades inherentes a la especialidad en un área funcional) o "compartidas", también denominadas "conductuales" (que comprenden aspectos del comportamiento comunes a distintas áreas funcionales e incluyen las competencias gerenciales), para luego visualizar el mapa humano de nuestra organización y tomar nota de la necesidad del cambio y del proceso consecuente que debemos afrontar.

Como bien señala el autor: "el camino principal para desarrollar ambos tipos de competencia ha sido la capacitación. La capacitación persigue **el aprendizaje, que impli-**

ca un cambio efectivo en el comportamiento. Y aquí es donde juega la distinción señalada". Y, finalmente, no basta el cambio por el cambio mismo, sino que hace falta también su transferencia efectiva al trabajo.

El profesor Santiago Lazzati incursiona con una enjundia encomiable y con avidez de investigador científico en la aprehensión de la naturaleza esquiva y profunda del concepto de cambio en el marco del trabajo en las organizaciones. A lo largo de ocho capítulos, desgrana los planteamientos sustanciales relativos al tema.

Reseña en el Capítulo 1 las particularidades del proceso de cambio del comportamiento en el trabajo, señalando los elementos que juegan en él y los conceptos esenciales a tener en cuenta, tales como el enfoque sistémico, los factores clave del aprendizaje, el cambio de hábitos y la factibilidad del cambio. En el Capítulo 2 el lector podrá adentrarse en las características individuales que comprenden la problemática de la personalidad, las condiciones físicas, la inteligencia, los valores y las creencias, la vocación y el conocimiento, y las habilidades específicas. Discurre luego el autor, en los capítulos siguientes, por las problemáticas de la comunicación, las competencias, el estilo personal, la gerencia y el liderazgo, el estilo gerencial y el enfoque situacional.

Al final de cada capítulo la obra incluye apéndices y anexos con textos ampliatorios de algunos conceptos tratados, así como muy útiles referencias bibliográficas.

Este notable trabajo de Lazzati, fruto no solo de su preparación académica y preclara inteligencia, sino también de un larga y fructífera carrera profesional en el asesoramiento a empresas, nos permite acceder al estudio y análisis de un tema que, como dijimos al comienzo de estas breves líneas, se exhibe como el gran desafío de las organizaciones modernas: administrar el cambio, y en particular el cambio en el comportamiento de los miembros –cualquiera sea su posición– de tales organizaciones.

El presente libro constituye un mapa confiable que nos permitirá navegar por las bulliciosas aguas del cambio positivo en el comportamiento de nuestra gente, para que los resultados de la organización y de sus integrantes sean, en definitiva, los deseados y satisfactorios para todos.

Solo me resta pedirle al profesor Lazzati que continúe buceando en las complejidades del comportamiento humano relacionado con las organizaciones, con la pericia con que ha elaborado esta obra. Sus lectores, agradecidos por ello.

CARLOS ALBERTO HAEHNEL
CEO Deloitte Argentina y LATCO
Buenos Aires, 7 de marzo de 2008

EL PLANTEO DEL CAMBIO
DEL COMPORTAMIENTO EN EL TRABAJO

Las organizaciones y sus miembros tratan permanentemente de mejorar su desempeño, lo cual requiere un cambio efectivo del comportamiento en el trabajo, tema de este libro. Las organizaciones lo hacen porque su éxito depende no solo de su arquitectura (estrategia, estructura y sistemas) y de su operación, sino también, y en gran medida, del accionar de sus recursos humanos. Los miembros de la organización lo hacen para satisfacer sus aspiraciones personales (remuneración, desarrollo, progreso, etcétera) y al mismo tiempo contribuir al propósito de la organización.

El objetivo inmediato del cambio en el comportamiento puede ser, además de mejorar el desempeño, resolver un problema específico[1], encarar el desarrollo personal o adaptar

---

1. Entendemos por problema la brecha entre una situación actual o proyectada y un objetivo; y por situación proyectada, aquella que puede llegar a ocurrir, independientemente del objetivo. Dentro de los problemas, cabe distinguir: 1. El problema "negativo", cuando la situación actual no satisface el objetivo prefijado. 2. El problema "potencial", cuando la situación proyectada puede ser insatisfactoria. 3. El problema "de implementación", cuando ya se ha fijado un objetivo, y no necesariamente se observa un problema negativo o potencial, pero es preciso definir cómo se va a concretar

la conducta de la gente a transformaciones en la arquitectura o en la operación de la organización. Habitualmente, estos cuatro objetivos no son excluyentes entre sí, sino que se presentan juntos.

El cambio en el comportamiento se suele plantear en muchas y muy distintas circunstancias:

- En un proceso de planeamiento estratégico; por ejemplo, en la identificación de fuerzas y debilidades que forma parte del análisis interno.
- En el análisis de cuestiones de estructura organizativa; por ejemplo, en la aplicación de configuraciones matriciales que suponen nuevas maneras de conducta.
- En los procesos de planeamiento y control de gestión; por ejemplo, en el esfuerzo que implica el logro de las metas propuestas.
- En la aplicación de sistemas; por ejemplo, en la facilitación del cambio que demanda habitualmente la implementación exitosa de un nuevo sistema de información.
- En la mejora de la operación; por ejemplo, en una reingeniería de procesos que requiere modificaciones radicales en el accionar de las personas.
- En la elaboración de planes y diseños de capacitación; por ejemplo, en el diagnóstico de necesidades de capacitación.
- En la evaluación del desempeño y del potencial; por ejemplo, en la identificación de aspectos personales a desarrollar.
- En los procesos de gerenciamiento y liderazgo; por ejemplo, en el suministro de feedback a un colaborador.

_____

dicho objetivo. 4. El "aprovechamiento de oportunidades", cuando a partir de un objetivo general (explícito o implícito), y generalmente a raíz de nueva información, se plantea la posibilidad de desarrollar nuevos objetivos. En este caso, de todos modos, se genera una brecha entre la situación actual o proyectada y el objetivo, lo cual equivale a un problema.

I. ANÁLISIS DEL PROCESO DE CAMBIO

Cualquier planteo de cambio implica la transición de una situación actual a una situación deseada. Tanto en el diagnóstico de la situación actual como en el diseño de la situación deseada, interviene un conjunto de elementos, que reseñamos a continuación.

El desempeño individual se compone del comportamiento y los resultados consecuentes. El comportamiento depende de las competencias del individuo y de su motivación específica en la situación. A su vez, estos dos factores radican en ciertas características personales (inteligencia, personalidad, etcétera) y en las condiciones circunstanciales que afronta el individuo (necesidades del momento, estado de ánimo, etcétera). Y todos los elementos de esta cadena de causa-efecto son influidos por el contexto. Por ejemplo, el entorno familiar afecta la construcción de las características personales; el clima de la organización condiciona el estado de ánimo; la capacitación favorece las competencias; el régimen de recompensas influye sobre la motivación; los recursos operativos enmarcan el comportamiento; el mercado impone limitaciones a los resultados, etcétera. El gráfico siguiente resume estas relaciones.

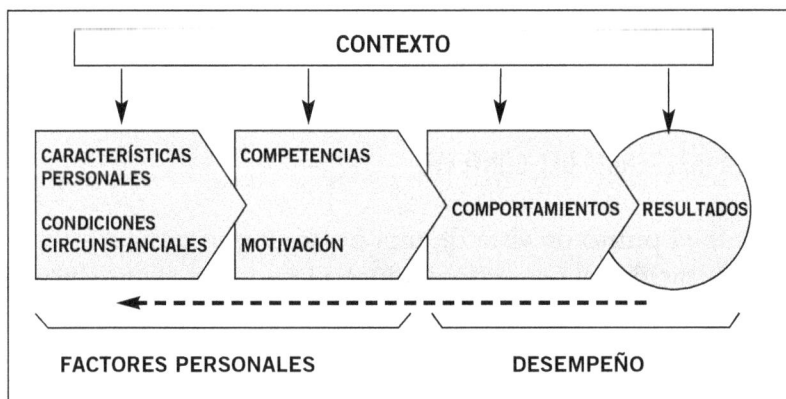

19

A lo antedicho corresponde agregar lo siguiente:

- El desarrollo personal en el ámbito del trabajo se refiere esencialmente a las competencias y la motivación.
- El desarrollo personal tiende a favorecer el desempeño. Pero también el desempeño influye sobre el desarrollo personal; por ejemplo, el ejercicio de ciertos comportamientos mejora las competencias, o el logro de resultados activa la motivación.
- Los resultados de la organización dependen de los resultados de sus miembros.

La evaluación del desempeño se basa fundamentalmente en la observación de los comportamientos y en la medición de los resultados. Pero, en principio, el análisis de la situación debe remitirse a las causas, lo que requiere navegar en las competencias y en la motivación y, aun más profundamente, en las características personales y las condiciones circunstanciales; todo ello sin perder de vista la influencia del contexto.

En este libro trataremos de asistir al lector en dicha navegación. Sin embargo, para no extender su alcance, nos concentraremos en las competencias y en las características personales que las generan. No incursionaremos mayormente en el contexto, en la motivación ni en las condiciones circunstanciales, más allá de ciertas definiciones conceptuales que haremos a continuación.

II. LA INFLUENCIA DEL CONTEXTO

Desde el punto de vista de una persona que trabaja en una organización, el contexto comprende no solo el entorno de la organización, sino también el resto de sus elementos que rodean a la persona. En el Apéndice general (al final del libro) titulado "Modelo de análisis organizacional" se examinan los elementos de la organización y de su entorno. Con respecto a este último, se descomponen los factores del macroentorno, del ramo del negocio y de los actores cercanos. En cuanto a la organización, se analizan las características de las personas y los componentes de la arquitectura (estrategia, estructura y sistemas), la operación (recursos, procesos y productos operativos), y la información. El grado en que estos elementos habrán de influir sobre el desempeño personal depende de la situación de cada uno en la organización y también de sus propias características; por ejemplo, iniciativa y capacidad para aprovechar las oportunidades del entorno. Sin embargo, hay algunos factores que suelen influir especialmente:

- Las características de los individuos más cercanos que ejercen mayor influencia sobre él. En este orden, el jefe es habitualmente un factor muy importante.
- Su posición en la estructura y otros aspectos que condicionan su poder en la organización.
- La cohesión entre la verdadera vocación de la persona y la función que le ha sido asignada (en general, esto afecta principalmente a la motivación intrínseca).
- La presión que ejerce el sistema de planeamiento y control.
- La disponibilidad de los recursos necesarios para realizar las tareas.
- Las condiciones del régimen de evaluación y recompensas, tanto el formal como el informal (en general, esto afecta principalmente a la motivación extrínseca).
- La posibilidad de capacitación y desarrollo.

III. LA MOTIVACIÓN

Como veremos en el Capítulo 2, las características personales incluyen los motivos, en el sentido de inclinaciones del individuo que forman parte de su personalidad. Pero debemos hacer la distinción entre esta característica estructural y la motivación que específicamente está causando el comportamiento del caso. Esta motivación puede verse influida por condiciones personales circunstanciales y por el contexto. Por ejemplo, alguien tiene una personalidad con fuerte orientación al logro; sin embargo, en determinado momento se siente totalmente desmotivado para realizar una tarea desafiante, debido al efecto desalentador de un conflicto que tuvo recientemente con su jefe. Los dos párrafos que siguen se refieren a la motivación específica en la situación.

La motivación es el proceso por el cual una necesidad personal insatisfecha genera energía y dirección hacia cierto objetivo, cuyo logro se supone habrá de satisfacer la necesidad. En el ámbito de las organizaciones es habitual plantearse si determinada persona está motivada. Ahora bien, cuando se emplea el concepto de motivación en dicho ámbito, es evidente que tal definición resulta incompleta, porque la persona puede estar motivada para perjudicar a la organización. Y seguramente el planteo organizacional no se refiere a este tipo de motivación. Esta consideración lleva a señalar que, desde el punto de vista de la organización, hay que agregar que el objetivo de la persona inherente a la motivación debe ser convergente con los objetivos de la organización.

Dentro de la motivación, se distingue la intrínseca de la extrínseca. Se da la primera cuando la persona es atraída por la tarea o por sus resultados, independientemente del premio o castigo que ello puede significarle. Ocurre la segunda cuando la persona se moviliza por la consecuencia personal de la tarea o sus resultados, o sea, para conseguir un premio o evitar un castigo. El premio no necesariamente habrá de ser monetario (puede ser una promoción, mayor reconocimiento, etcétera). Un factor importante de la motivación extrínseca suele ser el régimen de evaluación y recompensas de la gestión de los recursos humanos. Ambos tipos de motivación no son excluyentes: una persona puede estar motivada para una tarea tanto intrínseca como extrínsecamente. Pero también puede tener motivación intrínseca y no extrínseca, o viceversa.

IV. LAS CONDICIONES CIRCUNSTANCIALES

En cuanto a las condiciones circunstanciales, que también influyen poderosamente sobre el comportamiento, comprenden:

- Necesidades, intereses, deseos, etcétera.
- Estado de ánimo.
- Estado físico: cansancio físico, agotamiento mental, enfermedad transitoria, trastornos temporarios, etcétera.
- Roles. Por ejemplo, la inclinación a comportarse de cierta manera debido a la posición que se ocupa en la organización.
- Expectativas.
- Información disponible.

V. LAS COMPETENCIAS Y EL COMPORTAMIENTO

Con respecto a la relación central entre las competencias y el cambio en el comportamiento, debemos distinguir dos tipos de competencias.

- Las "funcionales", que consisten en los conocimientos y las habilidades inherentes a la especialidad en un área funcional: finanzas, abastecimiento, producción, comercialización, contabilidad, informática, etcétera.
- Las "compartidas", que comprenden aspectos del comportamiento comunes a distintas áreas funcionales, incluyendo las competencias gerenciales. Algunos autores las denominan competencias "conductuales".

En general, el camino principal para desarrollar ambos tipos de competencias ha sido la capacitación. (Usamos este término en sentido lato, como toda clase de actividad educativa.) La capacitación persigue el **aprendizaje, que implica un cambio efectivo en el comportamiento**. Y aquí es donde juega la distinción señalada: dada la capacitación, **tiende a ser más difícil el aprendizaje de las competencias conductuales que el de las competencias funcionales**. Esto es así porque en el aprendizaje de las competencias conductuales es muy grande la influencia de las características personales y las condiciones circunstanciales, que van mucho más allá de los contenidos habituales de la capacitación; dicha influencia suele ser bastante menor en el caso de las competencias funcionales. En consecuencia, cuando tratamos la problemática del cambio del comportamiento en el trabajo, nos referimos especialmente a las competencias conductuales, y no tanto a las funcionales.

En líneas generales, el cambio del comportamiento en materia de competencias conductuales requiere el proceso siguiente.

A. Cierto desarrollo cognitivo (conceptos, modelos, metodologías, herramientas, etcétera). A este desarrollo contribuyen las distintas modalidades de enseñanza (presencial, a distancia, etcétera).
B. La transferencia al trabajo de dicho desarrollo, que comprende:
  1. El diagnóstico de la situación personal *vis a vis* el desarrollo cognitivo.
  2. Un plan de acción personal orientado a superar las brechas surgidas del diagnóstico, en términos de medidas concretas.
  3. El seguimiento del plan de acción, que lleva a la adopción de las intervenciones correctivas correspondientes.

VI. DESARROLLO DE LOS CAPÍTULOS

En el Capítulo 1 trataremos el proceso de cambio del comportamiento en el trabajo, incluyendo el desarrollo cognitivo y la transferencia al trabajo.

En los capítulos 2, 3 y 4 nos concentraremos, respectivamente, en las características personales, en la comunicación (esencia de las relaciones interpersonales) y en las competencias.

En el Capítulo 5 examinaremos distintos modelos de estilos personales, que suelen ser utilizados por las organizaciones como base de instrumentos de diagnóstico.

En los capítulos 6, 7 y 8 recorreremos diversos temas del desarrollo cognitivo correspondientes al ejercicio de la gerencia y del liderazgo; en cada uno de ellos presentamos instrumentos de diagnóstico tendientes a favorecer la transferencia al trabajo.

Los capítulos van acompañados de "apéndices" y "anexos":

- Los apéndices amplían los contenidos temáticos (los capítulos 5, 7 y 8 no tienen apéndice).
- En cada capítulo:
  - El primer anexo (1.1, 2.1, etcétera) contiene las referencias bibliográficas.
  - A partir del segundo (1.2, 2.2, etcétera) se citan instrumentos de diagnóstico existentes en el mercado o se incluyen instrumentos desarrollados por nosotros.

Finalmente, como todo el proceso de cambio personal se desenvuelve en el ámbito de la organización, en el Apéndice general exponemos nuestro Modelo de análisis organizacional, que nos ha servido como marco conceptual en la elaboración de este libro. En algunas partes hacemos referencia específica a definiciones de dicho modelo.

Esperamos que esta obra sea útil para quien está interesado en el comportamiento de otro miembro de la organización, por ejemplo un gerente respecto de su colaborador, así como también para quien está encarando el análisis de su propio comportamiento. Vale decir, que lo que decimos es igualmente aplicable a dos tipos de situaciones: **ayudar a otros** y **ayudarse a sí mismo**.

CAPÍTULO 1

EL PROCESO DE CAMBIO DEL COMPORTAMIENTO EN EL TRABAJO

I. INTRODUCCIÓN

A. Ideas básicas

En la introducción al libro destacamos dos ideas básicas:

1. En general, el aprendizaje de las competencias conductuales es más problemático que el de las competencias funcionales.
2. El cambio en el comportamiento en materia de competencias conductuales requiere:
   A. Cierto desarrollo cognitivo.
   B. La transferencia al trabajo de dicho desarrollo.

B. Alcance de este capítulo

En la sección II analizaremos los elementos que juegan en el proceso de cambio del comportamiento en el trabajo.

En la sección III trataremos algunos conceptos fundamentales aplicables a dicho proceso.

En la sección IV haremos una reseña de las cuestiones clave del diseño didáctico en relación con el desarrollo cognitivo.

En la sección V examinaremos la integración entre el trabajo y la actividad educativa, que incluye el proceso de transferencia al trabajo.

En la sección VI veremos algunos aspectos del coaching, modalidad educativa que combina el desarrollo cognitivo con la transferencia al trabajo.

II. ELEMENTOS QUE JUEGAN EN EL PROCESO

En el proceso de cambio del comportamiento en el trabajo intervienen los siguientes elementos:

A. Los actores del proceso, que a su vez comprenden:
- La persona o las personas objeto del cambio, o sea, aquellas cuyo comportamiento se pretende cambiar.
- El o los agentes del cambio.
B. Las intervenciones orientadas al cambio.
C. El contexto del proceso, incluyendo el trabajo al que la persona habrá de aplicar el cambio perseguido.

A. Los actores

En ciertos casos, el agente del cambio puede ser la propia persona objeto del cambio. Por ejemplo, si un gerente se propone delegar más tareas en sus colaboradores y encara directamente acciones en tal sentido.

En muchos otros casos, el agente del cambio es una persona distinta del objeto. Por ejemplo, cuando un gerente pretende corregir el comportamiento de un colaborador, o cuando un instructor realiza una actividad de capacitación para desarrollar competencias conductuales.

El agente del cambio debe tener las competencias y la motivación para ejercer apropiadamente su función. Además, es importante su marco mental sobre el proceso de cambio, punto al que volveremos cuando tratemos los conceptos fundamentales.

B. Las intervenciones

Las intervenciones constituyen acciones concretas orientadas a lograr el cambio perseguido. Dentro de las intervenciones cabe distinguir las siguientes:

1. Las actividades de capacitación y desarrollo que comprenden:
   • Las encaminadas al desarrollo cognitivo.
   • Las complementarias dirigidas a la transferencia del trabajo.
2. Otras acciones directas de influencia interpersonal, como la comunicación, la participación en los procesos de toma de decisiones, etcétera.
3. Modificaciones en los elementos de la organización que se supone habrán de afectar el comportamiento de sus miembros. En este orden, y tomando como base el Modelo de análisis organizacional que figura en el Apéndice general, podemos citar:
   • Revisión de la estrategia.
   • Rediseño de la estructura organizativa.
   • Desarrollo del sistema de planeamiento y control de gestión.
   • Desarrollo del sistema de evaluaciones.
   • Modificación de compensaciones.
   • Movimiento de gente (reclutamiento, flujo interno y desvinculación).

- Otras intervenciones en la gestión de los recursos humanos.
- Desarrollo del sistema de información.
- Otras intervenciones en los sistemas (gestión del riesgo, gestión del conocimiento, etcétera).
- Inversión/desinversión en recursos operativos.
- Mejora/reingeniería de los procesos operativos.
- Desarrollo/discontinuación de productos.

En este capítulo nos concentraremos principalmente en las actividades de capacitación y desarrollo indicadas en el punto 1. En nuestra obra *Management del cambio y del desempeño* (Macchi, 2000) examinamos especialmente las intervenciones señaladas en los puntos 2 y 3.

C. El contexto

El contexto del proceso es la organización, su entorno y su evolución en el tiempo, que componen nuestro Modelo de análisis organizacional. Aquí queremos destacar lo que señalamos en los "comentarios finales" en cuanto a que la organización es un sistema socio-técnico, que entraña una permanente y compleja influencia de los elementos del sistema social sobre los del sistema técnico, y viceversa. Por ejemplo, las características personales (sistema social) afectan la operación (sistema técnico), y el tipo de tarea (sistema técnico) condiciona el comportamiento (sistema social).

III. CONCEPTOS FUNDAMENTALES

En esta sección haremos hincapié sobre algunos conceptos que consideramos fundamentales:

A. El enfoque sistémico.
B. Los factores clave del aprendizaje.
C. El cambio de hábitos.
D. La factibilidad del cambio.

A. Enfoque sistémico

Un concepto del Modelo de análisis organizacional especialmente aplicable a los procesos de cambio es que

> *Hay quienes, debido principalmente a sus características personales (conocimiento, vocación, etcétera), tienden a darle más importancia al sistema social. Otros, por el contrario, se inclinan a otorgarle más relevancia al sistema técnico. (…) Como principio general, es conveniente emplear un **enfoque sistémico**, que abarque una visión integral de todos los elementos que componen tanto el sistema social como el técnico.*

Esta cita es crucial en cuanto al marco mental del agente del cambio que mencionamos. En este orden, nos cabe hacer cierta crítica a lo que hemos dado en llamar "modelo idealista-normativo", correspondiente a la propuesta de Peter Senge y sus seguidores. Para ello nos parece oportuno transcribir en el Apéndice 1.1 parte del texto del Apéndice IV de nuestra obra anterior *Gerencia y liderazgo* (en coautoría con Edgardo Sanguineti, Macchi, 2003).

En síntesis, dicho modelo:

• No es debidamente sistémico, porque descuida la influencia de los elementos del sistema técnico.
• En materia de motivación, apela principalmente a la intrínseca, descuidando la extrínseca.
• Carece de consideraciones situacionales.

Cabe señalar que durante 1993 y 1994 el autor de este libro participó activamente en un programa de capacitación y desarrollo organizado a nivel mundial por la división Business Consulting de Arthur Andersen; el programa era conducido por el grupo "Learning Cicle", integrado por discípulos de Peter Senge. El programa comprendió una serie de siete workshops de una semana full time cada uno, realizados en los Estados Unidos, a lo largo de un período de casi dos años, a los que se agregaron importantes tareas individuales preparatorias y complementarias. Luego de unos meses de transcurrido el programa, el autor envió una carta al director de Business Consulting a nivel firm-wide, que era el esponsor del programa; los conceptos de la carta eran similares a los incluidos en el Apéndice 1.1. Al principio, la carta originó ciertas discusiones y problemas políticos, pero finalmente se reconoció el valor de las objeciones planteadas en ella.

Aquí se justifica citar algunos párrafos de la reciente obra *Coaching & aprendizaje organizacional*, de Horacio Eduardo Cortese (Temas, 2007), basada en un encomiable trabajo de investigación de experiencias realizadas en la Argentina entre 1994 y 2005, que incluyen las del Centro de Aprendizaje Organizacional del ITBA (período 1994-1996) alineadas con el citado modelo, así como también otras vinculadas con él.

> *Los programas de aprendizaje organizacional desarrollados en nuestro medio no produjeron los resultados esperados a nivel organizacional. Porque descansaban fundamentalmente en la transformación de los modelos mentales de los actores, del control unilateral al aprendizaje mutuo, sin prestar atención a la estructura del sistema.*
>
> *Además, en nuestro medio, habiendo investigado los pasados doce años de experiencias, fue posible verificar que, en la práctica, la transformación de los modelos mentales de los actores no se tradujo en resultados a nivel organizacional.*
>
> *La transformación de los modelos mentales de los actores es condición necesaria pero no suficiente para que el aprendizaje organizacional suceda.*
>
> *Habrá aprendizaje organizacional cuando se apliquen simultáneamente las escuelas "soft" y "hard" de mejora de resultados.*

En nuestro medio la especial introducción y difusión de la teoría de la transformación de los modelos mentales individuales como vehículo del aprendizaje de las organizaciones fue un enfoque teórico que ha desarrollado un efecto multiplicador rayano con el fanatismo.

La investigación me ha permitido concluir que las experiencias desarrolladas en este contexto estaban sustentadas en valores antropocéntricos (centrados en el hombre) que le han restado importancia a la estructura del sistema, menospreciando el carácter holístico del aprendizaje de las organizaciones.

B. Factores clave del aprendizaje

En la Introducción, "Our View of Leadership Development", de *Handbook of Leadership Development* (The Center for Creative Leadership, Jossey Bass, 1998) se señalan tres factores clave del aprendizaje del liderazgo, que bien pueden extenderse a otras competencias conductuales:

1. *Assesment* (diagnóstico).
2. *Challenge* (desafío).
3. *Support* (apoyo).

El diagnóstico es crucial para identificar debidamente los aspectos a mejorar. Aquí es muy importante la recepción de feedback y el empleo de instrumentos de diagnóstico. Hay instrumentos que a la vez constituyen un mecanismo de feedback, como el denominado "feedback 360º".

El desafío implica el planteo de metas ambiciosas pero alcanzables. Esto tiene mucho que ver con el sistema de gestión del desempeño que resulta de la conjunción entre el sistema de planeamiento y control de gestión y el sistema de gestión de recursos humanos, especialmente el régimen de evaluación y recompensas. Al respecto hacemos referencia a la sección sobre los sistemas del Modelo de análisis organizacional (incluido en el Apéndice general).

Un comentario adicional: la comparación entre metas fijadas y resultados logrados, y la investigación de las causas de los desvíos tienden a incrementar la probabilidad de aprendizaje.

El apoyo comprende, además de la capacitación formal, toda la ayuda que pueden brindar los otros miembros de la organización en el trabajo. En este sentido, es muy importante la influencia de la gerencia y del liderazgo que tratamos en los capítulos 6, 7 y 8 de este libro.

C. Cambio de hábitos

En muchos aspectos a mejorar, especialmente en las competencias conductuales, el aprendizaje entraña un cambio de hábitos. En numerosos casos –por ejemplo, el de discontinuar conductas agresivas, abandonar actividades atractivas pero no prioritarias, aceptar los riesgos de la delegación, etcétera–, el hábito a ser cambiado está profundamente arraigado, y es muy difícil reemplazarlo.

Para ayudar en el cambio de hábitos es aplicable un modelo desarrollado por una verdadera autoridad en la materia, James Prochaska, sobre la base de valiosos trabajos de investigación. El modelo tiene su raíz en problemas de hábitos insalubres: consumo de alcohol, tabaco o drogas, exceso de peso, etcétera. Pero también es aplicable a otros problemas de hábitos, como muchos comportamientos inadecuados en el terreno de las organizaciones. Al respecto recomendamos la lectura del libro *Changing for good* de Prochaska, Norcross y Diclemente (Avon Books, 1994; lamentablemente, no traducido al castellano).

Definimos como problema la brecha entre una situación actual o proyectada y un objetivo. El proceso de cambio se propone resolver el problema, superar la brecha. El modelo distingue por un lado las **etapas** del proceso de cambio y, por otro, las **estrategias** aplicables, al tiempo que establece cierta vinculación entre ambas:

A. El proceso de cambio exitoso comprende cinco etapas diferenciables. Cada una de ellas representa una problemática distinta. Algunas personas logran recorrerlas rápidamente; en tanto que otras se mueven despacio; e incluso pueden estancarse en cualquier instancia. El camino no siempre es lineal. Las interrupciones y las recaídas (retorno a patrones antiguos de conducta) constituyen más bien la regla que la excepción.

B. El modelo ofrece una serie de estrategias concretas, de diagnóstico y de acción, para avanzar en el proceso. Pero su aplicación depende de la etapa en que se encuentra la persona. Así, una misma estrategia puede ser provechosa en una etapa pero contraproducente en otra.

C. La clave consiste en identificar en qué etapa se encuentra la persona, evaluarla y en función de ello elegir las estrategias pertinentes, a fin de pasar a la etapa siguiente. Se trata de no saltar etapas.

Según el modelo, las etapas son:

1. **Precontemplación**. La persona no está pensando cambiar en el futuro inmediato. En general, porque no reconoce el problema (carece de conocimientos para verlo, o no quiere asumirlo), o porque lo ubica fuera de sí mismo.

2. **Contemplación**. La persona duda si cambiar o no, o está pensando hacerlo pero todavía no ha ejecutado acciones al respecto.

3. **Preparación**. La persona ha ejecutado ciertas acciones, ha comenzado a cambiar, pero encuentra dificultades para encaminarse al éxito definitivo.

4. **Acción**. La persona está llevando a cabo las acciones necesarias para lograr un cambio exitoso.
5. **Mantenimiento**. La persona ya ha cambiado, pero debe prevenir un retorno a sus antiguos patrones.

El cuadro siguiente señala los objetivos de cada etapa y da un ejemplo de estrategia aplicable.

Etapa	Objetivo	Ejemplo de estrategia
Precontemplación	Tomar conciencia	Brindar información
Contemplación	Decidir con convicción	Profundizar el análisis de ventajas y desventajas
Preparación	Superar limitaciones	Fijar una meta mínima
Acción	Lograr el cambio	Brindar feedback positivo
Mantenimiento	No recaer	Monitorear el avance

El modelo es igualmente útil:

• Directamente para la propia persona que se plantea un cambio en su comportamiento.
• Para alguien que pretende ayudar a generar un cambio en el comportamiento de otro; por ejemplo, un jefe interesado en el aprendizaje de sus colaboradores.

El modelo de Prochaska nos ha resultando muy provechoso para favorecer el proceso de transferencia al trabajo de nuestras actividades educativas, a saber:

• Primero, habitualmente incluimos un módulo acerca del modelo y su funcionamiento para que los participantes adquieran el conocimiento necesario, a fin de aplicarlo efectivamente en sus procesos de cambio personal.
• Segundo, incorporamos el empleo del modelo al proceso de diagnóstico, plan de acción, seguimiento y re-

flexión; proceso que propugnamos para favorecer la transferencia al trabajo.

D. Factibilidad del cambio

En la Introducción del libro vimos que el comportamiento depende de las competencias del individuo y de su motivación específica en la situación; y que, a su vez, estos dos factores radican en ciertas características personales y en las condiciones circunstanciales; además, las primeras tamizan a las segundas. Por lo tanto, dichas características juegan un papel preponderante en los procesos de cambio en el comportamiento. Si a esto le agregamos que son difíciles de cambiar, porque en parte son genéticas o arraigadas en una etapa temprana de la vida, tenemos una idea de la dificultad del cambio. Sin embargo, pensamos que el cambio puede ser menos problemático de lo que aparenta, si lo concentramos en aquellos aspectos en donde la propuesta puede tener éxito.

Si retomamos el eje del gráfico presentado en la Introducción:

CARACTERÍSTICAS → COMPETENCIAS → COMPORTAMIENTOS → RESULTADOS

podemos delinear algunas pautas:

- En principio, no tratar de cambiar significativamente las características personales en sí. Aquí lo importante es el autoconocimiento.
- El desarrollo de competencias no debe circunscribirse a superar debilidades; bien puede consistir en aprovechar las fortalezas (al respecto nos remitimos a la sección III del Capítulo 4, referente al talento y su relación con las competencias).

- Muchas características personales no son buenas ni malas *per se*. La cuestión no es cambiarlas, sino cuidar cuando **en determinadas situaciones** nos inclinan a caer en comportamientos contraproducentes.

En cuanto a este tercer concepto, vale la pena citar el párrafo siguiente extraído de *La inteligencia emocional aplicada a los recursos humanos*, de Alejandra Laura Figini (Macchi, 2002).

Según Aristóteles, existen dos tipos de defectos: los defectos por oposición a una virtud (ejemplo: ordenado/desordenado) y los defectos por exceso a una virtud (ejemplo: ordenado/obsesivo). Los primeros (por oposición) no se encuentran en una misma persona, ¡nadie puede ser ordenado y desordenado al mismo tiempo!

Vale decir que **muchos de nuestros defectos son exageraciones de nuestras virtudes**. Por ejemplo:

- Una persona muy afable (ver rasgos de personalidad, en la sección III.B del Capítulo 2) suele poseer atributos atractivos, pero en determinada situación tal vez tenga dificultad en adoptar un comportamiento "duro" con otra persona, a pesar de que fuera lo mejor.
- En general, es conveniente que una persona sea asertiva. Pero no es extraño que su asertividad se convierta en agresividad o sea percibida como tal (ver la sección III.B del Capítulo 3).

La idea es entonces evitar la "zona de peligro", o sea aquellos comportamientos que en **determinadas situaciones** nos hacen "meter la pata". Esto, claro está, requiere autocontrol.

Lo antedicho demanda dos aptitudes: autoconocimiento y autocontrol, integrantes de la inteligencia emocional, que trataremos en la sección IV.B del Capítulo 2 y que Daniel Goleman (el gurú del tema) sostiene que son desarrollables.

Podríamos aventurar que la zona de peligro representa el 20% de los comportamientos y que, si logramos manejarla debidamente, nuestros resultados llegarían a mejorar un 80%. Sería como aplicar el famoso **principio de Pareto** al cambio del comportamiento en el trabajo.

IV. DESARROLLO COGNITIVO

El diseño educativo ofrece la siguiente problemática:

A. La determinación de la audiencia y de los objetivos del aprendizaje – A QUIÉN Y PARA QUÉ.
B. La definición de los contenidos temáticos y de su dedicación – QUÉ Y CUÁNTO.
C. La elección de las estrategias educativas – CÓMO, CUÁNDO Y DÓNDE.
D. La asignación de los recursos – CON QUIÉN Y CON QUÉ.
E. La evaluación del aprendizaje.

A continuación hacemos ciertos comentarios acerca de las cuestiones indicadas en A, B y C que son particularmente aplicables al desarrollo cognitivo.

A. La audiencia y los objetivos

La cuestión de la audiencia entraña definir quiénes van a ser los beneficiarios de las actividades de capacitación y cómo agruparlos a tal fin. Para ello, corresponde considerar muchos factores, cuyo análisis trasciende el propósito de este texto. Sin embargo, queremos mencionar una cuestión que está muy relacionada con el cambio del comportamiento en el trabajo: si conviene **separar** o **mezclar** niveles jerárquicos, especialmente en la capacitación sobre competencias compartidas o conductuales. Por un lado, la separación ofrece ciertas ventajas: mayor especialización por nivel, refinamiento del diseño de correlatividades, manejo de temas que se suponen confidenciales, etcétera. Pero, por otro lado, la mezcla está asociada con una cultura más democrática, facilita la comunicación entre niveles, tiende a romper microclimas jerárquicos, etcétera.

Los objetivos deben cimentarse en el diagnóstico de necesidades de capacitación; o sea en problemas de la organización que pueden tener solución por medio de la capacitación[1]. La identificación de necesidades de capacitación no debe arrancar de la pregunta ¿qué actividad educativa se necesita?, sino de ¿qué problema existe que la capacitación podría ayudar a superar? Incluso es necesario bucear en los problemas, aunque al principio no esté claro que la capacitación pueda servir para resolverlos.

La pericia de la persona que encara el diagnóstico de necesidades de capacitación reside precisamente en su capacidad para identificar problemas, analizar sus causas y seleccionar aquellos que pueden tener solución a través de la capacitación, lo que lleva a considerar problemas que no necesariamente constituyen necesidades de capacitación. Sin embargo, un buen profesional "orientado al cliente" no debe desperdiciar su esfuerzo. Por ello es conveniente que de todos modos registre los problemas que no implican necesidades de capacitación, bosqueje otras posibles soluciones e informe al respecto a las personas correspondientes.

---

1. En la nota al pie 1 de la Introducción (pág. 17) definimos qué entendemos por "problema".

En el diagnóstico de necesidades de capacitación puede enfocarse la organización tomada en conjunto, un grupo, o una persona. Con el primer enfoque las unidades básicas de abordaje son los grandes elementos que componen la organización; en este orden es útil recurrir a nuestro Modelo de análisis organizacional. Con el enfoque grupal dicho modelo sigue siendo útil. Con el enfoque individual se investigan los problemas de cada una de las personas; la información resultante luego se puede consolidar, e integrarse con la grupal y la organizacional.

B. Los contenidos temáticos y su dedicación

Aquí es cardinal la diferencia entre competencias funcionales y competencias compartidas o conductuales, que señalamos en la Introducción y que volveremos a tratar en la sección II.B del Capítulo 4. Para las segundas, a su vez, es interesante clasificar los contenidos temáticos en función de su foco.

- La persona y sus procesos mentales:
  - Conocerse a sí mismo, comprender a los demás y mejorar como persona (competencias y desempeño personal, estilos personales, etcétera).
  - Desarrollo de la persona como gerente y líder.
- El grupo y las relaciones interpersonales:
  - Comunicación efectiva.
  - Eficacia y eficiencia de las decisiones y tareas grupales (participación, reuniones, trabajo en equipo, etcétera).
  - Manejo de situaciones difíciles (negociación, conflicto, etcétera).
  - Aprendizaje organizacional (reducción de barreras defensivas, aprendizaje en equipo, etcétera).

- La organización y su funcionamiento:
  - Desarrollo y aplicación de la arquitectura organizacional (estrategia, estructura y sistemas).
  - Gestión del cambio organizacional.
  - Otros temas (ética, responsabilidad social, gobierno corporativo, etcétera).

La idea de los focos implica cierto orden secuencial: primero se enfoca a la persona y sus procesos mentales, segundo al grupo y las relaciones interpersonales, y tercero a la organización y su funcionamiento. Cada foco se expande acumulativamente al foco siguiente. Por ejemplo, los estilos personales (foco de la persona) afectan el desarrollo de una reunión (foco del grupo), lo cual a su vez constituye un factor clave del comportamiento organizacional (foco de la organización).

Por otra parte, existe una relación circular, donde múltiples aspectos de un foco posterior influyen sobre aspectos de un foco anterior. Por ejemplo, la estrategia, la estructura y los sistemas (foco de la organización) condicionan el trabajo en equipo (foco del grupo) y este a su vez influye sobre la motivación personal (foco de la persona).

Los focos son indicadores del tipo de diagnóstico y del plan de acción necesarios para lograr la transferencia al trabajo de la capacitación. Los tres están vinculados con los comportamientos y la arquitectura. Sin embargo, el foco de la persona y de los grupos tiende a disparar más cuestiones de comportamiento (aunque la causa puede radicar en la arquitectura), en tanto que el foco de la organización suele requerir un abordaje más integral de la arquitectura (sin descuidar los comportamientos).

Dichos focos se representan en el Gráfico 1.1.

Gráfico 1.1

FOCOS DE LOS TEMAS CONDUCTUALES

PERSONA   GRUPO   ORGANIZACIÓN

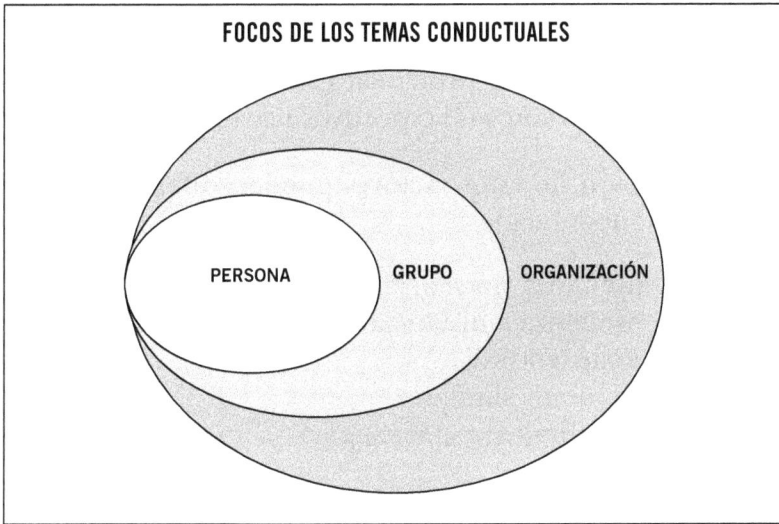

C. Las estrategias

Las estrategias comprenden:

• Las modalidades educativas.
• Los métodos de cada modalidad.
• La secuencia. Por ejemplo, si conviene primero desarrollar la parte teórica para luego incursionar en la aplicación práctica, o bien proceder a la inversa: primero plantear un problema práctico y en función de este inducir la teoría.

En esta sección nos concentraremos en las modalidades, que dependen principalmente de:

• En qué lugar se lleva a cabo el proceso de aprendizaje.
• Cómo es la comunicación entre el educador y el educando.

43

- Qué flexibilidad tiene el educando para realizar sus tareas.
- Cómo es el proceso de gestión del aprendizaje.
- Quiénes son los principales actores en dicho proceso y cuáles son sus respectivos roles.

En función de estos factores pueden diferenciarse las siguientes modalidades:

- La enseñanza presencial.
- La enseñanza a distancia.
- El autoaprendizaje.
- El coaching y similares.
- El aprendizaje en el trabajo.

En general, el enunciado de dichas modalidades representa prototipos. En la práctica muchas actividades educativas constituyen combinaciones de esos prototipos. Por ejemplo, cabe una enseñanza a semidistancia o semipresencial, donde tienen lugar ambas modalidades, en mayor o menor grado.

En la **enseñanza presencial**, el educador y el educando se encuentran personalmente en un lugar determinado. Por lo tanto, genera una comunicación cara a cara entre ambas partes. Y, como el encuentro está concertado de antemano, el educando está sujeto a los horarios pertinentes. El sitio puede ser un aula o un espacio equivalente, o bien al aire libre o un lugar público (*outdoor*).

En la **enseñanza a distancia** no ocurre tal encuentro. La comunicación se concreta a través de un medio como un texto impreso o la computadora. El educando no está sujeto a los horarios de la enseñanza presencial para la realización de las tareas, vale decir que tiene mayor flexibilidad. Sin embargo, el educador mantiene control sobre el proceso de aprendizaje, por medio del diseño, de las instrucciones, del material, de las pruebas y su revisión, etcétera.

Además, la enseñanza a distancia incluye la figura del tutor o equivalente, quien ayuda al educando por propia iniciativa o en respuesta a sus consultas.

El **autoaprendizaje** se diferencia de la enseñanza presencial en que no existe un educador que mantenga control sobre el proceso de aprendizaje. Puede que el educando consulte a alguien acerca de ciertos aspectos inherentes a la gestión del aprendizaje (diagnóstico, diseño, ejecución, etcétera), pero la conducción del proceso está fundamentalmente en sus propias manos. Por ejemplo, puede estudiar un libro que le recomendó el consultor, e incluso luego ambos pueden tener un intercambio voluntario basado en dicho estudio.

El **coaching** lo trataremos especialmente en la sección VI. Pero aquí es oportuno compararlo con las modalidades de enseñanza presencial y a distancia, en cuanto al proceso de gestión del aprendizaje, que comprende esencialmente tres etapas: la actividad educativa en sí, una etapa anterior de diagnóstico de necesidades y diseño, y una etapa posterior de seguimiento. Tanto en la enseñanza presencial como en la realizada a distancia, estas tres etapas suelen constituir sendos bloques separados. Y, además, es habitual que intervengan diversos actores en cada uno de ellos. Por ejemplo, en la enseñanza presencial es posible que distintos especialistas realicen el diagnóstico, el diseño, la conducción de la actividad y el seguimiento, respectivamente. Esta separación en bloques hace que la enseñanza presencial y a distancia presenten una problemática generalmente difícil en materia de transferencia al trabajo y de evaluación del aprendizaje.

Por lo común, las tareas del educando correspondientes a las modalidades indicadas, excepto algo del coaching, se realizan en un lugar distinto del propio lugar de trabajo del educando (la oficina, la planta, etcétera). Pero existen otras actividades educativas que podemos agrupar bajo el concepto de **aprendizaje en el trabajo**. Estas actividades incluyen:

- Las acciones que realiza una persona en el trabajo como consecuencia del plan de acción del coaching (externo o interno).
- El coaching del jefe.
- El aprendizaje en equipo, que ocurre cuando un grupo, al mismo tiempo que resuelve problemas actuales, mejora su capacidad para resolver problemas futuros. (En su famoso libro *La quinta disciplina*, Peter Senge identifica al aprendizaje en equipo como una de las cinco disciplinas.)
- El *action learning*, que se basa en el análisis de problemas reales, el desarrollo de cursos de acción correspondientes y la ulterior reflexión acerca de la experiencia producida por la acción. Una parte de esta actividad puede encararse también como enseñanza presencial.
- El *embedded training*, que se da cuando el software de un sistema incluye funciones de capacitación a disposición del usuario.

Como corolario, queremos resaltar que no es adecuado generalizar a favor de una u otra modalidad. Cada una tiene sus ventajas y desventajas, peligros o limitaciones, que dependen de las características de la audiencia, de los objetivos, de los contenidos temáticos, de los recursos disponibles, etcétera. Aún más: en general es preferible que los programas educativos combinen diversas modalidades en función de dichos factores. En otras palabras, lo mejor suele ser la mezcla de modalidades, y con relación a esto queremos poner de relieve dos conceptos primordiales:

- En general, para cualquier actividad de capacitación caben distintas combinaciones de enseñanza presencial y a distancia, pudiendo elegirse la más eficiente en función de las condiciones del caso. Téngase en cuenta que el solo hecho de sustituir actividades presenciales por tareas individuales previas (como la lectura o el estudio de un caso) ya constituye un avance hacia dicha combinación.

• El coaching es un complemento indispensable: el individual, para el foco de la persona, y el grupal, para el foco del grupo. Sobre él volveremos en la sección VI.

Dadas las modalidades educativas, no pretendemos incursionar en sus métodos. Sin embargo, y en relación con la próxima sección sobre integración entre el trabajo y la actividad educativa, queremos resaltar que en materia de métodos de enseñanza presencial en general es preferible elegir:

• Actividades altamente participativas, basadas principalmente en tareas grupales, generalmente precedidas por tareas individuales preparatorias y complementadas con reuniones plenarias. Para ello, empleo del método del caso (incluyendo casos reales de la empresa) y otros medios como tests, planteos de cuestiones controvertidas, videos, experiencias de los participantes, simulaciones, juegos, etcétera.

• Utilización de lectura básica previa (obligatoria) y complementaria (generalmente optativa) a fin de aprovechar al máximo el tiempo de enseñanza presencial, concentrándola en dichas actividades participativas.

V. INTEGRACIÓN ENTRE EL TRABAJO Y LA ACTIVIDAD EDUCATIVA

Cualquier persona puede adquirir conocimientos y habilidades aplicables a su trabajo en dos situaciones distintas: durante el trabajo mismo, o por medio de una actividad educativa. En la modalidad de enseñanza presencial o la de enseñanza a distancia, la actividad educativa en sí suele darse por terminada en un punto dado, pero el proceso de aprendizaje continúa en la etapa ulterior de seguimiento. En general, la actividad educativa (así enmarcada) se efectúa en el "aula", o en un lugar fuera del trabajo (por ejemplo, el "outdoor training"); la conduce alguien distinto del jefe en el trabajo (instructor, facilitador, etcétera); y el objetivo central es el aprendizaje, no la prestación de un servicio o la elaboración de un producto. En el caso de autoestudio o aprendizaje en el trabajo, la distinción entre ejecución de la actividad educativa y seguimiento puede ser confusa, irrelevante, o no aplicable. En los párrafos que siguen nos referiremos especialmente a la actividad educativa separada del trabajo: enseñanza presencial, enseñanza a distancia y ciertas formas de autoaprendizaje.

La actividad educativa, a su vez, puede incluir una parte teórica y otra práctica. La primera abarca el desarrollo de conceptos, modelos, metodologías, herramientas, etcétera. La segunda comprende la realización de ejercicios de aplicación, la discusión de casos reales, etcétera. Pero aun la parte práctica de la actividad educativa es distinta del trabajo, en el sentido con que usamos aquí esta palabra. Por ejemplo, no es lo mismo equivocarse en la solución de un ejercicio práctico en el aula, que equivocarse en el trabajo mismo.

Dados el "trabajo" y la "actividad educativa", así definidos convencionalmente, la clave del verdadero aprendizaje es:

- Utilizar provechosamente la experiencia del trabajo como una fuente fundamental del desarrollo de conocimientos y habilidades, además del input exógeno que pueden brindar el instructor y los materiales educativos. A esto lo denominamos "aprovechamiento del trabajo".

- Aplicar en el trabajo el producto de la actividad educativa. Esto se ha dado en llamar "transferencia al trabajo".

La idea central es maximizar tanto el aprovechamiento del trabajo como la transferencia al trabajo. En síntesis, integrar lo más posible el trabajo con la actividad educativa. El Gráfico 1.2 ilustra este concepto.

Gráfico 1.2

INTEGRACIÓN ENTRE TRABAJO Y ACTIVIDAD EDUCATIVA

TRABAJO

APROVECHAMIENTO

TRANSFERENCIA

ACTIVIDAD
EDUCATIVA

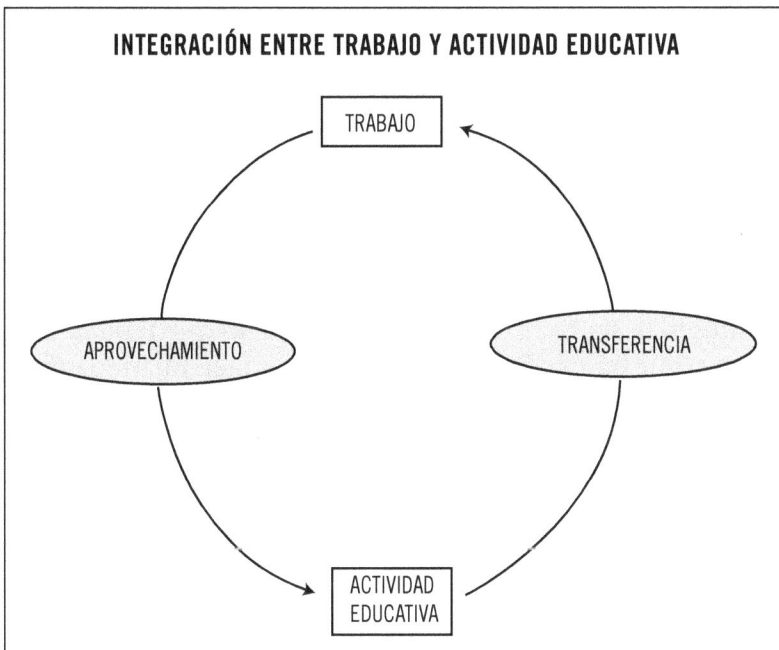

A lo antedicho hay que agregar que ciertas modalidades fusionan *per se* el trabajo con la actividad educativa:

- El coaching.
- El aprendizaje en el trabajo (aprendizaje en equipo, action learning, etcétera).

Un mecanismo útil de integración entre el trabajo y la actividad educativa puede ser el **Sistema de módulos del conocimiento** que proponemos en el Apéndice 1.2.

A continuación trataremos por separado el aprovechamiento del trabajo y la transferencia al trabajo, y agregaremos algunos comentarios sobre la evaluación del aprendizaje que están vinculados con la integración entre el trabajo y la actividad educativa.

A. Aprovechamiento del trabajo

Toda actividad educativa tiene sus contenidos temáticos. Ahora bien, hay contenidos que es preciso incorporar a través del instructor o de los materiales educativos. Sin embargo, hay otros que los participantes están en condiciones de desarrollar reflexionando acerca de su propia experiencia. Por ejemplo, si el contenido es el modelo de liderazgo situacional de Blanchard, es poco probable que los participantes lo descubran, por más experiencias que tengan o reflexión que hagan. Pero los participantes bien pueden inferir las ventajas y desventajas de la delegación, sin que el instructor o el material se lo anticipen, sobre todo por medio de una actividad grupal. Y si, en todo caso, los participantes no llegan al producto buscado, siempre puede incluirse una actividad complementaria de aprendizaje para cubrir el déficit. Cuando el método de reflexión basado en la experiencia es viable, suele brindar un aprendizaje más profundo que el input exógeno (instructor o materiales).

Otra manera de aprovechamiento del trabajo es el empleo en la actividad educativa de casos reales, surgidos de la propia experiencia, que no necesariamente requieren la elaboración escrita. Puede bastar con que el presentador plantee un problema en pocas palabras, y a partir de allí los participantes van construyendo los datos en base a sus preguntas y a las respuestas del presentador. Esto, de paso, pone en juego la habilidad para hacer preguntas inteligentes, que puede ser tan importante como la capacidad de encontrar soluciones.

En *Directivos, no MBAs* (Deusto, 2005), Henry Mintzberg señala las limitaciones del clásico "método del caso" (no vivido por el participante) y enfatiza el valor de aprovechar la experiencia de los participantes en los programas de desarrollo de directivos, así como también de recurrir a casos reales.

B. Transferencia al trabajo

Todo contenido temático entraña en mayor o menor grado un modelo que se pretende aplicar en el trabajo. De lo contrario, no tendría sentido incluirlo en la actividad educativa. Claro está que el modelo puede tener o no valor, total o parcialmente. En este orden, la actividad educativa debería dar lugar a la crítica pertinente del modelo. En consecuencia, los participantes estarían equipados para quedarse con lo que sea valioso del modelo. A partir de allí se impone hacer un diagnóstico: plantearse en qué medida la situación real de la organización, grupo o individuo responde al modelo y analizar la causa de los problemas. Completado el diagnóstico, corresponde encarar un plan de acción, o sea, estrategias concretas para acercarse al modelo. Luego, el trabajo brindará experiencia susceptible de reflexión. De esta manera, el modelo puede ser ampliado, modificado o incluso descartado, para reforzar el proceso de aprendizaje. Posteriormente, conviene ejercer acciones de seguimiento, con dos propósitos: monitorear el cumplimiento del plan de acción y reflexionar sobre la experiencia recogida. Tales acciones, a su vez, constituyen un antecedente de futuras actividades educativas, y el ciclo experiencia-reflexión-desarrollo de conocimientos y habilidades se repite.

Hemos hablado del diagnóstico complementario a la actividad educativa, en función del modelo surgido del contenido temático. Además, hay diagnósticos que es aconsejable realizar antes de conocer el modelo, generalmente utilizando un instrumento pertinente. Por ejemplo, los diagnósticos sobre estilos personales en los que el participante contesta espontáneamente un cuestionario, sin especular con el "debería ser". Claro está que el instrumento responde al modelo, pero ello no es evidente para el participante al momento de responder las preguntas.

El Gráfico 1.3 resume lo antedicho.

Gráfico 1.3

TRANSFERENCIA AL TRABAJO

DIAGNÓSTICO

INDIVIDUO
O
GRUPO

PLAN
DE
ACCIÓN

SEGUI-
MIENTO

ACCIÓN

A continuación comentaremos cada una de las etapas incluidas en el gráfico precedente.

El diagnóstico puede hacerse durante la propia actividad educativa o después de ella. En general, es ventajoso nutrirlo con los siguientes recursos:

- La contestación de instrumentos de diagnóstico, cuyos resultados favorecen el autoconocimiento del participante.
- La aplicación de mecanismos de feedback, basados en dichos instrumentos, en el intercambio entre los participantes, en el coaching al que se alude más adelante, y en otros medios.
- La realización de tareas grupales de reflexión en torno a los objetivos del aprendizaje, los contenidos temáticos, los instrumentos de diagnóstico y el feedback.

Cabe desglosar el plan de acción en:

- Plan de acciones personales, en términos de medidas concretas a cargo del propio participante.
- Recomendaciones –a la organización en conjunto o al sector al que pertenece el participante– de medidas concretas que contribuyan al logro de los objetivos del aprendizaje.

El Anexo 1.2 contiene una guía para desarrollar el diagnóstico y el plan de acción. Además, el participante puede tener una o más entrevistas con un consultor o coach que lo ayude en dicho cometido.

La acción y su seguimiento constituyen un proceso recurrente que debe ser apoyado por la organización a través de:

- Reuniones periódicas de seguimiento y reflexión.
- Refuerzo complementario para ciertos participantes, como coaching adicional, *counseling* o *mentoring*.

C. Evaluación del aprendizaje

En *Evaluación de programas de entrenamiento* (Gestión 2000, 1999), Donald L. Kirkpatrick reitera los cuatro niveles de evaluación que ya lo habían hecho famoso:

1. Reacción de los participantes.
2. Aprendizaje de conocimientos, habilidades y actitudes.
3. Cambio en el comportamiento.
4. Efecto en los resultados.

Habitualmente, la reacción de los participantes surge de una encuesta que se realiza al finalizar la actividad educativa o al cabo de un segmento de ella. Se trata de un indicador de satisfacción del cliente. Es importante tenerla en cuenta, pero estrictamente **no** responde a los interrogantes de los otros tres niveles de evaluación.

La verificación del aprendizaje de conocimientos, habilidades y actitudes añade información sustancial que la reacción de los participantes no brinda. En general, consiste en un examen posterior (inmediato o cercano) a la actividad educativa, preferentemente precedida por un examen, de manera tal que se pueda apreciar el avance del aprendizaje. Sin embargo, la verificación del aprendizaje no garantiza la transferencia al trabajo que planteamos.

El tercer nivel entraña investigar el cambio del comportamiento en el trabajo. Esto suele hacerse por medio de encuestas o entrevistas al participante de la actividad educativa o a personas que luego han podido observar su comportamiento en el trabajo, por ejemplo el jefe. Por lo común, no son muchas las situaciones que permiten otros métodos de comprobación.

Dentro del cuarto nivel se suele distinguir: (a) el efecto sobre ciertos indicadores de calidad, productividad, reducción de costos, aceleración de tiempos, etcétera y (b) el retorno sobre la inversión, que requiere medir los ingresos atribuidos a la capacitación y los costos incurridos en ella. Si bien este cuarto nivel es el más relevante de todos, su aplicación tiende a ser bastante complicada, cuando no imposible.

Un problema serio para emplear los niveles tercero y cuarto es aislar el factor capacitación como causa del cambio en el comportamiento o del efecto en los resultados. Se pueden determinar las variaciones en los indicadores de desempeño correspondientes, pero es muy difícil o cuestionable distinguir en qué medida la variación fue provocada por la capacitación y en qué medida fue originada por otros ingredientes (que son numerosos). La distinción es más factible para cierto tipo de entrenamiento, como el del área de ventas, donde no es mayormente dificultoso comparar las ventas antes y después de la capacitación, y es más fácil controlar las otras variables. Sin embargo, la medición se torna más y más vidriosa cuando nos movemos del entrenamiento a la educación. Aquí los plazos y los factores que median en las relaciones de causa-efecto hacen muy discutible el intento.

Cuanto más se complica el problema de medición, más costoso se vuelve y más dudosos son sus resultados. Algunas personas lo solucionan presuntamente adoptando hipótesis convencionales acerca de la importancia relativa de los factores. Así se logran expresiones cuantitativas que dan una imagen de objetividad no real, a causa de la debilidad de las hipótesis. Otros resuelven la cuestión por medio de la encuesta: pidiendo opiniones acerca del cambio o el resultado perseguido con la capacitación. Estas encuestas pueden ser interesantes, pero no debe perderse de vista que las mediciones consiguientes son nada más que un resumen de opiniones subjetivas.

Creemos que el reclamo de comprobación de los beneficios de la capacitación se ha exagerado un tanto en los últimos tiempos. Nos parece muy oportuno que se enfatice el propósito de la capacitación –mejorar el desempeño–, y que se trate de evaluar en todos los niveles de Kirkpatrick. Sin embargo, hay que reconocer sus límites. Pensamos que el proceso de transferencia al trabajo, incluyendo un adecuado seguimiento, en muchos casos es capaz de brindar información más enriquecedora que los intentos de evaluación independiente en los niveles tres y cuatro.

VI. COACHING

A. El proceso del coaching

El coaching es un proceso por el cual alguien (el *coach*) ayuda a otro (el *coachee*) u otros en la resolución de problemas específicos, la mejora del desempeño o el desarrollo personal. Estos tres objetivos pueden superponerse. El coaching es una modalidad educativa que combina el desarrollo cognitivo con la transferencia al trabajo.

La iniciativa de recurrir al coaching puede surgir de la organización o del propio coachee. En cualquiera de los dos casos suele haber un motivo general o misión; por ejemplo:

- En el coaching individual, la superación de problemas particulares de desempeño, el desarrollo de ciertas competencias, la preparación para afrontar nuevas e importantes responsabilidades o desafíos especiales, el aprovechamiento del potencial, etcétera.
- En el caso del coaching grupal, mejorar la productividad de las reuniones, el incremento de la participación en la toma de decisiones, el desarrollo del trabajo en equipo, la superación de barreras defensivas, la resolución de conflictos, etcétera.

El proceso de coaching suele comprender los pasos siguientes:

1. Establecimiento de la relación entre el coach y el coachee. Aquí debe quedar clara la misión del coaching y sus reglas de juego (por ejemplo, en cuanto a la confidencialidad de la información). Además, es fundamental establecer una base de confianza y respeto mutuos.

2. Diagnóstico de las necesidades del coachee. El coach ayuda al coachee a identificar y analizar sus problemas en el marco de la misión establecida. En este paso es común que el coach induzca al coachee a reformular el problema original, a que reconozca cuál es el verdadero problema.

3. El desarrollo de un plan de acción. El coaching se presta especialmente para la aplicación del action learning. Pero también el coach y el coachee pueden ponerse de acuerdo en recurrir a otras modalidades de aprendizaje, como asistir a una actividad de enseñanza presencial, al autoestudio, etcétera.

4. Las acciones del coachee y su monitoreo por parte del coach, por medio de la observación (más factible cuando el coach es el jefe) o la indagación.

5. El suministro de feedback del coach al coachee y el seguimiento del proceso. Habitualmente esto recrea el proceso: profundización del diagnóstico, plan de acciones adicionales, etcétera. Por lo tanto, los pasos indicados tienden a repetirse de manera circular. Esto facilita la transferencia al trabajo y la evaluación del aprendizaje.

El Gráfico 1.4 resume el proceso indicado.

Gráfico 1.4

PROCESO DE COACHING

```
              ESTABLECIMIENTO
              DE LA RELACIÓN

FEEDBACK Y                        DIAGNÓSTICO DE
SEGUIMIENTO                        NECESIDADES

  ACCIÓN Y
  MONITOREO                       PLAN DE ACCIÓN
```

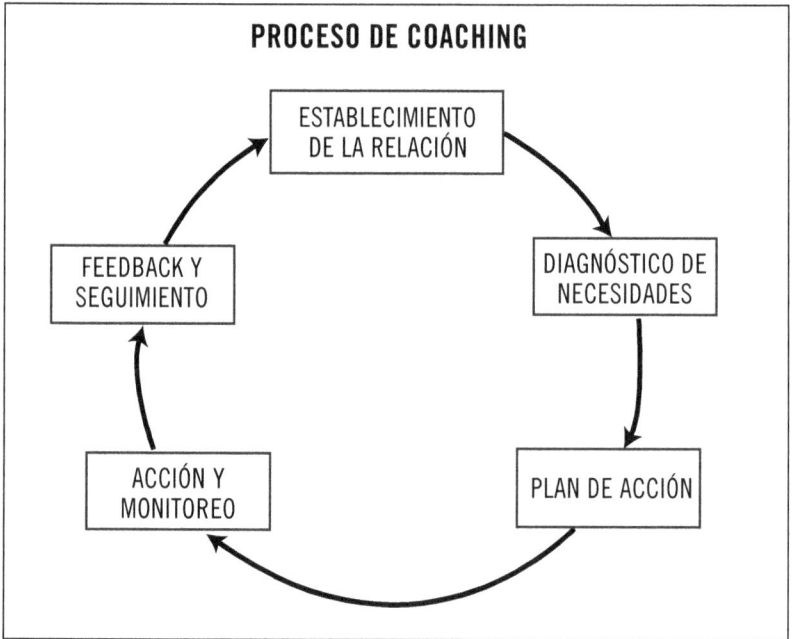

B. El enfoque del coaching

A grandes rasgos, el proceso de coaching responde a la metodología de resolución de problemas y toma de decisiones (RP/TD), que tratamos en *RP/TD. El proceso decisorio* (Macchi, 1997). Pero, en general, dentro de este proceso el rol del coach es más el de un "consultor de proceso" que el de un consejero experto o un instructor de conocimiento. En la consultoría de procesos, predomina el diálogo sobre la discusión, la conducta receptiva sobre la asertiva (ver sección III del Capítulo 3). El consultor de procesos prefiere hacer preguntas inteligentes en vez de brindar respuestas, provocar la reflexión del otro y no "darle las cosas servidas". El procedimiento tiene mucho de la mayéutica socrática. Al respecto, recomendamos tener especialmente en cuenta la obra de Edgar Schein *Consultoría de procesos,* volúmenes I y II (Addison Wesley, 1990 –segunda edición– y 1998).

Rafael Echeverría, en su colofón al libro *El arte de soplar brasas,* de Leonardo Wolk (Gran Aldea Editores, 2003), expresa:

> *En varias oportunidades nuestra vida parecería vaciarse de sentido y nos sentimos desorientados, sin saber qué hacer, ni adónde ir. Si simplemente hubiera alguien que pudiera mostrarnos por qué hemos llegado a ese punto y cómo salir de él. En algún momento el sacerdote nos ayudaba a reencontrar el camino. Más adelante acudimos al psicólogo. Hoy tenemos fundadas sospechas de que ellos sean capaces de entregarnos las respuestas adecuadas. Buscamos un coach. ¿Será éste capaz de ayudarnos? ¿Seremos capaces los coaches de responder a estas demandas?*

Aclaremos que cuando Echeverría habla del coach se refiere a quien aplica el coaching ontológico; vale decir, el basado en la ontología del lenguaje que comentamos en la sección IV del Capítulo 3. De sus palabras parece desprenderse que el coaching ontológico representa la gran esperanza y que ha dejado atrás, por un lado, la función del sacerdote y, por otro, la contribución de la psicología. No estamos de acuerdo con tal reduccionismo. En lo tocante al sacerdote, que en principio está ligado a la religión, su influencia tiende a depender, entre otros factores, de las creencias que tenga el equivalente del coachee. Con respecto a la psicología, es absurdo ignorar los importantes aportes que ella le ofrece al coaching, a pesar de sus dificultades y contradicciones, aportes que pueden provenir de sus distintas corrientes:

- El psicoanálisis (Freud, Jung, Adler, Fromm).
- El conductismo (Watson, Skinner).
- Los abordajes humanistas, que incluyen la Gestalt

(Perls), la psicoterapia del diálogo (Rogers) y la logoterapia (Frankl).
- El cognitivismo (Beck, Ellis).
- Lo sistémico (Bateson, Watzlawick).
- Los estudios sobre la inteligencia (Gardner, Sternberg).
- Los estudios sobre la personalidad (Eysenck, Cattell).
- El análisis transaccional (Berne).
- La programación neurolingüística (Bandler, Grinder).

El coaching puede, y en muchos casos debe, utilizar diversos enfoques, metodologías y herramientas, en función de las necesidades del coachee:

- La metodología de RP/TD unida a la consultoría de procesos, que hemos mencionado.
- Modelos e instrumentos de diagnóstico para favorecer la comprensión de las características personales y de las competencias del coachee. (Remitimos a los capítulos 2 y 4.)
- Recursos de comunicación que faciliten la relación entre el coach y el coachee, y entre este y otras personas. (Ver Capítulo 3.)
- Conocimientos y habilidades acerca del proceso de enseñanza-aprendizaje, incluyendo especialmente el aprendizaje basado en la acción o action learning.
- Otros conceptos y técnicas provenientes de las diversas corrientes de la psicología citadas. Uno puede descartar o estar en contra de cualquiera de sus elementos, pero es un desperdicio no emplear lo que se considere más provechoso, además de la ontología del lenguaje. Tengamos en cuenta que un psicólogo puede ser coach; y, aunque no lo sea, le es dable aprender la aplicación adecuada de ciertas proposiciones de la psicología.

C. Tipos de coaching

Como señalamos, el coaching puede ser individual o grupal, y puede partir de muy diversos motivos.

Puede ser realizado por un coach interno (un miembro de la organización) o externo. El coach interno que surge en primer término es el jefe del coachee; en efecto, el jefe o gerente tiene una responsabilidad ineludible de ejercer el coaching con sus colaboradores directos. Sin perjuicio de ello, es fructífero utilizar coaches externos para cubrir determinadas necesidades de coaching. En general, los coaches externos más capacitados son ex ejecutivos con muy buena formación y orientación en aspectos humanos, o bien psicólogos con conocimientos y experiencia acerca de las organizaciones. Una alternativa intermedia es que cierto coaching lo realice gente de la función de recursos humanos. Los distintos tipos de coach tienen sus ventajas y limitaciones o riesgos, cuyo análisis va más allá del propósito de este texto.

Dentro del coaching, definido en un sentido muy abarcativo, cabe distinguir:

*   El *coaching* en sentido estricto, tendiente a la resolución de problemas específicos, a la mejora del desempeño o al desarrollo personal, este más bien con un horizonte de corto plazo.
*   El *mentoring*, que se concentra en el desarrollo de potencial y la carrera del coachee, con un enfoque de más largo plazo.
*   El *counseling*, orientado a la superación de aspectos personales, más allá de la problemática del trabajo. El counseling tiene elementos de psicoterapia, en mayor o menor grado.

Un coach externo puede combinar el coaching y el mentoring. En cambio, es preferible que en el orden interno el mentoring lo realice alguien distinto del jefe; habitualmente un ejecutivo que está varios niveles arriba del *mentoree* y que reúne las competencias pertinentes. Hay organizaciones que tienen programas especiales de mentoring, con mentores asignables a los miembros de la organización que quieran participar en el programa.

Durante el proceso de coaching es posible que surjan problemas personales del coachee que indiquen la necesidad de counseling. En este caso, es conveniente separar un proceso del otro, e incluso puede ser preferible suspender el coaching para iniciar debidamente el counseling. Un buen coach no requiere tener competencias para ejercer el counseling, pero debe poseer los conocimientos pertinentes para darse cuenta de cuándo corresponde el counseling.

En relación con otras modalidades educativas, cabe distinguir:

- El coaching propiamente dicho que se encara más allá de otras actividades de capacitación. Esto no significa que el coach no tome en cuentas tales actividades.
- La reunión o reuniones que puede tener un consultor (a veces llamado coach) como parte del proceso de transferencia al trabajo de una actividad específica de capacitación. Por ejemplo, la entrevista o entrevistas que se presentan en la sección V.B de este capítulo y en el Anexo 1.2.

VII. RESUMEN FINAL

En la sección II identificamos los elementos que juegan en el proceso de cambio del comportamiento en el trabajo:

A. Los actores del proceso, que a su vez comprenden:
- La persona o las personas objeto del cambio; o sea, aquellas cuyo comportamiento se pretende cambiar.
- El o los agentes del cambio.

B. Las intervenciones orientadas al cambio.

C. El contexto del proceso, incluyendo el trabajo en donde la persona habrá de aplicar el cambio perseguido.

Allí aclaramos que el agente del cambio y la persona objeto del cambio pueden ser individuos distintos o uno solo. Se trata de ayudar a otros o de ayudarse a sí mismo.

En la sección III examinamos cuatro conceptos fundamentales:

A. El enfoque sistémico.
B. Los factores clave del aprendizaje.
C. El cambio de hábitos.
D. La factibilidad del cambio.

En A resaltamos que la organización es un sistema socio-técnico y que como principio general es conveniente emplear un enfoque sistémico, que abarque una visión integral de todos los elementos que componen tanto el sistema social como el técnico.

En B señalamos tres factores clave del aprendizaje de competencias conductuales:

1. *Assesment* (diagnóstico).
2. *Challenge* (desafío).
3. *Support* (apoyo).

En C presentamos el modelo de Prochaska acerca del cambio de hábitos, el cual distingue las etapas del proceso de cambio y propone las estrategias más adecuadas para cada etapa. La clave consiste en identificar en qué etapa se encuentra la persona, evaluarla y en función de ello elegir las estrategias pertinentes, a fin de pasar a la etapa siguiente.

En D analizamos la factibilidad del cambio. Propusimos concentrarse en aquellos aspectos que es más factible cambiar y que habrán de tener mayor efecto favorable; una especie de principio de Pareto aplicado al cambio del comportamiento en el trabajo.

En la sección IV puntualizamos determinadas facetas del diseño educativo correspondiente al desarrollo cognitivo:

- En cuanto a la audiencia, la cuestión de separar o mezclar niveles jerárquicos.
- Con respecto a los objetivos, la importancia del diagnóstico de necesidades de capacitación.
- En materia de contenidos temáticos, los tres focos de las competencias conductuales: el de las personas y sus procesos mentales, el del grupo y las relaciones interpersonales, y el de la organización y su funcionamiento.
- Con relación a las estrategias, las diversas modalidades educativas. Entonces destacamos que cada modalidad tiene sus ventajas y desventajas, peligros o limitaciones; que lo mejor suele ser la combinación de modalidades.

En la sección V tratamos la integración entre el trabajo y la actividad educativa; esta abarca:

A. El aprovechamiento del trabajo, que incluye el empleo en la actividad educativa de casos reales surgidos del trabajo.
B. La transferencia al trabajo, que, a su vez, comprende:
   - El diagnóstico, donde es fundamental el empleo de instrumentos de diagnóstico y de distintos mecanismos de feedback.
   - El plan de acción (medidas concretas).
   - El seguimiento.

Adicionalmente comentamos la evaluación del aprendizaje en sus cuatro niveles:

1. Reacción de los participantes.
2. Aprendizaje de conocimientos, habilidades y actitudes.
3. Cambio en el comportamiento.
4. Efecto en los resultados.

En la sección VI nos referimos al coaching:

A. Presentamos nuestra metodología del proceso de coaching.
B. Hicimos ciertas consideraciones acerca de cómo enfocar el coaching, resaltando el empleo de diversos recursos, incluyendo aportes de la psicología.
C. Planteamos distintos tipos de coaching:
   • Según el coachee, individual o grupal.
   • Según el coach, interno o externo.
   • Según el alcance, coaching, mentoring o counseling.

ORGANIZACIÓN INTELIGENTE U ORGANIZACIÓN QUE APRENDE*

Una "organización inteligente" u "organización que aprende" es aquella cuyos miembros, al mismo tiempo que resuelven sus problemas actuales de trabajo, desarrollan su capacidad de resolver positivamente sus problemas futuros. Vale decir que aprenden "a caballo" del trabajo. La idea es maximizar el aprendizaje personal como parte de la actividad organizacional, para beneficio tanto de los individuos como de la organización tomada en conjunto, para dar lugar al denominado "aprendizaje organizacional".

En una organización, el aprendizaje puede desarrollarse principalmente por medio de cuatro campos de acción:

1. Las actividades educativas, organizadas con el propósito principal de desarrollar los conocimientos, habilidades y actitudes de los participantes, para su debida aplicación ulterior al trabajo. Estas actividades pueden consistir en encuentros de enseñanza presencial (cursos, seminarios, workshops, etc., públicos o *incompany*), programas de enseñanza a distancia, encuentros con un coach, iniciativas de autoestudio, etc., o bien una combinación de cualesquiera de ellos.

2. La capacitación en el trabajo (*on the job training*) que puede o debe recibir una persona tanto de su jefe como de otras perso-

---

* Transcripción de parte del Apéndice IV de *Gerencia y liderazgo* de Santiago Lazzati y Edgardo Sanguineti (Macchi, 2003).

nas durante el propio ejercicio de su trabajo. En este orden merece destacarse el rol de coach que le corresponde al gerente o líder respecto de la gente a su cargo.

3. El desarrollo de procesos humanos que favorezcan el aprendizaje. Esto incluye las disciplinas aconsejadas por Peter Senge en su obra *La quinta disciplina* (Granica, 1992): pensamiento sistémico, dominio personal, modelos mentales, visión compartida y aprendizaje en equipo.

4. El diseño e implementación de sistemas de *knowledge management* que, utilizando la tecnología informática, pretenden capitalizar, desarrollar y favorecer el aprovechamiento del conocimiento en la organización. Esto implica la búsqueda, captura, clasificación, interconexión, archivo, distribución y acceso fácil del conocimiento; todo ello de manera sistemática, con la apoyatura de roles específicos al respecto (una especie de estructura organizativa paralela fundada en el conocimiento).

El desarrollo de los procesos humanos mencionados en el punto 3. merece un comentario adicional. Primero, quiero resaltar que el aporte de Senge, de sus fuentes (especialmente Chris Argyris) y de algunos de sus seguidores **ha sido excelente**. Si las disciplinas propuestas se aplicasen como se debe, seguramente tendríamos mejores organizaciones, e incluso un mundo mejor. No me cabe ninguna duda de ello. Y aquellas empresas que han sido capaces de aplicar debidamente dichas disciplinas, no solo han incrementado la satisfacción y motivación de sus recursos humanos, sino que también han avanzado en el logro de sus objetivos empresariales.

Sin embargo, creo que corresponde señalar ciertas limitaciones de la propuesta indicada, en la medida en que con ella se pretenda construir un modelo de análisis y cambio organizacional; a saber:

A. La propuesta enfatiza la importancia de los comportamientos personales y de las relaciones interpersonales (comunicación abierta, trabajo en equipo, etc.), por oposición a emprendimientos de cambio organizacional que fundamentalmente intervienen en la estrategia, la estructura y los sistemas (trilogía a la que denomino "arquitectura" en mi libro *Anatomía de la organización*, Macchi-Mercado, 1997). Estoy completamente de acuerdo con el énfasis en los procesos humanos. Pero no con inclinar la balanza hacia el otro extremo; esto es, que la palanca de cambio radica más en dichos procesos que en la arquitectura (estrategia, estructura y sistemas). Me parece más adecuado un enfoque sistémico que presta atención tanto a la arquitectura como a los procesos humanos y a su mutua relación circular. La exageración de la importancia relativa de los procesos humanos como disparador del cambio organizacional representa un modelo no sistémico, valga la paradoja, habida cuenta del pensamiento sistémico tan bien descrito por Senge.

B. Desde el punto de vista de la motivación, Senge apela principalmente a la intrínseca: la atracción de la tarea, el aprendizaje inherente a la tarea, la satisfacción de las necesidades de pertenencia, estima y autorrealización, etc. En su obra hay muy poca referencia a la motivación extrínseca. Por ejemplo, no trata mayormente el sistema de recompensas como factor de cambio en el comportamiento humano. Por más que se exalte la relevancia de la motivación intrínseca, en el mundo actual no puede negarse la influencia de la motivación extrínseca. Esto se relaciona con el enfoque sistémico indicado en A.

C. A la teoría sengeniana le faltan consideraciones de carácter situacional, del tipo de si la situación es tal, conviene proceder de cierta manera, pero en condiciones distintas, es preferible optar por otros caminos. Por ejemplo, ¿qué hacer cuando la conducción es muy autoritaria (no hay posibilidad de cambiarla) y además para sobrevivir es inevitable reducir el personal en un 30% durante los próximos tres meses? Seguramente las recomendaciones de Senge pueden ayudar a encontrar soluciones apropiadas. Pero también es probable que tales soluciones se alejen de la filosofía sengeniana. El management y la consultoría gerencial, al igual que la política, conforman el arte de lo posible. En este sentido, Senge se circunscribe a lo que me inclino a llamar un modelo idealista-normativo.

D. Algunos discípulos de Senge han concentrado su propuesta en lo siguiente:

I. Actividades educativas (incluyendo el coaching) orientadas al cambio individual y grupal.

II. Este cambio enriquece los procesos humanos en la organización.

III. Tal enriquecimiento redunda en una mejora de toda la organización y de su desempeño.

Me parece apropiado este abordaje, siempre y cuando no se pierda de vista que:

- Tal abordaje configura una parte de todas las intervenciones que habitualmente son necesarias para lograr efectivamente un cambio organizacional significativo. Este concepto responde a lo dicho en A., con respecto a la necesidad de un enfoque sistémico del cambio organizacional.
- Un replanteo individual positivo para la persona en sí no necesariamente es aprovechado por la organización. Puede ocurrir, y ha ocurrido, que el retorno entusiasta del individuo se enfrenta con una cultura antagónica que él no puede modificar; y, entonces, aumenta su frustración, amén del riesgo de conflictos que le son desfavorables. He tenido la oportunidad de observar este fenómeno en Arthur Andersen (la firma en donde trabajé gran parte de mi vida) y también en otras organizaciones que se embarcaron en proyectos de tipo I-II-III.

Los comentarios hechos en A, B, C y D no entrañan, en absoluto, una crítica a la teoría sengeniana en sí. Sólo pretenden señalar las limitaciones de su alcance y la necesidad de integrarla con un enfoque sistémico y situacional del análisis y del cambio organizacional.

APÉNDICE 1.2

SISTEMA DE MÓDULOS DEL CONOCIMIENTO®

El **Sistema de Módulos del Conocimiento** (SMC) que presentamos en este texto responde al enfoque de integración entre trabajo y actividad educativa. El esquema básico del SMC representa un procedimiento específico para contribuir a la transferencia de la capacitación al trabajo, que forma parte de dicha integración. Pero la idea de desarrollar módulos de conocimiento puede expandirse mucho más allá del esquema básico. Por ejemplo, si la empresa emplea o va a emplear la llamada gestión por competencias, esta puede integrarse con el SMC. En última instancia, el SMC es una forma de knowledge management o gerencia del conocimiento.

El SMC es especialmente propicio para temas conductuales. Sin embargo, cabe utilizarlo para otros contenidos temáticos.

A continuación, plantearemos el esquema básico del SMC. Suponemos que la empresa diseña adecuadamente sus actividades educativas, lo cual produce contenidos temáticos que habrán de incluir elementos valiosos para aplicar posteriormente en el trabajo. Sin embargo, cuando los participantes de dichas actividades retornan al trabajo, suelen recurrir poco o nada a tales elementos. Estos quedan como "perdidos" dentro del material de capacitación. Una razón de ello puede ser que el ordenamiento didáctico de los materiales de capacitación no necesariamente constituye el acceso más favorable al momento del trabajo.

Una alternativa para superar el problema indicado es seleccionar y revisar los elementos más valiosos de los contenidos temáticos de la actividad educativa; en principio aquellos que reúnan las condiciones siguientes:

- Los de aplicación más generalizada.
- Los que signifiquen una clarificación conceptual importante.

70

- Los de mayor utilidad práctica.
- Los que suministren a la práctica una consistencia positiva, susceptible de ser acordada.

Denominamos "módulos" a los elementos así seleccionados y revisados. Un módulo puede ser:

- Un concepto clave (ejemplo: el de tablero de comando equilibrado).
- Un modelo fundamental (ejemplo: el de liderazgo situacional).
- La metodología de un proceso típico (ejemplo: el de resolución de problemas).
- Un *check list* a utilizar en una situación determinada (ejemplo: una lista de puntos a tomar en cuenta en una negociación).
- Un cuestionario de evaluación (ejemplo: el que pregunta sobre los atributos de un grupo para diagnosticar su grado de trabajo en equipo).
- Etcétera.

Los "módulos" se incorporan a un "repositorio", de acceso fluido durante el trabajo cotidiano. De esta manera, los contenidos temáticos, que tienden a constituirse en un archivo pasivo con respecto al trabajo, se convierten en un archivo activo de elementos valiosos, de aplicación efectiva.

El Gráfico 1 ilustra dicho esquema básico.

Gráfico 1

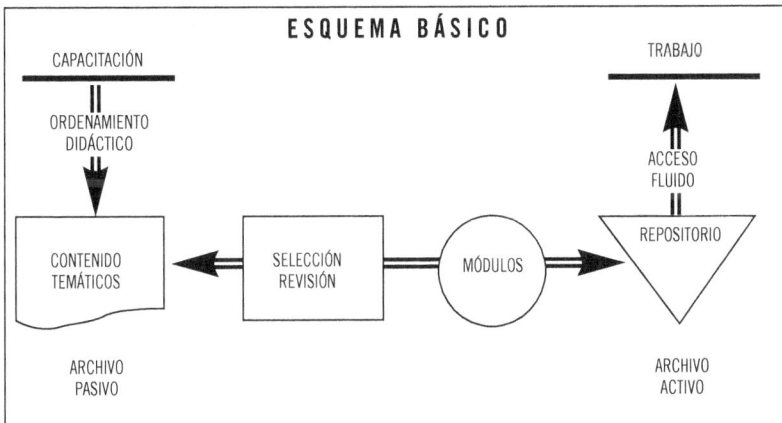

ESQUEMA BÁSICO

CAPACITACIÓN — ORDENAMIENTO DIDÁCTICO — CONTENIDO TEMÁTICOS — ARCHIVO PASIVO — SELECCIÓN REVISIÓN — MÓDULOS — REPOSITORIO — ACCESO FLUIDO — TRABAJO — ARCHIVO ACTIVO

El esquema básico indicado es fácil de expandir. La fuente de los módulos puede estar constituida no solo por los contenidos temáticos de capacitación, sino también por procesos de cambio organizacional o mejora de la calidad, información externa sobre mejores prácticas, etcétera. Incluso la experiencia del propio trabajo puede generar módulos. Se trata de un archivo abierto que se va enriqueciendo continuamente. Por otra parte, el repositorio a su vez realimenta los sucesivos diseños educativos. Esto puede incluir no solo actividades de enseñanza presencial, sino también programas de autoestudio, material de apoyo al coaching, etcétera.

El Gráfico 2 resume lo antedicho.

Gráfico 2

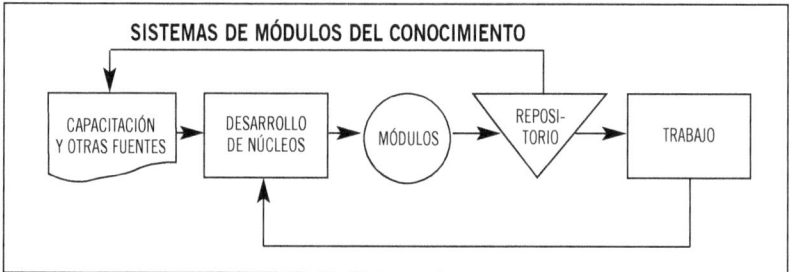

SISTEMAS DE MÓDULOS DEL CONOCIMIENTO

CAPACITACIÓN Y OTRAS FUENTES — DESARROLLO DE NÚCLEOS — MÓDULOS — REPOSITORIO — TRABAJO

El SMC dispone de una metodología del proceso de desarrollo de los módulos que abarca el análisis de las fuentes, los criterios de selección, los procedimientos de revisión, un formato estándar, la indicación de los protagonistas del proceso, etcétera.

El repositorio requiere cierta estructura lógica, que facilite el input, el archivo y la utilización de los módulos. Además es provechoso agregarle un glosario y mapas alternativos de navegación.

El SMC ofrece los siguientes beneficios:

- Ayuda en el trabajo, en tiempo real.
- Lenguaje común.
- Puente con otra información.
- Refuerzo de la capacitación.
- Calidad de los contenidos temáticos de la capacitación.
- Ordenamiento sistémico del conocimiento.

APÉNDICE 1.3

PREGUNTAS O HERRAMIENTAS A EMPLEAR EN EL PROCESO DE RP/TD* EN LÍNEA CON LA CONSULTORÍA DE PROCESOS

ETAPA / PASO *	PREGUNTA / HERRAMIENTA
Examen de la problemática	
Planteo preliminar / Enfoque	¿Cuál es el objetivo que caracteriza la brecha? ¿Cuál es el tipo de situación que caracteriza la brecha? Aplicar preguntas de cadena de medios fines: ¿Para qué? ¿Cómo? Generar alternativas ¿Es el problema prioritario? ¿Es urgente? ¿Es importante?
Análisis del problema negativo	¿Cuál es la causa? Especificar el problema: ¿qué, dónde, cuándo, cuánto? ¿Cuáles son las consecuencias? ¿Qué se intentó ya? ¿Cuáles son las fuerzas que favorecen y que entorpecen? (fuerzas del campo)
Problema potencial	¿Qué puede pasar? ¿Por qué? Preguntas similares al problema negativo ¿Cuál es la probabilidad? ¿Medidas preventivas? ⎫ Esto anticipa el ¿Medidas contingentes? ⎬ desarrollo de ⎭ cursos de acción
Problema de implementación	Ver implementación

---

* Conforme al libro *RP/TD. El proceso decisorio*, de Santiago Lazzati (Macchi, 1997).

Aprovechamiento de oportunidades	FODA Identificación de cuestiones clave
Desarrollo de cursos de acción	
Generación de ideas	¿Qué soluciones? ¿Qué otras?
Evaluación	¿Qué puede ocurrir? Probabilidad de ocurrencia Pros y contras Importancia relativa de cada uno
Decisión	Modelo Prochaska
Implementación	
Resolución de cuestiones	¿Quién? ¿Cómo? ¿Con qué? ¿Cuánto? ¿Cuándo? ¿Dónde?
Comunicación específica	¿Qué? ¿Qué medio? ¿Cuándo? Uniformidad de varios comunicadores
Cambio en el comportamiento humano	Análisis político ¿Resistencias? ¿Quiénes? ¿Por qué? Medidas para superarlas
Medidas de control	¿Quién? ¿Cómo? ¿Con qué? ¿Cuánto? ¿Cuándo? ¿Dónde?

ANEXO 1.1

BIBLIOGRAFÍA

Libros citados en el capítulo

Cortese, Horacio Eduardo: *Coaching y aprendizaje organizacional.* Temas, 2007.

Figini, Alejandra Laura: *La inteligencia emocional aplicada a los recursos humanos.* Macchi, 2002.

Kirkpatrick, Donald: *Evaluación de programas de entrenamiento.* Gestión 2000, 1999.

Lazzati, Santiago, y Sanguineti, Edgardo: *Gerencia y liderazgo.* Macchi, 2003.

——————— *Management del cambio y del desempeño.* Macchi, 2000.

Lazzati, Santiago: RP/TD. *El proceso decisorio.* Macchi, 1997.

Mc Cauley, Moxley, y Van Velsor (Editors): *The Center for Creative Leadership. Handbook of Leadership Development.* Jossey Bass, 1998.

Mintzberg, Henry: *Directivos, no MBAs.* Deusto, 2005.

Prochaska, James; Norcross, John, y Diclemente, Carlo: *Changing for Good.* Avon Books, 1994.

Schein, Edgar: *Consultoría de procesos.* Addison Wesley, Vol. I (1990) y Vol. II (1988).

Senge, Peter: *La quinta disciplina.* Granica, 1993.

Wolk, Leonardo: *Coaching, el arte de soplar brasas.* Gran Aldea, 2003.

Otras obras

Angel, Pierre y Amar, Patrick: *Guía práctica del coaching.* Paidós, 2007.

Broad, Mary, y Newstrom, John: *Cómo aplicar el aprendizaje en el puesto de trabajo.* Cerasa, 2000.

Conger, Jay, y Benjamin, Beth: *La siguiente generación.* Norma, 2000.

Duhne, Carmen; Garza Leal, Ramiro, y Quintanilla, Ana María: *Coaching ejecutivo*. Trillas, 2007.

Fournies, Ferdinand F.: *Por qué los empleados no hacen lo que se supone deben hacer y qué hacer para corregirlo*. McGraw-Hill, 1991.

Harvard Business Essentials: *Coaching y mentoring*. Deusto, 2005.

Marquardt, Michael: *Action Learning in Action*. Davies-Black Publishing, 1999.

Payeras, Joan: *Coaching y liderazgo*. Díaz de Santos, 2004.

ANEXO 1.2

INSTRUCCIONES PARA EL PLAN PERSONAL DE DESARROLLO (PPD)

A. Recopilar y analizar información pertinente
1. Instrumentos de diagnóstico empleados – Ver **A.1**.
   –Repasar resultados.
   –Desarrollar conexiones entre ellos.
   –Profundizar el análisis.
   –Etcétera.
2. Evaluaciones recibidas en el trabajo.
3. Otro feedback recibido (de compañeros de trabajo, de amigos, etcétera).
4. Otros antecedentes pertinentes (podría ser debido a consultas o terapia).

B. Realizar análisis estratégico (FODA) personal
1. Identificar fortalezas y debilidades personales (análisis interno) – Registrar en **B.1**.
2. Identificar oportunidades y amenazas del entorno (análisis externo) – Registrar en **B.2**.

C. Identificar aspectos a mejorar o desarrollar
1. Identificar y registrar en **C.1** aspectos personales a mejorar o desarrollar.
2. Identificar y registrar en **C.2** aspectos de la organización a mejorar o desarrollar (en un grupo o sector, en un tema determinado, etcétera) que puedan contribuir a su mejora o desarrollo personal.

D. Planes y sugerencias

1. Identificar y registrar en **D.1** acciones personales concretas tendientes a mejorar o desarrollar los aspectos indicados en **C.1**. En dicha(s) hoja(s), relacionar específicamente las acciones personales con los aspectos a mejorar o desarrollar, haciendo referencia al código de estos en la columna correspondiente.

2. Identificar y registrar en **D.2** sugerencias de medidas concretas que podría o debería adoptar la organización (en un grupo o sector, en un tema determinado, etcétera) tendientes a mejorar o desarrollar los aspectos indicados en **C.2**. En dicha hoja relacionar específicamente las medidas concretas sugeridas con los aspectos a mejorar, haciendo referencia al código de estos en la columna correspondiente. Presentar las sugerencias a las personas pertinentes de la organización.

__*Nota:* ver al final de este capítulo "Ejemplos varios extraídos de casos reales" (pág. 86), donde se indican "Aspectos personales a mejorar o desarrollar" y su correspondiente "Plan de acción personal".

A.1

APLICACIÓN DE INSTRUMENTOS DE DIAGNÓSTICO

Instrumentos referidos en el libro, elaborados por otros autores

Ver anexos 2.2, 3.2, 4.2. y 5.2 de los respectivos capítulos.

Destacamos especialmente el MBTI comentado en la sección II del Capítulo 5.

Instrumentos incluidos en el libro, elaborados por su autor

Referencia		Instrumento
Capítulo	Anexo	
6	6.2/3	LID-GER-A y LID-GER-C
6	6.4/5	TE-IND y TE-GER
7	7.2/3	ERG-YO y ERG-YO-CP
8	8.2	AP-LID-SIT
8	8.3	COMP-PART

B.1

FODA PERSONAL – ANÁLISIS INTERNO

FORTALEZAS	DEBILIDADES

B.2

FODA PERSONAL – ANÁLISIS EXTERNO

OPORTUNIDADES	AMENAZAS

C.1

ASPECTOS PERSONALES A MEJORAR O DESARROLLAR

CÓDIGO*	ASPECTO

* Una letra para cada aspecto: A, B, etcétera.

C.2

ASPECTOS DE LA ORGANIZACIÓN A MEJORAR O DESARROLLAR

CÓDIGO*	ASPECTO

* Doble letra para cada aspecto: AA, BB, etcétera.

D.1

PLAN DE ACCIONES PERSONALES CONCRETAS

N°	ACCIÓN	Referencia*

* Referencia al respectivo o respectivos aspectos personales a mejorar o desarrollar registrados en C.1 (A, B, etcétera). Podría referirse también a aspectos de la organización registrados en C.2 (AA, BB, etcétera), sobre los cuales uno planea ejercer cierta acción específica.

D.2

SUGERENCIAS DE MEDIDAS CONCRETAS PARA LA ORGANIZACIÓN

N°	ACCIÓN	Referencia*

* Referencia al respectivo o respectivos aspectos de la organización a mejorar o desarrollar registrados en C.2 (AA, BB, etcétera).

EJEMPLOS VARIOS EXTRAÍDOS DE CASOS REALES

ASPECTOS PERSONALES A MEJORAR O DESARROLLAR	PLAN DE ACCIONES PERSONALES
Tengo dificultad para delegar en mis colaboradores.	Identificar tareas importantes que estoy realizando personalmente, pero que podría delegar. Identificar un colaborador en quien delegar eficazmente una de esas tareas. Proceder a su delegación aplicando el método correspondiente.
Noto una baja productividad en las reuniones con mis colaboradores.	Aplicar estrictamente las pautas establecidas en el seminario al que asistí recientemente sobre reuniones productivas.
Tengo problemas de administración del tiempo.	Registrar durante una semana el uso de mi tiempo, para decidir la forma más efectiva de organizar mis tareas.
A veces tengo dificultad para decir cosas importantes que pienso.	Empezar haciéndolo sistemáticamente en las cosas en las cuales no haya un conflicto muy grande. Tratar de hablar más, de ser más asertivo en las reuniones.
Me meto mucho en mi trabajo y no me intereso como debiera en las actividades de otras áreas.	Almorzar con cada gerente de sector al menos una vez al mes.
Casi nunca doy feedback positivo.	Me propongo brindar feedback positivo cada vez que observe un comportamiento que lo merezca.
Dedico demasiado poco tiempo a dar apoyo a mi gente.	Trabajaré con la puerta abierta, excepto cuando tenga cierto tipo de reuniones, y les diré a todos que me interrumpan todo lo que necesiten. Y si no puedo atenderlos en el momento que me reclaman, agendaré otro momento para tratar los temas. Saldré más de mi oficina, para recorrer el lugar donde trabajan mis colaboradores, y trataré de acercarme a ellos para interiorizarme de cómo van las cosas.
En las reuniones con mis colaboradores soy demasiado directivo. Debería ser más participativo.	Disponer que el facilitador (o moderador) de cada reunión no sea yo, sino otro miembro de mi grupo, en forma rotativa. (El facilitador es responsable de conducir el proceso de la reunión.) Moderar mis intervenciones durante la reunión. Pedirle al facilitador que me ayude en este sentido.
Debo desarrollar aún más mi visión estratégica del negocio.	Procuraré intercambiar ideas al respecto con el gerente general.

CAPÍTULO 2

LAS CARACTERÍSTICAS PERSONALES

I. INTRODUCCIÓN

A. Contenido e influencia de las características personales

En la Introducción a esta obra vimos que las características personales, además de las condiciones circunstanciales de cada uno, influyen sobre las competencias y la motivación; que estas a su vez son causa del comportamiento y sus resultados, y que todo ello es afectado por el entorno. Cabe destacar que las características personales impactan sobre el resto de los elementos tanto en forma directa como indirecta; esto último, porque suelen afectar las condiciones circunstanciales que también influyen en el proceso. Por ejemplo, alguien introvertido (característica personal) tiende a sentirse más molesto por las interrupciones (condición circunstancial) que un extravertido.

En este capítulo nos concentraremos en las características personales. En los siguientes, trataremos respectivamente su relación con otros dos ingredientes fundamentales:

- En el Capítulo 3, con el marco mental de las personas, que juega un rol preponderante en el proceso de comunicación.
- En el Capítulo 4, con las competencias de las personas, que constituyen un factor primordial del desempeño.

El Gráfico 2.1 resume ambas relaciones.

Gráfico 2.1

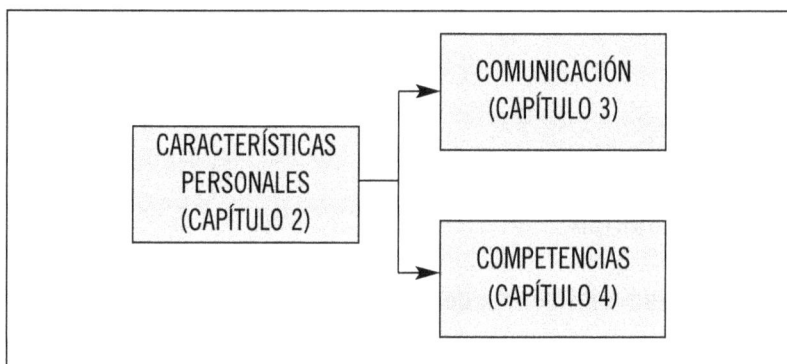

Según nuestra manera de ver, las características personales pueden agruparse en las siguientes categorías:

- Conocimiento.
- Habilidades específicas.
- Valores y creencias.
- Vocación.
- Condiciones físicas.
- Personalidad.
- Inteligencia.

Aquí es oportuno que aclaremos qué entendemos por "habilidades" (*skills* en inglés). Dentro de un concepto amplio de la palabra, corresponde hacer una distinción entre las generales y las específicas. Tomemos un ejemplo simple: tener reflejos rápidos es una aptitud general que favorece la práctica de los deportes y otras actividades, como manejar un automóvil. En cambio, jugar bien un deporte determinado es una habilidad específica que se nutre, entre otros factores, de aptitudes generales, como los reflejos rápidos. Las aptitudes generales están dadas por la capacidad física y mental de la persona, que radica en las tres últimas categorías indicadas: condiciones físicas, personalidad e inteligencia.

Enfocamos a dichas categorías más bien como "ventanas", cada una de las cuales nos puede llevar fácilmente a otras categorías; vale decir que los límites entre una categoría y otra son en general difusos, con ciertas zonas superpuestas. No se trata de elementos ubicables en "boxes" con claras líneas demarcatorias. Creemos que esta observación no le quita valor a la clasificación. El Gráfico 2.2 intenta reflejar lo antedicho.

En dicho gráfico alineamos las características personales en tres niveles; de abajo arriba:

1. Un nivel más básico, más fundacional, que comprende características (condiciones físicas, personalidad e inteligencia) que en parte provienen de factores genéticos y en parte se construyen en una etapa bien temprana de la vida, sin perjuicio de que se continúen modelando y puedan modificarse en instancias posteriores.

2. Un nivel intermedio (valores y creencias, y vocación), que depende de las características indicadas en el nivel 1, configurado también en una etapa temprana de la vida y que influye significativamente sobre el tercer nivel.

3. Un tercer nivel (conocimientos y habilidades específicas) que tiende a desarrollarse a lo largo de toda la vida, en base a los niveles 1 y 2.

Gráfico 2.2

"VENTANAS" DE LAS CARACTERÍSTICAS PERSONALES

CONOCIMIENTO   HABILIDADES ESPECÍFICAS

VALORES Y CREENCIAS   VOCACIÓN

CONDICIONES FÍSICAS   PERSONALIDAD   INTELIGENCIA

En general, las características personales de los niveles 1 y 2 son más difíciles de cambiar que las del nivel 3.

B. Alcance de este capítulo

En las secciones II a VII desarrollamos cada una de las categorías indicadas en el Gráfico 2.2.

Agregamos seis apéndices que profundizan los conceptos y modelos planteados en dichas secciones. Lo hacemos así **para facilitar que el lector, a su discreción, eche una ojeada o lea los apéndices con el grado de profundidad que considere conveniente**, en función de sus conocimientos previos y de su interés, que pueden ser bastante variables.

II. LAS CONDICIONES FÍSICAS

Las condiciones físicas comprenden:

* Las destrezas físicas, que son especialmente importantes para cierto tipo de actividades, como el deporte o el baile.
* La capacidad física para encarar las situaciones o desarrollar las acciones que se presentan en el trabajo y demás circunstancias de la vida.

En general, una buena capacidad física favorece las posibilidades de que la persona afronte positivamente responsabilidades y ocupaciones que entrañan una carga intensa, desafiante y desgastante. La capacidad física depende, entre otros factores, de la salud del organismo, o sea de la existencia de enfermedades y su gravedad. Pero esto no significa que el desempeño exitoso, cualquiera que sea la forma en que se lo evalúe, dependa necesariamente del grado de salud física, porque aquí juega la fortaleza de la persona para afrontar los problemas de salud. Y esto nos remite a otras características personales, especialmente a la personalidad y la inteligencia emocional, que trataremos en las secciones siguientes.

El gran periodista Nelson Castro, en su interesante libro *Enfermos de poder* (Javier Vergara, 2005) nos muestra cómo muchos presidentes argentinos y también grandes líderes de otros países (Lenin, Stalin, Mao Tse-Tung, Churchill, Hitler, Mussolini, Franco, Roosevelt, Eisenhower, Kennedy y Juan Pablo II) hicieron lo que hicieron a pesar de sus enfermedades; si bien en el prólogo reconoce que *las enfermedades afectan las conductas de las personas y que esas conductas son las que determinan los hechos producidos por los seres humanos.*

Aquí vale la pena aludir a la obra *Líderes* de Warren Bennis y Burt Nanus (Norma, 1985). Basada en una investigación acerca de noventa líderes exitosos de los Estados Unidos de

América: CEOs, políticos, dirigentes obreros, directores de orquesta, productores cinematográficos, rectores universitarios y entrenadores de deportes, entre otros, desarrolla las cuatro claves del liderazgo eficaz que surgieron del estudio. Pero, aparte de estas claves comunes, los autores destacaron lo siguiente:

- *Todos* [los líderes investigados] *tienen muy poco en común.*
- *En otros aspectos parecía no haber patrones evidentes para explicar su éxito. Los había en los que predominaba el hemisferio* [cerebral] *derecho o el izquierdo; los había altos o bajitos; gordos o flacos; con facilidad de palabra o sin ella; afirmativos o tímidos; trajeados para el éxito o para el fracaso; unos participativos, otros autocráticos. Había más variantes que temas. Incluso sus estilos gerenciales eran inquietantemente diferentes. (Uno nos confió que, por naturaleza, creía en el "fascismo participativo".) Para quienes nos interesamos por las pautas, por los temas subyacentes, este grupo resultó ser frustrantemente irreducible a pautas.*

Sin embargo, como excepción a tal diversidad, Bennis y Nanus advirtieron que

- *(…) el folklore y las observaciones reflexivas no son suficientes, excepto para convencernos de que los líderes son **físicamente fuertes**, y trabajadores anormalmente tenaces.*

Un aspecto importante vinculado con la capacidad física que estamos tratando es la disposición para afrontar el estrés.

A continuación citamos ciertos párrafos seleccionados del libro *Psicología* de Robert S. Feldman (McGraw-Hill, 4ª edición, 2002):

- *La mayoría de nosotros necesita pocas presentaciones para el fenómeno del **estrés**, definido formalmente como la respuesta ante los sucesos que amenazan o ponen en conflicto a una persona. Ya sea que se trate de un trabajo que se debe entregar, de la fecha próxima de un examen, de un conflicto familiar…*
- *Todos enfrentamos situaciones de estrés en nuestras vidas.*

- *El estrés puede causar daño en muchas formas y tiene consecuencias biológicas y psicológicas. Con frecuencia, la reacción inmediata al estrés es biológica. La exposición a estímulos estresantes incrementa la secreción de determinadas hormonas producidas por las glándulas suprarrenales, aumenta la presión arterial y el ritmo cardíaco, y produce cambios en la capacidad de la piel para conducir impulsos eléctricos. A corto plazo, estas respuestas pueden ser adaptativas debido a que producen una "reacción de emergencia" en la que el cuerpo se prepara para defenderse por medio de la activación del sistema nervioso simpático. Estas respuestas pueden permitir un afrontamiento más efectivo de la situación estresante.*

- *No obstante, si hay una exposición continua al estrés se produce una disminución en la eficacia del nivel general de funcionamiento biológico del organismo a causa de la secreción constante de las hormonas relacionadas con el estrés.*

- *Además de provocar estas graves complicaciones a la salud, muchos de los dolores y molestias leves que padecemos pueden ser provocados o empeorados por el estrés. Entre estos se encuentran las jaquecas, los dolores de espalda, la irritación de la piel, la indigestión, la fatiga y el estreñimiento.*

- *Aunado a esto, todo un conjunto de problemas médicos, conocidos como **trastornos psicosomáticos**, suele ser resultado del estrés. Estos problemas de salud son provocados por una interacción entre dificultades psicológicas, emocionales y físicas.*

Keith Davis y John W. Newstrom, en su libro *Comportamiento humano en el trabajo* (McGraw-Hill, 10ª edición, 2000) examinan la relación entre el estrés y el desempeño laboral. Al respecto dicen:

- *El estrés puede ser benéfico o dañino para el desempeño laboral, dependiendo de su nivel (…) Cuando no hay presión, tampoco hay retos laborales y el desempeño tiende a ser bajo. A medida que el estrés se incrementa, el desempeño tiende a elevarse, debido a que esto ayuda a una persona a ocupar sus recursos para cubrir sus requerimientos de trabajo. El estrés constructivo es un sano estímulo que alienta a los empleados a responder a desafíos. Finalmente, la presión alcanza un nivel que corresponde aproximadamente a la capacidad máxima de desempeño diario de una persona. En este punto, el estrés adicional no tiende a producir nuevas mejoras.*

Por último, si el estrés es excesivo, se convierte en una fuerza destructiva. El desempeño comienza a descender en algún punto, ya que el estrés excesivo interfiere en el desempeño.

- UMBRAL DE ESTRÉS. *Dos importantes factores contribuyen a determinar los diferentes efectos del estrés en el desempeño de los empleados en labores similares. La vulnerabilidad de los trabajadores al estrés está en función de agentes estresantes tanto internos (organizacionales) como externos (no laborales) (…) Uno de los factores internos es el **umbral del estrés** de un empleado, el nivel de agentes de estrés (frecuencia y magnitud) que la persona puede tolerar antes de que ocurran sensaciones negativas de estrés que afecten adversamente el desempeño. Algunas personas tienen un umbral bajo, lo que significa que el estrés de cambios o alteraciones relativamente pequeños en sus rutinas de trabajo provoca en ellas una reducción en el desempeño (…) Otras tienen un umbral alto, lo que les permite mantenerse relajadas, tranquilas y productivas durante más tiempo en las mismas condiciones.*

- PERSONAS TIPO A Y TIPO B. *La vulnerabilidad al estrés suele relacionarse con las características tipo A y B. Las **personas tipo A** son asertivas y competitivas, se fijan normas elevadas, son impacientes consigo mismas y prosperan bajo constantes presiones de tiempo. Exigen mucho de sí mismas, incluso en actividades recreativas y de tiempo libre. Es común que no se den cuenta de que muchas de las presiones que experimentan proceden de ellas mismas y no son producto de su entorno. Debido al constante estrés que experimentan, algunas personas tipo A son más propensas a padecimientos físicos relacionados con la tensión, como paros cardíacos.*

- *Las **personas tipo B** parecen más relajadas y despreocupadas. Aceptan las situaciones y el trabajo tal como se les presentan en lugar de enfrentarlos competitivamente. Las personas tipo B se muestran especialmente tranquilas frente a las presiones de tiempo, de modo que son menos propensas a padecer problemas asociados con el estrés. Aun así, los individuos tipo B pueden ser trabajadores sumamente productivos y capaces de cumplir las expectativas de tiempo; sencillamente obtienen resultados de diferente manera.*

Las características inherentes a dichos tipos A y B tienen mucho que ver con los elementos de la personalidad, que trataremos a continuación.

III. LA PERSONALIDAD

El *Diccionario de la Real Academia Española* define la personalidad (primera acepción) como la *diferencia individual que constituye a cada persona y la distingue de otra*. Comprende las características del individuo, relativamente estables y duraderas en el tiempo, y que se manifiestan en múltiples situaciones. Se trata de su manera de pensar, de sentir y de actuar; o sea de su forma de ser.

Los estudiosos de la personalidad han señalado tres elementos componentes: los motivos, los rasgos y el autoconcepto. Por otra parte, existen los denominados trastornos de la personalidad. En las secciones siguientes, primero trataremos sintéticamente dichos elementos y luego haremos una muy breve referencia a los trastornos de la personalidad.

A. Los motivos

Los motivos representan la finalidad de la conducta; explican el porqué del comportamiento. Al respecto, cabe distinguir:

- Cierta inclinación general de la persona a que un factor la motive más que otro. Por ejemplo, David C. McClelland demostró en sus valiosos trabajos de investigación que hay personas más motivadas por el poder, otras por la afiliación y otras por el logro.
- La motivación específica que tiene una persona en un momento determinado debido a sus condiciones circunstanciales o a influencias del contexto. Por ejemplo, un empleado está muy motivado para realizar una tarea a causa del premio prometido.

B. Los rasgos

El rasgo es una tendencia distintiva a comportarse de cierta manera, tendencia que es esencialmente consistente en el tiempo y ante distintas situaciones. En otras palabras, es la inclinación estructural a repetir patrones de conducta, más allá de los condicionamientos situacionales. Por ejemplo, si alguien se emociona a raíz de un acontecimiento verdaderamente conmovedor, este hecho por sí solo no justifica inferir que es emotivo. Sin embargo, si se emociona intensamente, con suma facilidad y en repetidas ocasiones, frente a todo tipo de hecho, entonces sí cabe interpretar que posee ese rasgo.

El reconocimiento de los rasgos invita a la agrupación de aquellas personas que en líneas generales manifiestan tendencias comunes, sin negar, en absoluto, que cada individuo es diferente de los demás. Se han desarrollado distintos modelos de clasificación de personas en función de sus rasgos. A continuación haremos referencia a dos de los más reconocidos, que están respaldados por importantes y valiosos trabajos de investigación.

- El modelo de los cinco grandes factores, que resulta de cierto consenso de los teóricos del rasgo, propone cinco factores básicos de la personalidad humana: estabilidad emocional (lo opuesto a neuroticismo), extraversión, apertura a la experiencia, afabilidad o cordialidad, y conciencia o responsabilidad. En el Apéndice 2.1 transcribimos la tabla explicativa de dichos factores que figura en el libro de Lawrence A. Pervin *La ciencia de la personalidad* (McGraw-Hill, 1998).
- El modelo de los 16 factores de la personalidad, que se abrevia con la sigla "16 PF" (*personality factors*), desarrollado por Raymond Cattell. En el Apéndice 2.2 se resumen dichos factores basados en el contenido

LAS CARACTERÍSTICAS PERSONALES

del libro *16 PF-5* de Michael Karson, Samuel Karson y Jerry O'Dell (TEA Ediciones, 1998).

Ambos modelos disponen de cuestionarios. Las respuestas, debidamente procesadas, indican la medida en que la persona posee cada uno de los rasgos, conforme al modelo. El cuestionario de los cinco grandes factores se denomina "Inventario NEO-PI" y el de los 16 factores de Cattell, "16 PF".

En el campo de las organizaciones se utilizan diversos modelos que suelen denominarse de "estilos personales", cuyo significado es similar a los de rasgos. El más aplicado y reconocido es el de Myers Briggs, elaborado por Catherine Briggs y su hija Isabel Briggs-Myers, sobre la base de los tipos psicológicos identificados por Carl Jung. Pero también se han usado y continúan usando muchos otros modelos. En el Capítulo 5 presentamos una reseña del modelo de Myers-Briggs y de algunos otros que hemos empleado en nuestra actividad profesional o de los cuales hemos tomado cierto conocimiento.

C. El autoconcepto

El autoconcepto comprende las ideas que uno tiene acerca de sí mismo, algunas de las cuales son más conscientes que otras y abarcan distintos aspectos del ser (competencia, integridad, etcétera). La capacidad para reflexionar sobre uno mismo (autoconciencia) en la faz privada contribuye a conocer con más claridad dicho concepto. Su resultado es la autoestima (dimensión afectiva). Ambas cosas, autoconcepto y autoestima, determinan en gran medida el desempeño del individuo, lo cual constituye la faz pública del concepto.

Además, cada individuo trata de crear (conscientemente o no) una impresión en los demás acerca de su personalidad (pretendiendo ser de determinada forma), reclamando consecuentemente que los demás lo valoren y traten de acuerdo con esa imagen proyectada o pretendidamente proyectada. Cómo la persona concibe esa imagen representada ante otros y cómo cree que la consideran los demás es una parte central del autoconcepto, ya que las actuaciones resultantes (casi teatrales) son esenciales en la vida de relación. La creación de barreras defensivas para "salvar la cara", demandar que los demás nos traten de acuerdo con la imagen que buscamos proyectar, la necesidad de respetar socialmente la imagen representada por otro aun cuando su falsedad resulte obvia, son ejemplos de situaciones que muestran la importancia de esta presentación de la persona ante los demás en la vida cotidiana.

La capacidad de reflexionar sobre nosotros mismos es parte de nuestra inteligencia (más precisamente, de lo que más adelante llamaremos inteligencia intrapersonal) y consiste en vernos a nosotros mismos "desde afuera" como si lo hiciésemos con la perspectiva de un tercero. Notemos que "reflexión" se relaciona con "reflejar"; en este caso reflejamos nuestra imagen en lo que podríamos llamar un "espejo mental". Esta capacidad contribuye a moldear nuestro autoconcepto, es decir nuestra visión de nosotros mismos. Pero ella no forma parte del autoconcepto en sí, sino que este es producto de ella (y de otros factores). También dicha capacidad tiene un papel vital en cómo el autoconcepto afecta la conducta.

D. Los trastornos de la personalidad

El *Manual de diagnóstico y estadístico de los trastornos mentales* de la Asociación Psiquiátrica Americana (texto revisado), representado por la sigla DSM-IV-TR, distingue los trastornos de la personalidad de otra clase de trastornos, como:

- Delirium, demencia, trastornos amnésicos y otros trastornos cognitivos.
- Relacionados con sustancias (alcohol, alucinógenos, estupefacientes, etcétera).
- Esquizofrenia y otros trastornos psicóticos.
- De estado de ánimo.
- Sexuales y de identidad sexual.
- De conducta alimentaria.
- Del sueño.
- Etcétera.

Los trastornos de la personalidad aparecen cuando los rasgos (o estilos) son inflexibles, no se adaptan adecuadamente y provocan importantes deterioros funcionales o un sufrimiento subjetivo. El mencionado manual establece una serie de criterios diagnósticos generales para identificar la existencia de un trastorno de personalidad:

A. *Un patrón permanente de experiencia interna y de comportamiento que se aparta acusadamente de las expectativas de la cultura del sujeto. Este patrón se manifiesta en dos (o más) de las áreas siguientes:*
   (1) cognición (p. ej., formas de percibir e interpretarse a uno mismo, a los demás y a los acontecimientos);
   (2) afectividad (p. ej., la gama, intensidad, labilidad y adecuación de la respuesta emocional);
   (3) actividad interpersonal;
   (4) control de los impulsos.
B. *Este patrón persistente es inflexible y se extiende a una amplia gama de situaciones personales y sociales.*
C. *Este patrón persistente provoca malestar clínicamente significativo o deterioro social, laboral o de otras áreas importantes de la actividad del individuo.*
D. *El patrón es estable y de larga duración, y su inicio se remonta al menos a la adolescencia o al principio de la edad adulta.*
E. *El patrón persistente no es atribuible a una manifestación o a una consecuencia de otro trastorno mental.*
F. *El patrón persistente no es debido a los efectos fisiológicos directos de una sustancia (p. ej., una droga, un medicamento) ni una enfermedad médica (p. ej., traumatismo craneal).*

En el Apéndice 2.3 presentamos una lista de los trastornos de la personalidad que figuran en dicho manual, cada uno seguido de un breve comentario basado en párrafos seleccionados del libro *Test de personalidad* de Susana Navarro (Diana/Libsa, 2004).

John M. Oldham y Louis B. Morris, en su interesante libro *Autorretrato de la personalidad* (Tikal, 1995), proponen que para cada trastorno de la personalidad cabe plantear un estilo de personalidad en los términos siguientes: *Los trece trastornos son exageraciones de los trece estilos que coexisten, en mayor o menor grado, dentro de cada individuo.* A los diez trastornos que figuran en el Apéndice agregan tres: el pasivo-agresivo, el derrotista y el sádico. Sobre esta base presentan una secuencia de estilo de personalidad-trastorno de la personalidad:

Estilo		Trastorno
Vigilante	⇒	Paranoide
Solitario	⇒	Esquizoide
Idiosincrásico	⇒	Esquizotípico
Audaz	⇒	Antisocial
Vivaz	⇒	Límite
Teatral	⇒	Histriónico
Seguro de sí mismo	⇒	Narcisista
Sensible	⇒	Evitativo
Fiel	⇒	Dependiente
Concienzudo	⇒	Obsesivo-compulsivo
Cómodo	⇒	Pasivo-agresivo
Sacrificado	⇒	Derrotista
Agresivo	⇒	Sádico

Según dichos autores, los estilos llevados al extremo se convierten en trastornos. Los factores que juegan al respecto son:

- La inflexibilidad.
- La tendencia a la repetición.
- La falta de adaptabilidad y la incapacidad para dominar la tensión.

En el Capítulo 3 del libro citado, Oldham y Morris ofrecen un "Cuestionario para el autorretrato de la personalidad", que contiene 104 preguntas, cuyas respuestas determinan un puntaje para cada estilo. El cómputo lo puede hacer fácilmente la propia persona que contesta el cuestionario. Lo "cariñoso" del planteo es que uno puede vislumbrar cierto acercamiento a un trastorno de la personalidad con un puntaje de estilo de personalidad, lo cual se ve menos amenazante.

IV. LA INTELIGENCIA

El *Diccionario de la Real Academia Española* define la inteligencia en sus dos primeras acepciones como:

- *Capacidad de entender o comprender.*
- *Capacidad de resolver problemas.*

André Compte-Sponville, en su *Diccionario filosófico* (Paidós, 2003) establece que la inteligencia *es la capacidad, mayor o menor, para resolver un problema, o, dicho de otro modo, para comprender lo complejo o lo nuevo.*

El *Diccionario de Psicología* de Friedrich Dorsch (Herder, 1994, 7ª edición) nos dice que *se han dado de este término muy diversas definiciones, pero en la mayoría de ellas se señala como característica esencial de la inteligencia la capacidad de orientarse en situaciones nuevas a base de su comprensión, o de resolver tareas con ayuda del pensamiento, no siendo la experiencia lo decisivo, sino más bien la comprensión de lo planteado y de sus relaciones.*

Howard Gardner, en su obra *Inteligencias múltiples* (Paidós, 1995), desarrolla su teoría original, que propone la existencia de siete inteligencias separadas en el ser humano:

101

1. Lingüística.
2. Lógico-matemática.
3. Espacial.
4. Musical.
5. Corporal-cinestésica.
6. Intrapersonal.
7. Interpersonal.

En el Apéndice 2.4 se hace una breve descripción de cada una de dichas inteligencias.

Las dos primeras (lingüística y lógico-matemática) se ubican claramente dentro de lo que denominamos capacidad intelectual, que trataremos en la sección siguiente. Gardner agrupa la tercera (espacial), la cuarta (musical) y la quinta (corporal-cinestésica) bajo el título de "no canónicas"; de estas, la espacial y la musical tienen bastante que ver con la capacidad intelectual, en tanto que la corporal-cinestésica se vincula con la destreza física. La sexta (intrapersonal) y la séptima (interpersonal) se relacionan con la inteligencia emocional resaltada por Goleman, que veremos más adelante. Gardner argumenta que las siete inteligencias son relativamente independientes entre sí. En palabras del autor, esta teoría desafía *la creencia muy extendida –sostenida por muchos psicólogos y consolidada en multitud de lenguajes– de que la inteligencia es una sola facultad y que una persona o bien es lista o bien es tonta, sin más.*

A. La capacidad intelectual

En *Inteligencia exitosa* (Paidós, 2000), Robert J. Sternberg distingue tres aspectos de la inteligencia:

1. La analítica, que *implica la dirección consciente de nuestros procesos mentales para encontrar una solución a un problema.*

2. La creativa, que *es la capacidad para ir más allá de lo dado y engendrar ideas nuevas e interesantes.*
3. La práctica, que *es la capacidad para traducir la teoría en la práctica y las teorías abstractas en realizaciones prácticas.*

Según Sternberg *la inteligencia exitosa es más efectiva cuando equilibra el aspecto analítico, el creativo y el práctico. Es más importante saber cuándo y cómo usar esos aspectos de la inteligencia exitosa que simplemente tenerlos. Las personas con inteligencia exitosa no solo tienen habilidades, sino que reflexionan sobre cuándo y cómo usar esas habilidades de manera efectiva.*

Consideramos que la inteligencia analítica y la creativa constituyen las dos manifestaciones más evidentes de la capacidad intelectual que podemos observar en las organizaciones. En general, no es demasiado complicado establecer que cierta función demanda principalmente capacidad analítica o creativa; o bien identificar que determinada persona posee más capacidad analítica que creativa, o viceversa.

En cuanto a la inteligencia práctica, el análisis de la obra de Sternberg nos lleva a otros elementos de las características personales, que van más allá de la capacidad intelectual:

- Conocimientos (conocimiento especializado, conocimiento "tácito", experiencia).
- Habilidad para aplicar la inteligencia analítica o la creativa para solucionar problemas concretos.
- Inteligencia intrapersonal (conocimiento de sí mismo, motivos como orientación al logro o a metas concretas) e inteligencia interpersonal (habilidades sociales), que forman parte de la inteligencia emocional que comentaremos a continuación.

La capacidad intelectual se puede medir por medio del cociente de inteligencia (CI). Este cociente se determina a través de una serie variada de problemas que exigen realizar distintas actividades mentales. El puntaje resultante del test mide el nivel con el que las personas utilizan las aptitudes que se supone exigen los problemas.

B. La inteligencia emocional

Daniel Goleman ha publicado cuatro libros sobre la inteligencia emocional:

1. *La inteligencia emocional* (Javier Vergara, 1996).
2. *La inteligencia emocional en la empresa* (Javier Vergara, 1999).
3. *El líder resonante crea más* (Plaza y Janés, 2002).
4. *Inteligencia emocional en el trabajo* (Kairós, 2005, en coautoría con Cary Cherniss).

La idea central es que lo que el autor llama inteligencia emocional es más importante que el coeficiente intelectual como factor de éxito de las personas en las organizaciones. El libro indicado en el punto 2 (el referente a la empresa) agrupa las aptitudes que componen la inteligencia emocional bajo los títulos siguientes:

- *Aptitud personal (estas aptitudes determinan el dominio de uno mismo):*
  - *Autoconocimiento: conocer los propios estados internos, preferencias, recursos e intuiciones.*
  - *Autorregulación: manejar los propios estados internos, impulsos y recursos.*
  - *Motivación: tendencias emocionales que guían o facilitan la obtención de las metas.*

- *Aptitud social (estas aptitudes determinan el manejo de las relaciones):*

– *Empatía: captación de sentimientos, necesidades e intereses ajenos.*
– *Habilidades sociales: habilidad para inducir en los otros las respuestas deseables.*

En el libro señalado en el punto 3 Goleman agrupa la "autorregulación" y la "motivación" bajo el concepto de "autogestión", y hace algunos cambios de nombres que no modifican la sustancia. Así da lugar a lo que podemos esquematizar en el Gráfico 2.3. En el Apéndice 2.5 de este capítulo transcribimos un texto que indica los elementos componentes de los cuadrantes de este gráfico.

Gráfico 2.3

LA INTELIGENCIA EMOCIONAL SEGÚN GOLEMAN		
	COMPETENCIA	
	PERSONAL	SOCIAL
CONCIENCIA	CONCIENCIA DE UNO MISMO	CONCIENCIA SOCIAL
GESTIÓN	AUTOGESTIÓN	GESTIÓN DE LAS RELACIONES

Como dijimos, la aptitud personal (dominio de sí mismo) y la social (manejo de las relaciones) que indica Goleman son concordes, respectivamente, con la inteligencia intrapersonal y la interpersonal que señala Gardner, habida cuenta del párrafo siguiente extraído de la obra citada de Gardner:

> *La clave estriba en si se puede hablar de capacidad en el ámbito moral independientemente de los usos concretos a los que se pueda destinar esta capacidad. El reciente ejemplo de la "inteligencia emocional" es instructivo. En su libro* Inteligencia emocional, *Daniel Goleman describe una serie de capacidades que tienen que ver con el conocimiento y el control de las emociones y con la sensibilidad hacia los estados emocionales de uno mismo y/o de los demás. Esta caracterización encaja sin problemas con mi noción de las inteligencias interpersonal e intrapersonal. Pero cuando Goleman habla de la inteligencia emocional como si comportara un conjunto de conductas "recomendadas" –empatía, consideración, actuar en pro de la familia o de la comunidad– se sale del ámbito de la inteligencia, en un sentido estrictamente académico, y se adentra en la esfera de los valores y de la política social.*

Del párrafo transcripto se desprende que Gardner hace hincapié en diferenciar la inteligencia emocional de los valores, que comentaremos en la sección siguiente. Compartimos el criterio de Gardner.

C. La inteligencia emocional, entre la personalidad y la inteligencia

En general, hay acuerdo en que la personalidad es algo distinto de la inteligencia. Sin embargo, la inteligencia emocional plantea una complicación: por un lado, puede enfocarse como un campo de la inteligencia o como un tipo de inteligencia; por otro lado, sus elementos componentes ofrecen bastante solape con los elementos de la personalidad. El cuadro siguiente ilustra esta superposición:

Componentes de la personalidad	Aspectos de la inteligencia emocional (Ref. Apéndice 2.5)
Motivos	Autogestión – Logro
Rasgos (cinco grandes – Ref. Apéndice 2.1):	
Neuroticismo (vs. estabilidad emocional)	Autogestión – Autocontrol emocional
Extraversión	Autogestión – Iniciativa y optimismo Gestión de las relaciones (en general)
Abierto a la experiencia	Autogestión – Adaptabilidad
Afabilidad	Conciencia social – Empatía Gestión de las relaciones (en general)
Consciente	Autogestión – Responsabilidad
Autoconcepto	Conciencia de uno mismo

Una explicación de la diferencia entre personalidad e inteligencia emocional podría sustentarse en lo siguiente:

- La personalidad comprende características personales más estructurales.
- La inteligencia emocional se refiere a cómo, dadas dichas características estructurales, es factible manejarlas más o menos inteligentemente. Por ejemplo, una persona puede tener cierto grado de neuroticismo (rasgo de personalidad), pero su autoconocimiento y autocontrol (inteligencia emocional) le permiten neutralizar sus aspectos negativos.

Algunos autores niegan que el concepto de inteligencia emocional tenga el valor agregado que Goleman le otorga. Roberto Colom, en su libro *En los límites de la inteligencia* (Pirámide, 2002), en una sección titulada "El Goleman affair" sostiene que *de los escasos estudios serios que se han llevado a cabo sobre la inteligencia emocional, se han sacado algunas conclusiones generales que pueden resultar reveladoras para quienes están interesados en el Goleman affair:*

1. *Una persona racionalmente inteligente también tiende a serlo emocionalmente. Siempre se pueden encontrar casos particulares de personas muy inteligentes, racionalmente hablando, pero ineptas en el proceloso mundo de las emociones. Sin embargo, la investigación indica que eso no suele ocurrir. Goleman es hábil presentando y describiendo estos casos particulares, pero manipula a sus lectores. Un axioma de la ciencia es que de los casos particulares no se pueden extraer evidencias científicas generalizables, es decir, que afecten a la mayor parte de las personas. Goleman le da la espalda a este principio básico de la ciencia.*

2. *La mayor parte de los medios disponibles no permiten medir de un modo fiable la supuesta inteligencia emocional de una persona. Si no es posible medir de un modo fiable la inteligencia emocional, ¿cómo se puede demostrar que es más importante que la inteligencia racional?*

3. *Los tests fiables de inteligencia emocional recientemente desarrollados se relacionan de un modo significativo con las medidas clásicas de inteligencia. Es falso, por tanto, que, cuando se puede medir fiablemente, la inteligencia emocional se muestre independiente de la inteligencia racional.*

4. *Algunos científicos consideran que la inteligencia emocional no forma parte de la esfera de la inteligencia, sino que se encuadra dentro de la personalidad. La persona que Goleman describe como emocionalmente inteligente equivaldría a la persona emocionalmente estable. La estabilidad emocional, es, desde siempre, un rasgo básico de la personalidad humana, no una parte integrante de la inteligencia.*

Por el contrario, Goleman, en el cuarto libro citado, *Inteligencia emocional en el trabajo*, brinda amplia información sobre investigación realizada acerca de la evaluación, el aprendizaje y la aplicación de la inteligencia emocional, tanto en el plano individual como en el de las organizaciones. Sin embargo, curiosamente, no hace mayor referencia a la personalidad, ni intenta aclarar la relación entre ambos conceptos: personalidad e inteligencia emocional.

V. LOS VALORES Y LAS CREENCIAS

El *Diccionario de la Real Academia Española* ofrece varias acepciones de la palabra "valor". En lo concerniente a nuestro propósito, hemos elegido las siguientes:

> 3ª acepción – *Alcance de la significación o importancia de una cosa, acción, palabra o frase.*
> 9ª acepción – *Persona que posee o a la que se le atribuyen cualidades positivas para desarrollar una determinada actividad.*
> 10ª acepción (filosofía) – *Cualidad que poseen algunas realidades, consideradas bienes, por lo cual son estimables. Los valores tienen polaridad en cuanto son positivos o negativos, y jerarquía en cuanto son superiores o inferiores.*

La 9ª acepción implica sinonimia con la palabra "talento", que trataremos en el Capítulo 4.

Las acepciones 3ª y 10ª se corresponden con el concepto que suele otorgarse a la palabra "valores" como características de una persona: son aquellas dimensiones (amistad, trabajo, bienes materiales, religión, salud, etcétera) a las cuales el individuo otorga una importancia considerable y que, por ende, son ejes orientadores de la conducta. Según el grado de importancia que cada uno le otorga, conforman una escala En este orden, el *Diccionario de Psicología* de Friedrich Dorsch (Herder, 1994) define "valor" de la siguiente manera:

> *Propiedad atribuida al objeto; resulta únicamente de la relación con el sujeto que la atribuye y que es vivenciada por éste como evaluación. No es una propiedad objetiva. (…) Se distinguen formalmente diversas clases de valores: positivo, negativo, relativo, absoluto, determinado,*

indeterminado, subjetivamente determinado. Por el contenido, se clasifican en lógicos, éticos y estéticos (lo verdadero, lo bueno y lo bello).

Los valores de una persona están asociados con sus motivos, que son un elemento de la personalidad; por ejemplo, si una persona valora mucho ocupar la máxima posición en la organización, es probable que tenga una fuerte motivación por el poder. Además, el autoconcepto, que configura otro elemento de la personalidad, de por sí constituye una idea de valor acerca de sí mismo. En vista de ello, podría negarse identidad a los valores como categoría separada, diciendo que están inmersos en los motivos o en el autoconcepto. Sin embargo, pensamos que es preferible tratarlos por separado, sin perjuicio de las relaciones o superposiciones que puedan tener con otros componentes.

El *Diccionario Akal de Psicología* (Akal, 1998) brinda la siguiente definición de creencia:

En un sentido general, actitud de adhesión a una proposición (bajo forma de enunciado o representación) cuya verdad no siempre se puede demostrar. La creencia se apoya por una parte en elementos de conocimiento, por otra parte en un sentimiento subjetivo del orden de la aserción y presenta tres grados. En el grado inferior se sitúa la opinión, creencia que atribuye a los conocimientos solo un carácter probable y que no excluye una reserva en la adhesión (duda). En el grado superior se sitúa el "saber", creencia resueltamente asertiva y basada en conocimientos socialmente reconocidos (incluso si no siempre son demostrables). En el grado intermedio se sitúa la creencia propiamente dicha o adhesión que excluye la duda (certidumbre) pero que no se apoya en conocimientos científicos.

Como vemos, este diccionario distingue:

• Grado superior – El saber.
• Grado intermedio – La creencia propiamente dicha.
• Grado inferior – La opinión.

Como característica personal distinta del conocimiento, aquí empleamos la palabra "creencias" en el sentido del grado intermedio, que también concuerda con el mencionado *Diccionario...* de Dorsch:

> *En general, convicción subjetiva, sin una fundación objetiva y sin pretensión de darla.*

Las creencias son supuestos acerca de la realidad: qué existe, qué ocurre o puede llegar a ocurrir, y cuáles son sus causas y consecuencias. Los valores entrañan evaluaciones subjetivas que suelen derivar en pautas de conducta. En otras palabras: las creencias apuntan más al objeto en sí, mientras que los valores hablan más de las preferencias del sujeto. Sin embargo, ambos elementos tienden a fundirse. Por ejemplo, si una persona cree que sus congéneres se acercan más a lo malo que a lo bueno, es probable que tal supuesto justifique un comportamiento personal autoritario, no cooperativo o agresivo.

Entre los valores y las creencias puede generarse un círculo virtuoso (efecto Pigmalion) o vicioso. Por ejemplo, si mi comportamiento es no cooperativo, porque parto del supuesto del egoísmo de los demás, bien puedo estar provocando en ellos reacciones que confirmen mi creencia acerca de su egoísmo.

En nuestra opinión, los valores y creencias comprenden no solo lo lógico, lo ético o moral y lo estético (referidos en la cita del *Diccionario Akal...*), sino también:

- Presunciones básicas acerca de la naturaleza de elementos fundamentales de la vida humana: la realidad, la verdad, el tiempo, el espacio, el género humano, la actividad humana, etcétera.
- Cuestiones sociales, como la importancia relativa de los factores del poder, la influencia que se otorga a las jerarquías, autoritarismo vs. participación, individualismo vs. cooperación, cómo debe manejarse el conflicto, la disposición a expresar emociones, etcétera.

• Conceptos empresariales inherentes a la rentabilidad, el crecimiento, la atención al cliente, la calidad, la productividad, la innovación, etcétera.

Respecto de los valores morales, es interesante hacer referencia al libro *Inteligencia moral* de Doug Lennick y Fred Kiel (Aguilar, 2006), que brinda la siguiente definición:

La inteligencia moral es nuestra capacidad mental de determinar de qué manera los principios humanos universales, aquellos que se consideran la "regla de oro", deberían aplicarse a nuestros valores personales, metas y acciones.

El libro plantea tres marcos conceptuales:

• *Brújula moral: ¿a qué cosas asignamos valor y cuáles son nuestras creencias más importantes?*
• *Objetivos: ¿qué queremos lograr, en el ámbito personal y en el profesional?*
• *Conducta: ¿qué acciones nos permitirán alcanzar nuestras metas?*

La brújula contiene principios, valores y creencias. Los principios, que serían como los valores más fundamentales, comprenden:

• *Integridad – Armonizamos nuestra conducta con principios humanos universales.*
• *Responsabilidad – Asumir la responsabilidad de sus acciones y las consecuencias de esas acciones.*
• *Compasión – Preocupación por otras personas.*
• *Perdón – Tolerancia hacia los errores y conocimiento de nuestra propia imperfección.*

Dichos autores distinguen la inteligencia moral de la inteligencia cognitiva (capacidad intelectual) y de la inteligencia emocional. Reconocen la identidad y la importancia de la inteligencia emocional. Sin embargo, destacan que algunas de las competencias emocionales que Goleman incluye dentro de la inteligencia emocional tienen un tinte definitivamente moral; vale decir, que son componentes de la inteligencia moral. Por ejemplo, una persona puede ser muy hábil en las relaciones interpersonales (inteligencia emocional), pero emplear esta habilidad con propósitos inmorales. Los párrafos siguientes resumen la posición de los autores:

- *La inteligencia emocional es independiente de los valores. La inteligencia moral no lo es. Las habilidades emocionales pueden aplicarse para hacer el bien o el mal. Las habilidades morales, por definición, se orientan al bien.*
- *La inteligencia emocional y la inteligencia moral, aunque distintas, son socias. Ninguna funciona de manera verdaderamente efectiva sin la otra.*

Esta posición de Lennick y Kiel está en línea con la observación de Gardner que citamos en la sección IV – acápite B. Allí Gardner sostiene que la inteligencia emocional y los valores representan dos categorías separadas, y que en la primera no corresponde incluir elementos de la segunda.

El Apéndice B del libro citado presenta un "Inventario de Competencias Morales (ICM)". El Apéndice C explica su puntaje y el Apéndice D ayuda a su interpretación.

Un comentario final. Nos ha parecido interesante el libro *Inteligencia moral*, y por eso lo consideramos aquí. Sin perjuicio de ello, creemos que abusa de la palabra "inteligencia"; que, sin cambiar los significados, es más claro hablar simplemente de la "moral" de la persona, como viene haciéndose desde hace muchos siglos.

VI. LA VOCACIÓN

Podemos decir que la vocación es la preferencia de una persona por cierta ocupación, profesión o carrera. Dentro de los distintos aspectos de la vida, tiene que ver con el trabajo o la tarea. En general, en la vocación se combina una motivación favorable con la disposición de las habilidades correspondientes, en donde ambos factores tienden a reforzarse, generando un círculo virtuoso: me gusta hacer aquello en lo cual soy bueno y soy bueno en el desempeño de lo que me gusta.

Existe abundante información acerca de la vocación de las personas. De toda esta información, nos ha parecido conveniente seleccionar el trabajo de Edgar Schein *Career Anchors* ("Anclas de carrera"). Durante varios años, Schein ha venido investigando seriamente el tema, incluyendo el empleo de un cuestionario de orientación de carrera (*"Career orientations inventory"*) así como también la realización de entrevistas complementarias. Las respuestas al cuestionario y los resultados de las entrevistas indican el ancla de carrera de la persona.

En los párrafos siguientes reseñamos los conceptos fundamentales de este autor en materia de anclas de carrera, basado en su fascículo *Career Anchors – Discovering your real values* (Pfeiffer & Company, 1990).

A medida que alguien avanza en su carrera va desarrollando un autoconcepto que incluye algunas cuestiones como cuáles son:

- Sus talentos, habilidades y áreas de competencia.
- Sus motivaciones, necesidades y metas.
- Sus valores.

Las personas aprenden a ser mejores en las cosas que más valoran y que están motivadas a hacer y, a su vez, aprenden a valorar y a estar motivadas por aquellas cosas que saben hacer mejor.

Cuando van acumulando experiencia laboral, tienen la oportunidad de ir tomando ciertas decisiones; de esas decisiones se comienza a entrever lo que cada uno considera realmente más importante, y el sujeto comienza a tener un sentido de lo que "es" y lo que "no es".

El ancla de carrera es el elemento dentro del autoconcepto de cada persona que esta nunca abandonaría, aunque deba enfrentar decisiones difíciles. Cada uno trata de satisfacer un amplio rango de necesidades en torno a la carrera elegida. Pero no todas esas necesidades poseen el mismo nivel de importancia. Si no se puede llegar a satisfacerlas todas, es importante saber cuál tiene la más alta prioridad.

Si bien la definición de ancla de carrera permite solo un ancla por persona, hay varias situaciones en las carreras que permiten satisfacer varias motivaciones, talentos y valores.

En el caso de que no exista un ancla que emerja claramente, puede ser porque la persona no tenga la suficiente experiencia como para desarrollar prioridades que guíen sus elecciones.

Existe una cierta estabilidad en la evolución de las anclas de carrera a lo largo de la vida. Mientras una persona va aclarando su autoimagen –o sea, a medida que es más consciente de en qué es bueno, qué quiere y qué valora– tiende a sostenerse en esa imagen en el tiempo.

Schein distingue ocho tipos de anclas de carrera:

- Competencia técnico-funcional.
- Competencia de gerencia general.
- Autonomía/independencia.
- Seguridad/estabilidad.
- Creatividad emprendedora.
- Servicio/dedicación a una causa.
- Desafío puro.
- Estilo de vida.

En el Apéndice 2.6 brindamos un resumen de dichos tipos, extraído del fascículo referido.

Las anclas de carrera pueden agruparse en dos grandes categorías:

- Aquellas donde las cosas que más se valoran y más motivan radican en el tipo de tarea a realizar: competencia técnico-funcional, competencia de gerente general, creatividad emprendedora y servicio/dedicación a una causa. Estas dos últimas, si bien reconocen valores y motivaciones más trascendentes, solo pueden plasmarse en un determinado tipo de tarea.
- Aquellas que privilegian valores y motivos no inherentes a un tipo de tarea en particular; prefieren un trabajo que sea compatible con sus necesidades personales, no importando tanto la tarea en sí: autonomía/independencia, seguridad/estabilidad, desafío puro y estilo de vida.

Dentro de la primera categoría podría establecerse cierta correlación entre el ancla de carrera y los roles de un gerente planteados en la sección sobre el management del Modelo de análisis organizacional incluido en el Apéndice general, a saber:

Ancla de carrera	Rol primario
Competencia técnico-funcional y servicio/dedicación a una causa.	Operador (no necesariamente es un rol gerencial).
Competencia de gerencia general.	Administrador (pero con mayor o menor grado de arquitecto).
Creatividad emprendedora.	Arquitecto.

Michael Macoby, en su interesante libro *Por qué y para qué trabajar* (Granica, 1989) distingue cinco tipos de personas, según sus principales factores de motivación para el trabajo:

1. El innovador – Para él, el trabajo significa crear e implementar una estrategia competitiva; valora el juego por su propio gusto y por la gloria de ganar; es empresario natural.
2. El experto – Para él, trabajar significa brindar excelencia técnica y conocimiento profesional; sus valores más altos están relacionados con la superioridad y el logro.
3. El colaborador – Para él, el trabajo significa ayudar a las personas, respondiendo a sus necesidades; valora las relaciones por encima de todo y busca hacer una familia de su ámbito laboral.
4. El defensor – Para él, el trabajo significa vigilancia y protección; su mayor preocupación son los valores de supervivencia y defensa de la dignidad humana.
5. El autodesarrollista (*self developer*) – Para él, el trabajo es una oportunidad de aprender, crecer y sentirse competitivo e independiente; valora un ámbito laboral igualitario, en donde la autoridad pertenece a aquel que posee más conocimientos.

Si relacionamos los tipos de anclas de carrera con estos cinco tipos de personas, cabe decir lo siguiente:

- El innovador (1) es identificable con el ancla de la creatividad emprendedora y tal vez también, aunque solo sea parcialmente, con el desafío puro.
- El experto (2) tiene bastante que ver con el ancla de la competencia técnico-funcional.
- El colaborador (3) se vincula con el ancla del servicio/dedicación a una causa.

117

• Es más problemático tratar de identificar los tipos indicados en 4 y 5 con alguna de las anclas de carrera de Schein en particular.

Conforme surge de lo dicho en cuanto a las anclas de carrera de Schein, existe cierto vínculo entre la vocación y la personalidad. Como expresión ilustrativa de esta relación, en el Capítulo 5 incluimos un cuadro que pone de manifiesto la correlación entre la ocupación de alguien y sus preferencias en cuanto al modelo de Myers-Briggs. Si tomamos una muestra representativa de gente, es válido suponer que a grandes rasgos sus ocupaciones reflejan en cierta medida sus vocaciones. Por otra parte, las preferencias de alguien según los resultados del Myers-Briggs Type Indicator representan aspectos de su personalidad. Por lo tanto, consideramos que las correlaciones incluidas en el Capítulo 5 constituyen información interesante acerca de la relación entre la personalidad y la vocación.

Por último, es oportuno hacer referencia al cuestionario de intereses vocacionales de Strong. Es uno de los más usados para identificar la orientación vocacional y ayudar en la elección de la ocupación y de los estudios conducentes a ella. A continuación transcribimos textualmente párrafos del libro *Psicología organizacional* de Adrian Furnham (Oxford, 2001), que representan una buena síntesis de dicho cuestionario:

La prueba de Strong consta de 400 reactivos, cuyas opciones de respuesta son "agradable", "indiferente" o "desagradable". Los reactivos se relacionan con profesiones, materias escolares, diversiones, actividades y tipos de personas. Se puede calificar a más de 40 ocupaciones masculinas y más de 20 ocupaciones femeninas. A quienes se les aplica se les asignan calificaciones A, B y C para cada ocupación. La calificación para cierta ocupación se determina comparando las respuestas de la persona con las respuestas típicas de personas que la realizan activamente y con éxito. Una calificación de A significa que los intereses de la persona son muy parecidos a los de quienes participan en ese campo; B quiere decir que son algo parecidos y C que no son parecidos (Furnham, 1992).

Por lo general, los intereses vocacionales se determinan antes de que la persona sea asignada a una ocupación y cambian muy poco posteriormente. (…) Aunque los intereses de algunas personas cambian después de que son asignadas a una ocupación, es muy poco probable que eso suceda. Además, quienes lo hacen tendrán más probabilidades de estar menos interesados en la ocupación, no más interesados.

VII. EL CONOCIMIENTO Y LAS HABILIDADES ESPECÍFICAS

El conocimiento comprende la información y la comprensión que la persona posee acerca de los contenidos temáticos de un área.

Las habilidades específicas representan la aplicación del conocimiento y de las demás características personales (condiciones físicas, personalidad, inteligencia, valores y creencias y vocación) a tareas o problemas específicos.

En el terreno de las organizaciones, tanto el conocimiento como las habilidades específicas pueden clasificarse en dos grandes campos:

- El técnico-funcional (finanzas, abastecimiento, producción, comercialización, contabilidad, informática, etcétera).
- El del management y las relaciones interpersonales.

El conocimiento y las habilidades específicas están influidas en gran medida por las demás características personales. Por ejemplo, si tomamos la práctica de una profesión como la aplicación de un conjunto de ciertos conocimientos y habilidades específicas, cabe observar que tal práctica:

- Puede requerir determinadas condiciones físicas (según sea la profesión, cierta destreza, capacidad para soportar la presión y el estrés, etcétera).
- Tiende a comprender una mayoría de profesionales que responden a determinados rasgos de personalidad. En este orden, los resultados del MBTI indican una alta correlación entre una profesión y el tipo psicológico de sus miembros.
- Suele estar más asociada con un tipo de capacidad intelectual (por ejemplo, la contabilidad con la inteligencia analítica, y la publicidad con la creatividad).
- Demanda mayor o menor grado de inteligencia emocional en función del tipo e intensidad de relaciones interpersonales correspondientes.
- Habrá de ser más o menos compatible o incompatible con los valores y creencias de quien ejerce la profesión.
- Por último, y obviamente, se favorece si su titular tiene vocación para ella. A su vez, la vocación, como hemos visto, depende de las otras características personales.

VIII. RESUMEN FINAL

Sobre el comportamiento humano en un momento dado influyen dos tipos de factores: los personales y los del contexto. Los primeros a su vez comprenden: las condiciones circunstanciales y las características personales (que son estructurales).

Las condiciones circunstanciales incluyen:

- Necesidades, intereses, deseos, etcétera.
- Estado de ánimo.
- Estado físico.
- Roles.

- Expectativas.
- Información disponible.

Las características personales (estructurales) abarcan:

- Las condiciones físicas (destreza y salud).
- La personalidad (motivos, rasgos y autoconcepto).
- La inteligencia (capacidad intelectual e inteligencia emocional).
- Los valores y las creencias.
- La vocación.
- El conocimiento.
- Las habilidades específicas.

APÉNDICE 2.1
RASGOS — MODELO DE LOS CINCO GRANDES FACTORES*

Características de puntaje alto[1]	Escalas de rasgos	Características de puntaje bajo
Preocupado, nervioso, emotivo, inseguro, deficiente, hipocondríaco.	NEUROTICISMO (N)[2] Evalúa la estabilidad vs. la inestabilidad emocional. Identifica a los individuos propensos a sufrimiento psicológico, ideas no realistas, antojos o urgencias excesivas y respuestas de afrontamiento no adaptativas.	Calmado, relajado, no emotivo, fuerte, seguro, presumido.
Sociable, activo, hablador, brillante, optimista, amante de la diversión, afectuoso.	EXTRAVERSIÓN (E) Evalúa la cantidad y la intensidad de la interacción entre personas; el nivel de actividad; la necesidad de estímulos, y la capacidad de disfrutar.	Reservado, sobrio, no exuberante, retraído, dedicado al trabajo, tímido, tranquilo.
Curioso, con muchos intereses, creativo, original, imaginativo, no tradicional.	ABIERTO A LA EXPERIENCIA (O) Evalúa la búsqueda y la valoración activas de la experiencia por sí mismo; tolerancia y exploración de lo desconocido.	Convencional, realista, con pocos intereses, no artístico, no analítico.
Bondadoso, generoso, confiado, servicial, indulgente, crédulo, sincero.	AFABILIDAD (A) Evalúa la cualidad de la propia orientación interpersonal a lo largo de un continuo desde la compasión a la rivalidad en pensamientos, sentimientos y acciones.	Cínico, grosero, suspicaz, no cooperativo, vengativo, manipulador, irritable.
Organizado, digno de confianza, trabajador, autodisciplinado, puntual, escrupuloso, limpio, ambicioso, perseverante.	CONSCIENTE (C) Evalúa el grado de organización del individuo, la perseverancia y la motivación en la conducta dirigida a un objetivo. Compara la gente responsable y exigente con aquellos que son distraídos y descuidados.	Sin propósito, no confiable, perezoso, descuidado, relajado, de voluntad débil, hedonista.

* Extraído del libro de Lawrence A. Pervin *La ciencia de la personalidad* (McGraw-Hill, 1998), Tabla 2.2.
1. Se trata de un "continuo" que para cada uno de los factores va de puntaje más bajo a puntaje más alto.
2. Como definición del mismo continuo, el concepto de neuroticismo es opuesto al de estabilidad emocional. Nótese que al optarse por el título neuroticismo se invierten las características de puntaje alto y bajo, en comparación con estabilidad emocional.

APÉNDICE 2.2

16 PF (*SIXTEEN PERSONALITY FACTOR*) DESARROLLADOS POR RAYMOND CATTELL*

Nº	RASGO	POLO BAJO	POLO ALTO
1.	Afabilidad	Frío, impersonal y distante	Afable, cálido, generoso y atento a los demás
2.	Razonamiento	Pensamiento concreto	Pensamiento abstracto
3.	Estabilidad emocional	Reactivo, emocionalmente inestable	Emocionalmente estable, adaptable y maduro
4.	Dominancia	Deferente y cooperativo, que evita conflictos	Dominante, fuerte y asertivo
5.	Animación	Serio, cohibido y solícito	Animado y espontáneo
6.	Atención a las normas	Rebelde e inconformista	Atento a las normas y cumplidor
7.	Atrevimiento	Asustadizo, apocado y tímido	Atrevido, emprendedor y arriesgado
8.	Sensibilidad	Utilitario, objetivo y poco sentimental	Sensible, esteta y sentimental
9.	Vigilancia	Confiado, no suspicaz y acogedor	Vigilante, suspicaz, escéptico y cauteloso
10.	Abstracción	Realista, práctico y orientado a la acción	Abstracto, imaginativo y orientado a las ideas
11.	Privacidad	Abierto, espontáneo y sencillo	Receloso, discreto y cerrado
12.	Aprensión	Seguro, despreocupado y satisfecho	Aprensivo, dubitativo y preocupado
13.	Apertura al cambio	Tradicional y apegado a lo familiar	Abierto al cambio y experimental
14.	Autosuficiencia	Integrado en el grupo y afiliativo	Seguro, solitario e individualista
15.	Perfeccionismo	Tolerante con el desorden, condescendiente y flexible	Perfeccionista, organizado y autodisciplinado
16.	Tensión	Relajado, plácido y paciente	Tenso, enérgico, impaciente y presionado

* Resumen basado en el libro *16 PF-5* de Michael Karson, Samuel Karson y Jerruy O'Dell (TEA, 1998).

APÉNDICE 2.3

TRASTORNOS DE LA PERSONALIDAD*

1. Paranoide

Se caracteriza por una actitud de desconfianza y sospecha hacia los demás. Cualquier conducta, motivo o acción, en principio neutral, que tengan los otros, es visto como malintencionado, hostil o despectivo.

2. Esquizoide

Se caracteriza por el distanciamiento y rechazo general en las relaciones y por la frialdad en la expresión de las emociones. Las personas que lo padecen no solo no se relacionan, sino que tampoco muestran interés en hacerlo, ni siquiera con los familiares.

3. Esquizotípico

Los pacientes esquizotípicos suelen presentar los problemas sociales e interpersonales de la personalidad esquizoide acompañados de malestar y excesiva ansiedad social que no disminuye con la familiaridad. Su comportamiento es raro o excéntrico, y muestran un afecto inapropiado.

4. Antisocial

La característica general es una conducta irresponsable y antisocial, con despreocupación, desprecio y violación de los derechos de los demás. Les es muy difícil adaptarse a las normas sociales o a la legalidad y suelen transgredir las leyes. Tienden a ser deshonestos, a mentir y a engañar siendo conscientes de ello.

---

* Resumen basado en párrafos seleccionados del libro *Tests de personalidad* de Susana Navarro (Diana-Libsa, 2004).

5. Límite
También recibe el nombre de trastorno *borderline*, y se caracteriza por una inestabilidad en las relaciones de todo tipo, en la afectividad, en la autoimagen, y por una marcada impulsividad.

6. Histriónico
Define a las personas que presentan una excesiva emotividad y búsqueda de atención, con conductas muy llamativas, dramáticas y extravertidas. Suelen sentirse incómodas en las situaciones donde no son el centro de atención.

7. Narcisista
Los pacientes narcisistas tienen una visión grandiosa de sus habilidades y de sí mismos, necesitan exageradamente la admiración de los demás y no sienten empatía, esto es, no participan emocionalmente de la realidad ajena, lo que dificulta sus relaciones con los demás. Se sienten muy importantes y exageran sus capacidades o cualidades para ser admirados aun cuando estas sean normales o escasas.

8. Evitativo
Estos pacientes sienten una tremenda inhibición social, inferioridad y una exagerada sensibilidad a las evaluaciones negativas que de ellos se haga. Como tienen esta imagen tan negativa de sí mismos, suelen rechazar posibles relaciones interpersonales a no ser que estén seguros de ser aceptados.

9. Dependiente
Se caracteriza por una excesiva y generalizada dependencia de otros. Las personas dependientes son muy sumisas, se enganchan a los demás pues necesitan que cuiden de ellos, y tienen miedo a la separación. Suelen tener dificultades para tomar decisiones por sí mismos.

10. Obsesivo compulsivo
El trastorno obsesivo compulsivo de la personalidad se caracteriza por una excesiva preocupación por el orden, el perfeccionismo y el control, y esto impide la flexibilidad, espontaneidad y eficacia.

APÉNDICE 2.4

LAS INTELIGENCIAS MÚLTIPLES SEGÚN HOWARD GARDNER*

TEORÍA ORIGINAL

1. Lingüística

Es la capacidad de utilizar las palabras de manera efectiva, en forma oral o escrita. Incluye la habilidad en el uso de la sintaxis, la fonética y la semántica. Alto nivel de esta inteligencia se observa en escritores, poetas, periodistas y oradores, entre otros.

2. Lógico-matemática

Es la capacidad para usar los números de manera efectiva y de razonar adecuadamente. Incluye el uso de esquemas lógicos, relaciones de causa-efecto y abstracciones. Alto nivel de esta inteligencia se ve en científicos, matemáticos, contadores, ingenieros y analistas de sistemas, entre otros.

3. Espacial

Es la capacidad de percibir el mundo en imágenes, externas e internas, y recrearlas, transformarlas, recorrer el espacio o hacer que los objetos lo recorran y producir o decodificar información gráfica. Presente en pilotos, marinos, escultores, pintores y arquitectos, entre otros.

4. Musical

Es la capacidad de percibir, discriminar, transformar y expresar las formas musicales. Incluye la sensibilidad al ritmo, al tono y al timbre. Está presente en compositores, cantantes y directores de orquesta, entre otros.

---

* Breve descripción de cada una de las inteligencias propuestas por el autor. Al respecto pueden consultarse sus libros: *Inteligencias múltiples* (Paidós, 1995), *La inteligencia reformulada* (Paidós, 2001), y *Mentes flexibles* (Paidós, 2004).

5. Corporal-cinestésica

Es la capacidad para usar todo el cuerpo en la expresión de ideas y sentimientos, y la facilidad en el uso de las manos para transformar elementos. Incluye habilidades de coordinación, destreza, equilibrio, flexibilidad, fuerza y velocidad. Se manifiesta en atletas, bailarines, cirujanos y artesanos, entre otros.

6. Intrapersonal

Es la capacidad de construir una percepción precisa respecto de sí mismo y de organizar y dirigir su propia vida. Incluye la autodisciplina, la autocomprensión y la autoestima. Se encuentra muy desarrollada en teólogos, filósofos y psicólogos, entre otros.

7. Interpersonal

Es la capacidad de entender a los demás e interactuar eficazmente con ellos. Incluye la sensibilidad a expresiones faciales, la voz, los gestos y posturas, y la habilidad para responder. Presente en actores, políticos, buenos vendedores y docentes exitosos, entre otros.

PROPUESTAS ADICIONALES

En uno de sus últimos libros, *Mentes flexibles*, Gardner propone dos tipos de inteligencia más:

- *Naturalista* (la incluye dentro de las "no canónicas") – *Supone la capacidad de establecer distinciones trascendentales en el mundo natural: entre una planta y otra; entre un animal y otro; entre variedades de nubes, formaciones rocosas, etcétera.*
- *Existencial – Supone la capacidad del ser humano para plantearse y considerar las preguntas más profundas: "¿Quiénes somos? ¿Por qué estamos aquí? ¿Qué nos va a ocurrir? ¿Por qué morimos? En resumen, ¿de qué va todo esto?".*

A esta última inteligencia la plantea más bien con carácter exploratorio. Dice: *hace poco he considerado la posibilidad de que pueda existir una novena inteligencia, la llamada inteligencia existencial.* Y agrega: *Así pues, la candidata más reciente a la condición de inteligencia se encuentra en suspenso; hoy por hoy, y remedando un título clásico de la filmografía de Federico Fellini, cuando hablo de las inteligencias digo que son 8 y 1/2.*

APÉNDICE 2.5

DOMINIOS DE LA INTELIGENCIA EMOCIONAL Y COMPETENCIAS ASOCIADAS*

COMPETENCIA PERSONAL

Estas competencias determinan el modo en que nos relacionamos con nosotros mismos.

Conciencia de uno mismo

- *Conciencia emocional de uno mismo:* ser conscientes de las propias emociones y reconocer su impacto; utilizar las "sensaciones viscerales" como guía para la toma de decisiones.
- *Valoración adecuada de uno mismo:* conocer las propias fortalezas y debilidades.
- *Confianza en uno mismo:* seguridad en la valoración que hacemos de nosotros mismos y de nuestras capacidades.

Autogestión

- *Autocontrol emocional:* capacidad de manejar adecuadamente las emociones y los impulsos conflictivos.
- *Transparencia:* sinceridad e integridad; responsabilidad.
- *Adaptabilidad:* flexibilidad para afrontar los cambios y superar los obstáculos que se presenten.

---

* Extraído del libro *El líder resonante crea más* de Daniel Goleman, Richard Boyatzis y Annie McKee (Plaza & Janés, 2003).

- *Logro*: esforzarse por encontrar y satisfacer criterios internos de excelencia.
- *Iniciativa*: prontitud para actuar cuando se presenta la ocasión.
- *Optimismo*: ver el lado positivo de las cosas.

COMPETENCIA SOCIAL

Estas competencias determinan el modo en que nos relacionamos con los demás.

Conciencia social

- *Empatía:* ser capaz de experimentar las emociones de los demás, comprender su punto de vista e interesarnos activamente por las cosas que les preocupan.
- *Conciencia de la organización:* capacidad de darse cuenta de las corrientes, redes de toma de decisiones y política de la organización.
- *Servicio:* capacidad para reconocer y satisfacer las necesidades de los subordinados y los clientes.

Gestión de las relaciones

- *Liderazgo inspirado:* capacidad de esbozar visiones claras y convincentes que resulten altamente motivadoras.
- *Influencia:* utilizar un amplio abanico de tácticas de persuasión.
- *Desarrollo de los demás:* saber desarrollar las habilidades de los demás mediante el feedback y la guía adecuada.
- *Catalizar el cambio:* alentar, promover y encauzar el cambio en una nueva dirección.
- *Gestión de los conflictos:* capacidad de negociar y resolver los desacuerdos.
- *Establecer vínculos:* cultivar y mantener una red de relaciones.
- *Trabajo en equipo y colaboración:* cooperación y creación de equipos.

APÉNDICE 2.6

TIPOS DE ANCLAS DE CARRERA*

1. Competencia técnico-funcional

Algunas personas descubren, a medida que se desarrollan en su carrera, que tienen un fuerte talento y una alta motivación para un tipo de trabajo técnico o funcional. Lo que realmente les causa satisfacción es el ejercicio de ese talento y saber que son expertos en ello.

Si son asignadas a otras áreas de trabajo se sienten menos motivadas y menos capacitadas. Comienzan a experimentar un alejamiento de sus áreas de competencia y gratificación. Construyen un sentido de identidad alrededor del contenido del trabajo en sí y de las áreas técnicas o funcionales en las que son exitosos, y desarrollan mayores habilidades en esas áreas.

Si bien la mayoría de las personas inician sus carreras especializándose en algo, solo algunos lo encuentran intrínsecamente gratificante como para desarrollar anclas de carrera en torno a su especialización.

2. Competencia de gerencia general

A medida que avanzan en sus carreras, algunas personas descubren que lo que realmente les atrae es convertirse en gerentes generales, que les interesa la gestión en sí misma, que poseen aquellas competencias necesarias que requiere un gerente general y que tienen la ambición para alcanzar niveles organizacionales donde serán responsables de la toma de decisiones importantes y los propios esfuerzos harán la diferencia entre el éxito y el fracaso.

---

* Resumen extraído del fascículo *Career Anchors. Discovering your real values* de Edgar H. Schein (Pfeiffer & Company, 1990).

Estas personas entienden que no solo necesitan un alto nivel de motivación para llegar a la cima, sino también una combinación de talentos y habilidades en las áreas de capacidad analítica y de inteligencia emocional.

3. Autonomía/Independencia

Algunas personas descubren tempranamente en su vida laboral que no soportan los límites impuestos por las reglas y procedimientos de otros, los horarios de trabajo, códigos y normas que invariablemente están presentes en cualquier organización. Encuentran la vida organizacional restrictiva, irracional, piensan que interfiere en sus vidas privadas, por lo que prefieren buscar carreras que les permitan organizarse en sus propios términos.

Quienes comienzan a organizar sus carreras en torno a estas necesidades tienden a convertirse en profesionales independientes.

4. Seguridad/Estabilidad

Para algunos es de fundamental importancia desarrollar una carrera que les brinde seguridad y protección, de modo que los hechos futuros sean previsibles y que puedan sentirse tranquilos de haberlo logrado. Para ellos, tales inquietudes son primordiales a lo largo de toda su carrera, a tal punto que guían y limitan sus decisiones profesionales más importantes.

Estas personas generalmente están dispuestas a ceder la responsabilidad de la dirección de sus carreras a sus empleadores. Los más talentosos alcanzan altos puestos en la organización, pero prefieren trabajos que demanden un desempeño parejo y predecible. Si logran la seguridad que buscan, se sienten satisfechos cualquiera sea el nivel logrado.

5. Creatividad emprendedora

Incluye a aquellas personas que descubren tempranamente en sus vidas que tienen una imperiosa necesidad de crear ellos mismos negocios nuevos, desarrollando nuevos productos o servicios, construyendo nuevas organizaciones, o adquiriendo empresas existentes y rearmándolas de acuerdo con especificaciones propias. La urgencia creativa de este grupo resulta específicamente en la creación de nuevas empresas que puedan ser identificadas con su propia visión, que sobrevivan por sí solas y que sean exitosas en términos económicos. La realización económica, por lo tanto, es una medida de éxito.

131

Estas personas se descubren con un talento y un nivel de motivación extremadamente altos para demostrar al mundo que pueden hacerlo. No permanecen mucho tiempo en las organizaciones tradicionales, o consideran su trabajo en una empresa como un complemento mientras toda su energía está puesta en armar su propia compañía.

6. Sentido de servicio/Dedicación a una causa

Algunas personas ingresan en ciertas ocupaciones porque quieren enarbolar allí sus valores fundamentales. Están más orientadas hacia estos valores que hacia los talentos o áreas de competencia que realmente requiere el trabajo en sí. Sus decisiones profesionales se basan en el deseo de mejorar el mundo de alguna manera. Se considera que pertenecen a esta ancla aquellos que tienen profesiones en las que está en juego el cuidado o atención del prójimo y también en la administración de empresas e instituciones.

7. Desafío puro

Algunas personas emprenden sus carreras suponiendo que pueden conquistar cualquier cosa o a cualquier persona. Definen el éxito como la superación de obstáculos imposibles, la resolución de problemas irresolubles o el triunfo sobre oponentes muy duros. Para algunos, esto se traduce en la búsqueda de trabajos en los que tengan que enfrentar problemas cada vez más difíciles, sin tener en cuenta el área en la que ocurren. Para otros, el desafío se define en términos de relaciones interpersonales y competitivas.

8. Estilo de vida

Un número creciente de personas que se encuentran altamente motivadas hacia sus carreras incluyen la condición de que la carrera esté integrada con su estilo de vida en general. No se trata simplemente del equilibrio entre la vida profesional y laboral, sino de encontrar una forma de integrar las necesidades del individuo, de la familia y de la profesión.

Puesto que dicha integración es en sí una función en proceso de evolución, este tipo de personas busca ante todo la flexibilidad. Se muestran bastante dispuestas a trabajar en organizaciones, siempre que dispongan de las opciones correctas, en el momento oportuno. No están tan interesadas en un programa específico como en una actitud organizacional que respete las inquietudes familiares y personales y que contemple una genuina reformulación del contrato psicológico.

ANEXO 2.1

BIBLIOGRAFÍA

Libros citados en el capítulo

Bennis, Warren, y Nanus, Burt: *Líderes*. Norma, 1985.

Castro, Nelson: *Enfermos de poder*. Javier Vergara, 2005.

Colom, Roberto: *En los límites de la inteligencia*. Pirámide, 2002.

Compte-Sponville, André: *Diccionario filosófico*. Paidós, 2003.

Davis, Keith, y Newstrom John W.: *Comportamiento humano en el trabajo*. McGraw-Hill, 2000, 10ª edición.

Diccionario Akal de Psicología, Akal, 1998.

Dorsch, Friedrich: *Diccionario de Psicología*. Herder, 1994, 7ª edición.

Feldman, Robert S.: *Psicología*. McGraw-Hill, 2002, 4ª edición.

Furnham, Adrian: *Psicología organizacional*. Oxford, 2001.

Gardner, Howard: *Inteligencias múltiples*. Paidós, 1995.

————— *La inteligencia reformulada*. Paidós, 2001.

————— *Mentes flexibles*. Paidós, 2004.

Goleman, Daniel: *La inteligencia emocional*. Javier Vergara, 1996.

—————*La inteligencia emocional en la empresa*. Javier Vergara, 1999.

—————, Boyatzis y McKee: *El líder resonante crea más*. Plaza & Janés, 2002.

—————, Cherniss: *Inteligencia emocional en el trabajo*. Kairós, 2005.

Karson, Michael; Karson, Samuel, y O'Dell, Jerry: *16 PF-5*. TEA, 1998.

Lennick, Doug y Kiel, Fred: *Inteligencia moral*. Aguilar, 2006.

Macoby, Michael: *Por qué y para qué trabajar*. Granica, 1989.

Navarro, Susana: *Test de personalidad*. Diana/Libsa, 2004.

Oldham, John M., y Morris, Louis B.: *Autorretrato de la personalidad*. Tikal, 1995.

Pervin, Lawrence A.: *La ciencia de la personalidad*. McGraw-Hill, 1998.

Schein, Edgar: *Career Anchors. Discovering your real values.* Pfeiffer & Company, 1990.

Sternberg, Robert J.: *Inteligencia exitosa.* Paidós, 2000.

Otras obras

Ortiz-Tallo, Margarita, y Cardenal, Violeta: *El apasionante mundo de la personalidad.* Aljibe, 2004.

Kets de Vries, Manfred, y Miller, Danny: *La organización neurótica.* Apóstrofe, 1993.

Rojas, Enrique: *¿Quién eres?* Temas de Hoy, 2001.

ANEXO 2.2

REFERENCIAS DE INSTRUMENTOS

Varios de los instrumentos que se refieren en este anexo son provistas por TEA Ediciones, cuyos datos son los siguientes:

- En España:
  MADRID
  madrid@teaediciones.com
  BARCELONA
  barcelona@teaediciones.com
  BILBAO
  bilbao@teaediciones.com
  SEVILLA
  sevilla@teaediciones.com

- Representante en Argentina:
  Editorial Atlante SRL
  atlante@ar.inter.net – ventasatlante@ar.inter.net

Personalidad

1. TEA Ediciones provee los siguientes instrumentos:
   - El NEO PI-R, *Inventario de personalidad NEO revisado,* de R.T. Costa y R.R. Mc Crae que responde al modelo de los cinco grandes factores.
   - El *16 PF-5, Cuestionario factorial de personalidad.* 5ª edición, de R.B. Cattell, A.K.S. Cattell y H.E.P. Cattell.

- El MMPI-2, *Inventario multifásico de la personalidad de Minnesota-2*, de S.R. Hathaway y J.C. Mc Kinley referente a la estructura de la personalidad y sus posibles trastornos.

2. El libro *Cómo dominar los cuestionarios de personalidad* de Mark Parkinson (Gestión, 2000) incluye un "Cuestionario del estilo de la mente" que permite una autoevaluación basada en el modelo de los cinco grandes factores.

3. El libro *Autorretrato de la personalidad* de John M. Oldham y Louis B. Morris (Tikal, 1995) ofrece un "cuestionario para el autorretrato de la personalidad" referente a estilos personales cuyas exageraciones constituyen trastornos de la personalidad. Sus respuestas determinan un puntaje para cada estilo; el cómputo lo puede hacer fácilmente la propia persona que contesta el cuestionario.

Capacidad intelectual

La prueba psicométrica *Escala de Wechsler (WAIS)* de inteligencia en adultos es de las más utilizadas en el ámbito de diagnóstico a nivel internacional. Este instrumento realizado por Donald Wechler es provisto por TEA Ediciones.

Inteligencia emocional

1. El libro *Inteligencia emocional en el trabajo* de Goleman y Cherniss (Kairós, 2005), en su Capítulo 5, "Medición de la competencia emocional individual", analiza los siguientes instrumentos:
   - El inventario de competencia emocional (ICE), desarrollado por Boyatsis, Goleman y Rhee (2000).
   - La escala multifactorial de inteligencia emocional (EMIE), desarrollada por Mayer, Caruso y Salovey (1997).
   - El test de inteligencia emocional (TIEMSC), nuevo test desarrollado por Mayer, Salovey y Caruso con posterioridad al indicado precedentemente.
   - El inventario de cociente emocional (CE), desarrollado por Reuven Bar-On (1997).
   - El mapa del cociente emocional (CE), desarrollado por Orioli y Cooper (publicado por Q-Metrics).
2. El *Inventario de pensamiento constructivo* (CTI), desarrollado por Seymour Epstein, que provee TEA Ediciones, constituye una medida de la inteligencia emocional.

3. El libro *Las claves de la inteligencia emocional* de Travis Bradverry y Jean Greaves (Norma, 2007) contiene un código personal para ingresar a una página web y acceder a un test de evaluación de inteligencia emocional.

4. Varios libros contienen tests de autoevaluación de la inteligencia emocional. Entre ellos, cabe mencionar:
   - *La inteligencia emocional aplicada al liderazgo y a las organizaciones*, de Robert K. Cooper y Ayman Sawaf (Norma, 1998).
   - *Ponga a prueba su inteligencia emocional*, de Robert Word y Harry Tolley (Gestión 2000, 2004).

Valores y creencias

1. El libro *Inteligencia moral* de Doug Lennik (Aguilar, 2006), en el Apéndice B presenta un "Inventario de competencias morales" (ICM), en el Apéndice C explica su puntuación y en el Apéndice D ayuda a su interpretación.

2. El *Signature Strengths Questionnaire*, desarrollado por Martin E. P. Seligman, es una herramienta sobre valores que mide el grado en que un individuo posee cada una de las 24 fortalezas y virtudes que han sido desarrolladas por el Values in Action Institute (VIA). Este cuestionario es provisto por www.psicologia-positiva.com.

3. El instrumento *Automatic Thoughts Questionnaire*, desarrollado por Phillip Kendall y Rebecca C. Hays, ha sido creado para evaluar el rol de las creencias en la etiología, mantenimiento y tratamiento de varios tipos de psicopatologías. Este cuestionario es provisto por Educational and Psychological Measurement y puede encontrarse en http://epm.sagepub.com/.

Vocación

El *Strong Interest Inventory Assessment* es un instrumento desarrollado por consejeros de carrera y académicos que intenta ayudar a las personas a identificar sus intereses vocacionales. Es provisto por Consulting Psychologists Press en www.cpp.com.

Estrés

Paidós Argentina (www.libreriapaidos.com) provee los siguientes instrumentos:

- *Beck Depression Inventory*, desarrollado por Robert Steer y Aaron Beck (2000), diseñado para evaluar la presencia de sintomatología depresiva constitutiva de algunos cuadros de estrés.
- *Anxiety Disorders Interview Schedule*, desarrollado por David Barlow, Janet Klosko y Peter Di Nardo, diseñado para identificar la presencia y tipo de sintomatología ansiosa, constitutiva de ciertos cuadros de estrés.

CAPÍTULO 3

LA COMUNICACIÓN

I. INTRODUCCIÓN

A. El proceso de comunicación

En el proceso de comunicación cabe distinguir:

- Los factores que intervienen.
- La dinámica del proceso en sí.
- El efecto.

Esto se sintetiza en el Gráfico 3.1.

Gráfico 3.1

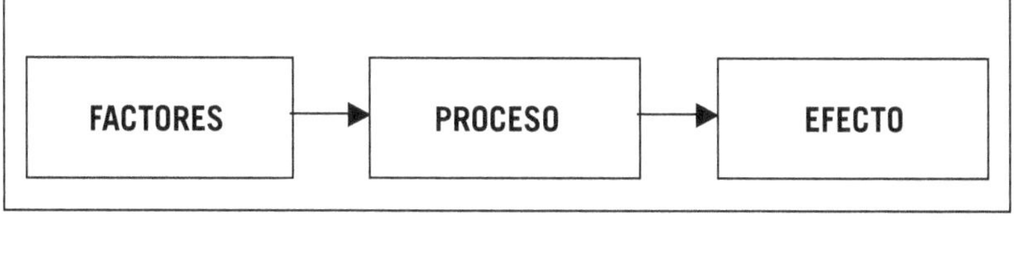

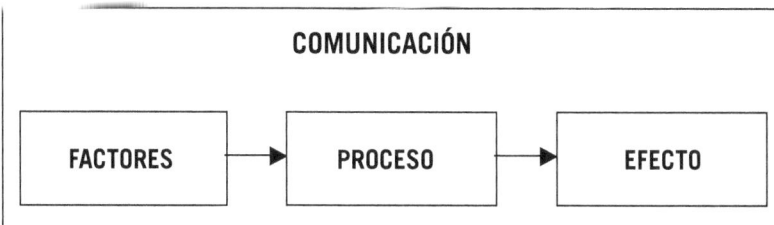

En la comunicación humana, los factores que intervienen en el proceso comprenden:

- Las personas que participan y sus respectivos marcos mentales.
- La relación existente entre dichas personas.
- Los recursos comunes que ellas emplean para comunicarse: el lenguaje y el medio.
- El contexto.

El Gráfico 3.2 resume los elementos indicados.

Gráfico 3.2

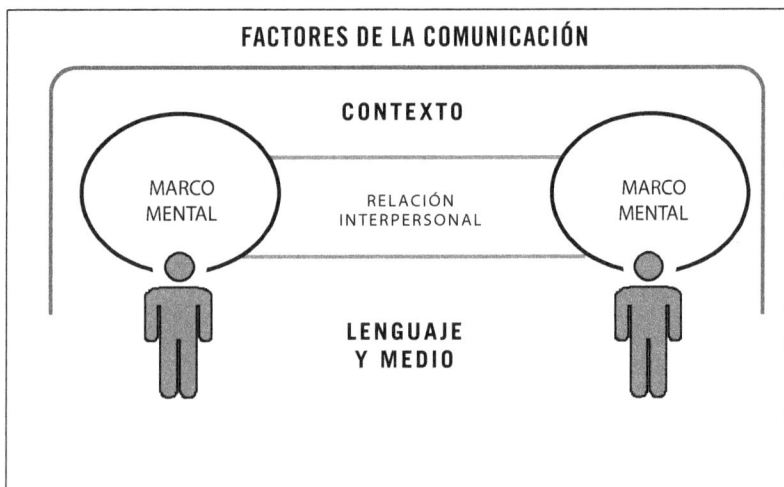

FACTORES DE LA COMUNICACIÓN

CONTEXTO

MARCO MENTAL

RELACIÓN INTERPERSONAL

MARCO MENTAL

LENGUAJE Y MEDIO

En la dinámica del proceso, las personas que intervienen envían mensajes, lo cual implica la adopción alternativa de roles: emisor y receptor. Y los mensajes tienen un significado: por un lado para el emisor y por otro lado para el receptor.

El efecto de la comunicación puede incluir, entre otras consecuencias, la acción ulterior que dispara la comunicación. Por ejemplo, el jefe le pide algo a un colaborador (proceso de comunicación) y más tarde este ejecuta el pedido (acción ulterior).

B. Alcance de este capítulo

En este capítulo, sin negar en absoluto la importancia de los demás elementos, pretendemos destacar los aspectos siguientes:

- En cuanto a los factores, los marcos mentales de las personas.
- Con respecto al proceso, el significado que se otorga al mensaje.
- Y, con relación al efecto, la acción ulterior.

A su vez, los marcos mentales están condicionados por los **factores personales** del comportamiento que vimos en el capítulo precedente, esto es, las características personales y las condiciones circunstanciales.

El Gráfico 3.3 esquematiza lo antedicho.

Gráfico 3.3

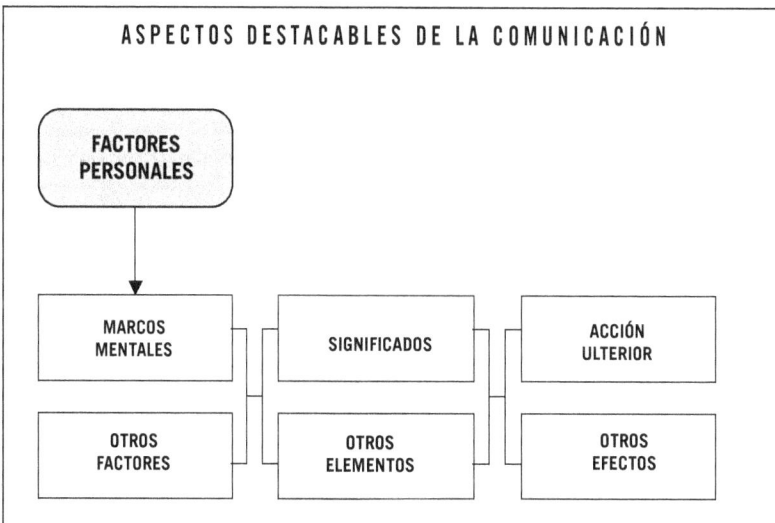

ASPECTOS DESTACABLES DE LA COMUNICACIÓN

FACTORES PERSONALES

MARCOS MENTALES	SIGNIFICADOS	ACCIÓN ULTERIOR
OTROS FACTORES	OTROS ELEMENTOS	OTROS EFECTOS

Para avanzar sobre este tema nos parece oportuno hacer cierto análisis de los elementos indicados. Para ello seguiremos este orden:

1. Enfocar a la persona y su marco mental.
2. Plantear la relación interpersonal.
3. Observar la vinculación entre la persona y el contexto.
4. Examinar el proceso de comunicación.
5. Considerar el efecto del proceso de comunicación.

En la sección II desarrollaremos sucesivamente los puntos indicados en 1 a 5.

En la sección III haremos algunas reflexiones acerca de las conductas que favorecen una comunicación efectiva.

En la sección IV trataremos un tema importante que se vincula con las secciones anteriores: el análisis de los actos del habla.

II. ANÁLISIS DE LA COMUNICACIÓN

A. La persona y su marco mental

Toda persona que interviene en cualquier proceso de comunicación lo hace desde su marco mental, que está condicionado por los factores personales del comportamiento que tratamos en el Capítulo 2:

- Las condiciones circunstanciales:
  - Necesidades, intereses, deseos, etcétera.
  - Estado de ánimo.
  - Estado físico.
  - Roles.
  - Expectativas.
  - Información disponible.

- Las características personales (estructurales):
  - Las condiciones físicas (destreza y salud).
  - La personalidad (motivos, rasgos y autoconcepto).
  - La inteligencia (capacidad intelectual e inteligencia emocional).
  - Los valores y las creencias.
  - La vocación.
  - El conocimiento.
  - Las habilidades específicas.

En cuanto a las características personales, queremos recordar que las condiciones físicas, la personalidad y la inteligencia provienen en parte de factores genéticos y en parte se construyen en una etapa bien temprana de la vida, sin perjuicio de que se continúen modelando y puedan modificarse en instancias posteriores; los valores y creencias y la vocación también se configuran en gran medida en una etapa temprana de la vida. Esta referencia se orienta a resaltar que el marco mental suele tener cierto grado de rigidez, lo cual tiende a ser una restricción, o al menos un desafío, en el proceso de comunicación.

El Gráfico 3.4 intenta representar lo antedicho.

Peter Senge, en su libro *La quinta disciplina* (Granica, 1993) define que *los "modelos mentales" son supuestos hondamente arraigados, generalizaciones e imágenes que influyen sobre nuestro modo de comprender el mundo y actuar.* Sin embargo, nuestro concepto de marco mental, que influye sobre la percepción y la interpretación de lo que ocurre, es más abarcativo que el concepto de modelos mentales de Peter Senge, conforme hemos señalado en esta sección.

Aquí vale la pena citar dos párrafos del libro de Leonardo Walk *Coaching. El arte de soplar brasas* (Gran Aldea Editores, 2003), que son muy ilustrativos:

- *Para unos, una persona tiene mal carácter, para otros es un pan de Dios; para unos, un film es bueno, para otros resultó malo. ¿Qué*

143

hace que ante una misma circunstancia, ante un mismo hecho, dos o más personas vean o sientan de modo diferente? Acontece que "bueno" o "malo" son interpretaciones; por lo tanto son subjetivas. Son interpretaciones que corresponden al sujeto que las emite. En otras palabras, dependen del observador que cada uno es. Esa persona no es buena ni mala, simplemente es; el film no es bueno ni malo, es. Comprender el universo de esta manera nos abrirá un enorme espacio de posibilidades. Posibilidades de acción, de comprensión, de relacionamiento, etcétera.

- *Esta distinción es sustancial puesto que, como sostiene Rafael Echeverría, toda acción resultará del tipo de observador que cada uno es. Desarrolla el modelo del observador-acción-resultados llamando observador a la forma particular en que un individuo otorga sentido a la situación que enfrenta antes de intervenir en ella. De acuerdo con el sentido que le demos a una situación actuaremos de una u otra manera.*

El marco mental de la persona ejerce una influencia significativa en el proceso de comunicación. **Dentro de los siguientes acápites resaltamos en negrita ciertas frases que ponen de relieve dicha influencia.**

Gráfico 3.4

LA PERSONA Y SU MARCO MENTAL

MARCO MENTAL

FACTORES
SE NACE ⟶ ESTRUCTURALES
SE HACE ⟹ SITUACIONALES

B. La relación interpersonal

La comunicación es una actividad dentro de la relación existente entre las personas que intervienen en el proceso. Las relaciones interpersonales existen aunque en el momento no ocurra un proceso de comunicación.

Paul Watzlawick, en conjunto con Janet Beavin Bavelas y Don D. Jackson, en su ya clásica *Teoría de la comunicación humana* (Herder, 2002, 12ª edición), señalan que toda comunicación presenta dos aspectos: el contenido y la relación. La comunicación acerca de la relación es una metacomunicación respecto de la comunicación de contenido. Darío Rodríguez M., en su libro *Gestión organizacional* (Alfaomega, 2006, 4ª edición), en su Capítulo VII ("Comunicación") refiere lo siguiente:

> *Dice Watzlawick que las relaciones enfermas se caracterizan por una constante conversación acerca de la relación, olvidando el contenido. La relación hace referencia a las características del vínculo entre quienes se comunican. El contenido consiste en la información contenida en el mensaje. Una persona molesta con otra, por ejemplo, se lo hará saber por el modo de hablarle, su actitud, su tono de voz, de tal manera que, cualquiera que sea el contenido, la otra persona podrá darse cuenta de que la relación entre ambas está deteriorada.*
>
> *Podríamos agregar, aunque no lo dice Watzlawick, que la relación es un supuesto necesario para que los contenidos puedan ocupar el centro de las conversaciones. Para que la conversación verse sobre los contenidos, se requiere que haya un trasfondo de normalidad en la relación entre los hablantes. Si la relación pasa a ocupar un lugar central, necesariamente desplazará a los contenidos. Esto ocurre toda vez que la relación se destaca en el umbral de atención de los participantes en la comunicación. Watzlawick señala el caso de relaciones deterioradas que, en razón de su deterioro, se transforman en el tema —explícito o no— de la comunicación. Agregaremos las relaciones nuevas, que recién se están construyendo —como las de parejas que se inician— en que la fascinación de los involucrados con su vínculo incipiente los hace poner la relación en el centro de toda comunicación, dejando relegado el contenido a un lugar muy subordinado y lejano. No es de extrañar,*

por lo tanto, que los jóvenes enamorados murmuren frases incomprensibles, en tonos poco audibles, con contenidos incoherentes, pero donde queda en claro el afecto que caracteriza la relación.

En organizaciones ocurre con gran frecuencia que los elementos referidos a la relación entorpecen la adecuada circulación de los contenidos.

En la relación entre dos o más personas juegan dos factores cruciales:

1. La vinculación entre los respectivos marcos mentales.

2. La historia de la relación entre ellas.

El Gráfico 3.5 ilustra estos conceptos.

Gráfico 3.5

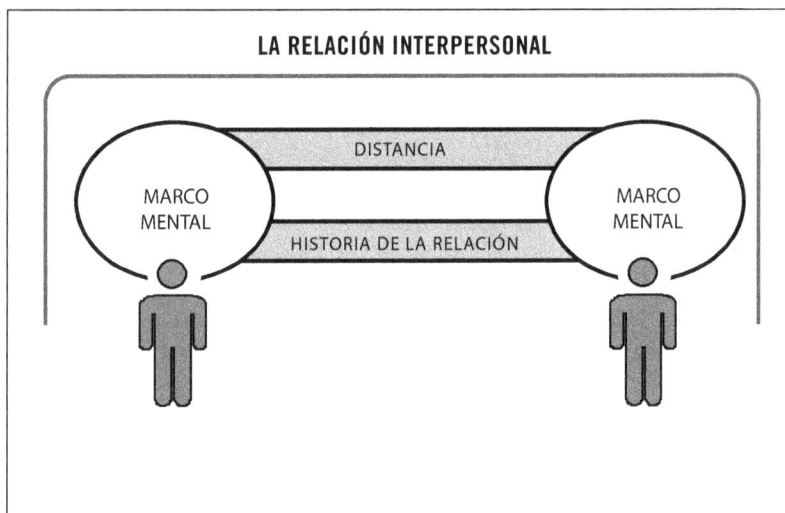

LA RELACIÓN INTERPERSONAL

En cuanto al primer factor, **debe considerarse la distancia o cercanía que existe entre los marcos mentales**. Por ejemplo, piénsese en la relación entre estos dos personajes:

- Un norteamericano, conservador en política, liberal en lo social, de derecha en economía y agnóstico en materia de religión y que perdió a un ser muy querido en el ataque a las torres gemelas del 11 de septiembre de 2001.
- Un musulmán, adherido estrictamente al fundamentalismo e integrismo; y además resentido, por razones históricas, con los occidentales en general y con los norteamericanos en particular.

Claro está que la comprensión de cualquiera de las partes puede allanar la distancia entre los marcos mentales. Pero, en general, cuanto mayor es la distancia, más difícil es la comprensión mutua.

La historia de la relación también suele tener gran influencia. Los comportamientos de un lado y las percepciones del otro tienden a definir los posicionamientos respectivos, favorables o desfavorables, que luego condicionan poderosamente las comunicaciones ulteriores. Esto incluye tres factores primordiales: la confianza, el respeto y la cordialidad.

Confiar implica "ponerse en manos del otro", en mayor o menor grado. En materia de comunicación, la confianza significa confiar no solo en la información que se recibe, sino también en el uso adecuado que el otro habrá de hacer de la información que se le proporciona. La confianza es la puerta de la sinceridad.

El respeto entraña el reconocimiento de las habilidades del otro y su motivación, la aceptación de su estilo sus valores, etcétera.

Ser cordial significa ser amable, afectuoso, atento, cortés, agradable, etcétera; así como no agresivo, no tosco, no mordaz, no insultante, etcétera.

La confianza, el respeto y la cordialidad pueden estar sustentados en opiniones o sentimientos muy diversos respecto de la otra persona.

- Positivos: amor, amistad, compañerismo, admiración, valoración de virtudes, etcétera.
- Negativos: odio, enemistad, competencia malsana, envidia, descalificación, etcétera.

Todo ello depende de la historia de la relación y del contexto o mundo exterior. Pero también **depende de las condiciones circunstanciales y de las características personales de los actores que integran sus respectivos marcos mentales**. Por ejemplo:

- La inseguridad de una persona (tiene que ver con la estabilidad emocional) tiende a limitar su capacidad para confiar en los demás.
- Una persona perfeccionista, organizada y autodisciplinada puede sentir poco respeto por otra que sea tolerante con el desorden, condescendiente y flexible.
- Una persona afable (rasgo de personalidad) implica que posee disposición favorable para ser cordial, con independencia de su interlocutor específico.

Con respecto a la relación interpersonal es interesante traer a colación la "ventana de Johari", denominada así en honor a sus dos autores, Joseph Luft y Harry Ingham. A continuación haremos una breve descripción, pero adaptada al propósito de esta sección.

En una relación entre dos personas, cada una de ellas tiene cierto conocimiento del mundo interior y de los comportamientos de la otra. Si las identificamos convencionalmente como "yo" y "el otro", cabe plantear el campo de posibilidades que se representa en el Gráfico 3.6.

Dicho gráfico constituye una matriz que comprende cuatro cuadrantes, áreas o ventanas:

1. La "abierta", correspondiente a lo que ambos sabemos acerca de mí (mi mundo interior y mi comportamiento).

2. La "ciega", correspondiente a lo que él sabe pero yo no sé acerca de mí.
3. La "privada" u "oculta", correspondiente a lo que yo sé pero él no sabe acerca de mí.
4. La "desconocida", correspondiente a lo que ninguno de los dos sabemos acerca de mí.

Gráfico 3.6

		Mi conocimiento acerca de mí	
		Yo sé	Yo no sé
Conocimiento del otro acerca de mí	Él sabe	1	2
	Él no sabe	3	4

En principio, cuanto mayor sea la ventana abierta más favorable es la disposición para una buena comunicación. Vale decir que, en general, es conveniente incrementar la ventana abierta.

Para ello hay dos medios propicios:

• La retroalimentación o feedback que el otro puede brindarle a uno, que aumenta la ventana abierta a expensas de la ciega.
• La revelación que uno puede hacer al otro, que aumenta la ventana abierta a expensas de la privada.

El Gráfico 3.7 refleja lo antedicho.

Las barreras defensivas, que comentaremos más adelante en III.C, atentan contra la retroalimentación y la revelación. Esta es una razón más para tratar de reducirlas.

Gráfico 3.7

	RETROALIMENTACIÓN	
	Abierta	Ciega
REVELACIÓN	Privada	Desconocida

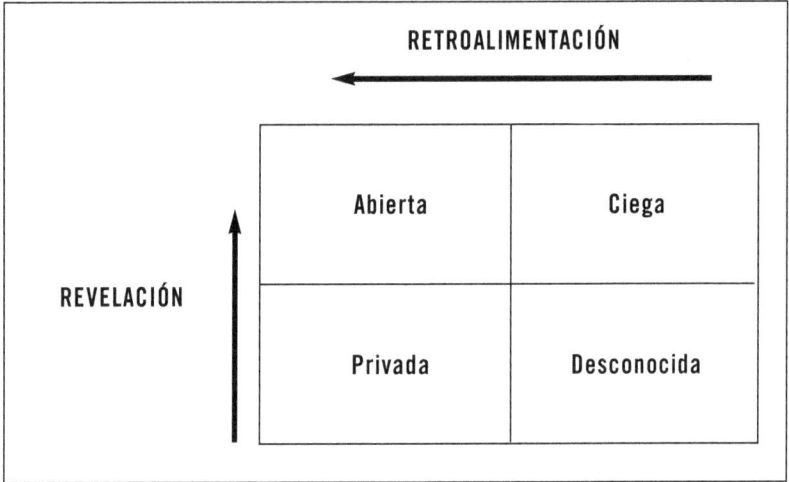

C. La vinculación entre la persona y el contexto

Entre la persona y el contexto existen tres relaciones fundamentales:

1. La persona percibe el contexto por medio de sus sentidos. De esta manera adquiere información acerca del mundo exterior y a partir de aquí desata pensamientos y sentimientos. Pero tal percepción y los procesos ulteriores están enormemente condicionados: primero por sus propios mecanismos sensoriales y sobre todo por la influencia de su marco mental. Este marco no solo afecta las imágenes, interpretaciones y juicios, sino que desde el vamos selecciona qué se percibe y qué no. De manera que la persona nunca aprehende el mundo exterior, sino que solo puede formarse una representación de él dentro de su mundo interior.

2. El contexto influye sobre la persona. Este es un fenómeno evidente y abrumador que no requiere mayor comentario.
3. A su vez, la persona influye sobre el contexto, principalmente a través de la acción.

El Gráfico 3.8 pretende reflejar dichas relaciones.

Gráfico 3.8

LA RELACIÓN DE LA PERSONA CON EL CONTEXTO

CONTEXTO

MARCO MENTAL

PERCEPCIÓN

INFLUENCIA

ACCIÓN

D. El proceso de comunicación en sí

Este proceso se da en el marco de las relaciones interpersonales y del contexto. Incluye el mensaje, que tiene un emisor y un receptor. El mensaje requiere de un lenguaje y de un medio, y puede tener interferencias. Pero lo que interesa, en última instancia, es el significado del mensaje, por un lado para el emisor y por otro lado para el receptor. Y aquí podemos establecer un concepto: en principio, **la calidad**

de la comunicación depende, entre otros factores, del grado de acercamiento entre ambos significados.

El Gráfico 3.9 sintetiza este proceso.

Gráfico 3.9

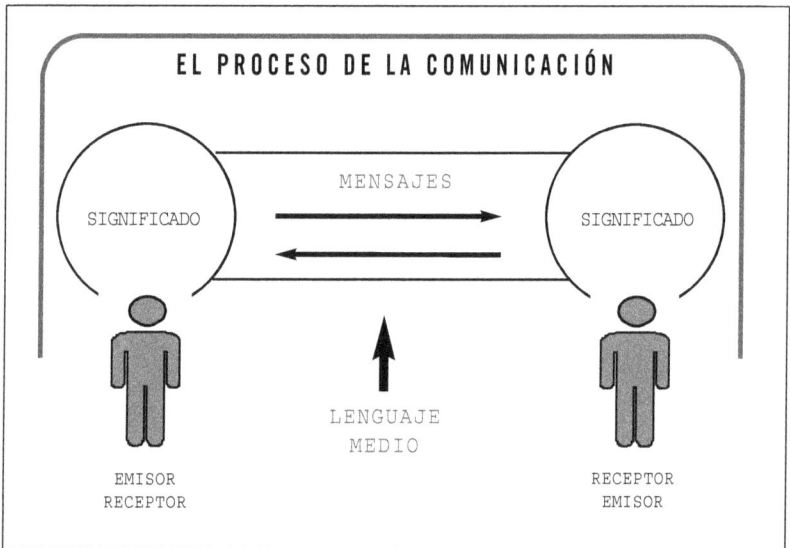

EL PROCESO DE LA COMUNICACIÓN

MENSAJES

SIGNIFICADO

SIGNIFICADO

LENGUAJE
MEDIO

EMISOR
RECEPTOR

RECEPTOR
EMISOR

Los significados surgen del mensaje, con su lenguaje, sus medios y sus interferencias. Sin embargo, también son una función, y en gran medida, del contexto y **de los respectivos marcos mentales del emisor y del receptor**.

Cuando hablamos del significado de un mensaje es importante tener en cuenta que para el receptor juega el grado de atención que le presta, qué percibe y qué no del mensaje, cómo lo percibe y lo interpreta, qué opiniones le genera, etcétera.

El mensaje se plasma en lo que se dice, pero está condicionado por:

- El porqué (la causa, por ejemplo una reacción emocional).

- El para qué (la intención).
- El cómo (las mismas palabras se pueden emplear en forma amable o agresiva).
- El cuánto (puede ser demasiado largo o repetitivo, o bien demasiado corto o insuficiente).
- El cuándo (puede ser oportuno o no).
- El dónde (puede ser adecuado o no).
- Frente a quién (la presencia de terceros puede ser positiva o negativa).

Con respecto al lenguaje, nos remitimos a la sección IV referente al análisis de los actos del habla.

Siguiendo con los medios, ellos también afectan el significado, debido a la diversidad de preferencias y capacidades que tienen las personas para emplear uno u otro. Por ejemplo, alguien extravertido y flexible puede que se sienta más a gusto con un intercambio presencial y verbal, en tanto que un introvertido y estructurado tal vez esté más dispuesto a prestarle atención a un mensaje por escrito, al menos en una faz inicial de la comunicación. Aquí nuevamente juegan las características personales.

No es necesario que abundemos en materia de interferencias: ruidos molestos, interrupciones, intervenciones improcedentes de terceros, problemas en el funcionamiento de los medios, etcétera. Tal vez se justifique señalar que los avances en la tecnología de la información, por supuesto muy beneficiosos, también han permitido ciertas prácticas que atentan contra la calidad de la comunicación: abuso de contestadores telefónicos automáticos, interrupciones indebidas causadas por los teléfonos celulares, empleo ineficiente del e-mail, etcétera.

En cuanto a la influencia del contexto, basta con recurrir a un simple ejemplo ilustrativo. Supongamos que en la calle se le acerca un desconocido y le pregunta por una dirección. No es lo mismo que ocurra:

- Al mediodía, en el centro, lleno de gente.
- A la madrugada, justo cuando va a entrar en su casa, en un entorno solitario.

Ahora llegamos a un factor neurálgico del significado: el marco mental de cada uno. Por ejemplo:

- El receptor, por su visión de la historia de la relación, supone una intención distinta de la del emisor.
- Culturas diferentes hacen que una misma manera de comunicarse sea percibida como normal por una parte y agresiva por la otra.
- Un receptor impaciente (rasgo) percibe un mensaje como demasiado largo y tedioso, y por ello deja de prestarle atención, en tanto que el emisor lo considera perfectamente adecuado.

Hemos reseñado los elementos estructurales y situacionales de dicho marco. Adjuntamos el Apéndice 3.1, que presenta una serie de ejemplos, independientes entre sí, en donde el emisor emite un mensaje y se contemplan reacciones alternativas del receptor, una favorable y otra desfavorable, en función de sus condiciones o características. Cada uno de los mensajes y las respectivas reacciones se relacionan con cada uno de los elementos del marco mental del receptor. Nos ha parecido que los ejemplos del Apéndice 3.1 pueden brindar una visión realista de la importancia del significado, antesala de la acción ulterior que comentaremos en la sección siguiente.

E. El efecto del proceso de comunicación

El proceso de comunicación trae aparejados cuatro tipos de consecuencias, estrechamente vinculadas entre sí. El Gráfico 3.10 hace referencia a dichas consecuencias.

Gráfico 3.10

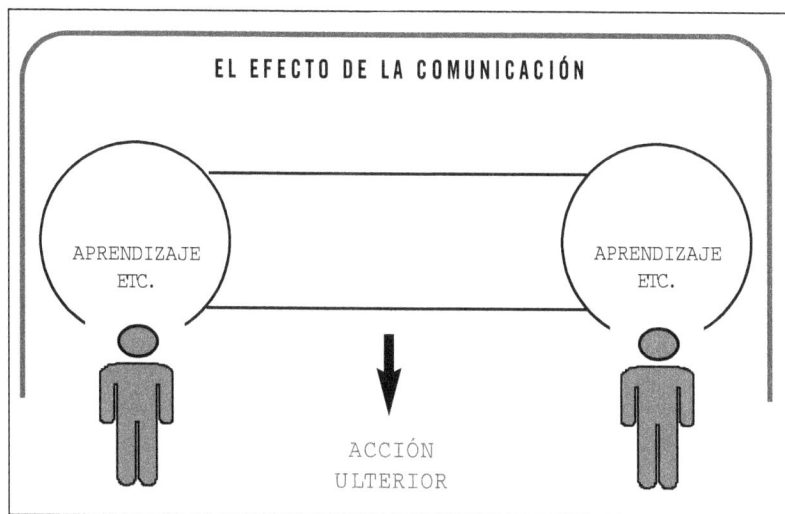

EL EFECTO DE LA COMUNICACIÓN

APRENDIZAJE
ETC.

APRENDIZAJE
ETC.

ACCIÓN
ULTERIOR

1. La acción ulterior. Por ejemplo, en una conversación orientada a resolver un problema, se toma una decisión que lleva a la acción, que, se supone, habrá de resolver el problema.
2. El efecto sobre las relaciones interpersonales. El proceso de comunicación entraña una dinámica de la relación que puede afectarla de manera favorable o desfavorable. Volviendo al ejemplo indicado en el punto 1, puede que la decisión y la acción ulterior hayan sido adecuadas, pero al mismo tiempo cabe que la conversación haya influido negativamente en el clima de las relaciones interpersonales. Por ejemplo, suele ocurrir que un grupo, debido a su propia interacción, mejore o empeore su espíritu de equipo.
3. El aprendizaje resultante del proceso de comunicación. A lo largo de este proceso, se puede aprender mucho, poco o nada. Por ejemplo, en una conversación abierta acerca de un problema, es factible un

aprendizaje sustantivo basado en la reflexión acerca de los errores cometidos. En cambio, en una conversación viciada por barreras defensivas, es probable que tal aprendizaje no se logre. Esto lo ha ilustrado muy bien Peter Senge al referirse al "aprendizaje en equipo" en su libro *La quinta disciplina*.
4. Otros efectos, como el placer de una buena conversación, la diversión, etcétera.

Respecto de la relación entre la comunicación y la acción, es oportuno citar a Rafael Echeverría (*Ontología del lenguaje*, Granica, 1997):

> *Por siglos, hemos considerado al lenguaje como un instrumento que nos permite "describir" lo que percibimos (el mundo exterior) o "expresar" lo que pensamos o sentimos (nuestro mundo interior). Esta concepción hacía del lenguaje una capacidad fundamentalmente pasiva o descriptiva. El lenguaje, se suponía, nos permitía hablar "sobre" las cosas. La realidad, se asumía, antecedía al lenguaje y éste se limitaba a "dar cuenta" de ella.*
>
> *(…) el lenguaje no solo nos permite hablar "sobre" las cosas: el lenguaje hace que sucedan cosas. Este segundo postulado abandona la noción que reduce el lenguaje a un papel pasivo o descriptivo. Sostiene que **el lenguaje es generativo**. El lenguaje, por lo tanto, no solo nos permite describir la realidad, el lenguaje crea realidades. La realidad no siempre precede al lenguaje, éste también precede a la realidad.(…) Al postular que el lenguaje es generativo, estamos sosteniendo que **el lenguaje es acción**.*

Sin negar que el lenguaje o la comunicación es acción, pensamos que es conveniente distinguir la acción que constituye la comunicación en sí de la acción ulterior que genera la comunicación. En el ámbito de las organizaciones esta acción ulterior incluye:

• En el campo operativo, operaciones concretas internas y con terceros, como obtención de financiamiento, abastecimiento, desarrollo de productos, producción, prestación de servicios, comercialización, pagos, cobranzas, etcétera.

- En materia de cambio organizacional, intervenciones específicas que crean o modifican la estrategia, la estructura organizativa, los sistemas y, eventualmente, la cultura.

En síntesis, decir que la comunicación es acción resulta una obviedad. Lo relevante es si la comunicación conduce a una acción ulterior eficaz o si, por el contrario, deviene en acción ineficaz o en inacción. Esto aparte de que la comunicación puede tener otros objetivos válidos, como ser la diversión.

III. CONDUCTAS QUE FAVORECEN LA COMUNICACIÓN EFECTIVA

A. Diálogo y discusión

Dijimos que la calidad de la comunicación depende del grado de acercamiento entre los significados del receptor y del emisor. Y que, a su vez, un factor clave del significado lo constituyen los respectivos marcos mentales de esos actores. De ello se desprende que una comunicación efectiva requiere de la "indagación"; de acciones comunicacionales **tendientes a conocer y comprender el marco mental del otro**, lo cual implica preguntar y escuchar activamente. Un concepto que cabe oponer a indagación es el de "proposición". Con este se trata de que el otro conozca, comprenda y esté de acuerdo con el marco mental de uno.

En paralelo con la diferencia entre indagación y proposición, se ha hecho la distinción semántica entre "diálogo" y "discusión". El diálogo se basa en la indagación. La discusión comprende la proposición. La confrontación y la argumentación son materia de la discusión, no del diálogo. La idea es que en la comunicación hay un momento para el diálogo y otro para la discusión. No se trata de eliminar la discusión. Pero se observa que, en general, hay un déficit de diálogo y un exceso de discusión. Muchas veces nos lanzamos a discutir sin antes obtener los beneficios del diálogo. Por ejemplo, alguien nos dice algo con lo cual, en principio, no estamos de acuerdo, e inmediatamente expresamos nuestra opinión contraria (discusión), en lugar de indagar, de preguntar por qué el otro piensa así (diálogo).

El Gráfico 3.11 esquematiza las diferencias indicadas.

Gráfico 3.11

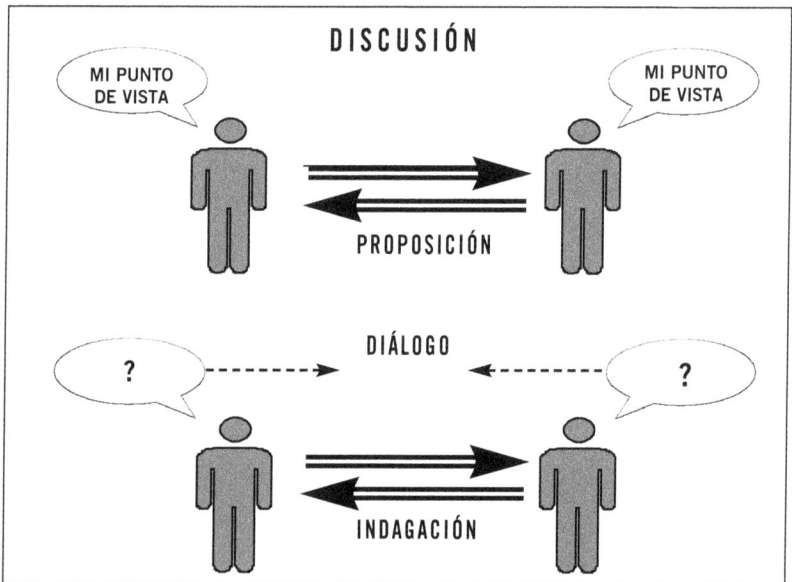

B. Conductas asertiva y receptiva

En línea con los conceptos indicados, indagación/diálogo y proposición/discusión, vale la pena traer a colación el enunciado de dos tipos de conducta: la asertiva y la receptiva. El análisis de estas conductas está muy bien hecho en el libro de Malcolm E. Shaw *El test de la gerencia* (Ediciones El Cronista Comercial, 1985), en donde el autor señala que:

- La conducta asertiva se centra en los recursos y objetivos del sujeto, sin menospreciar a los demás; consiste en dar información, expresar una necesidad o deseo y señalar consecuencias positivas o negativas.
- La conducta receptiva se centra en los recursos y objetivos de los demás, sin que ello signifique que el sujeto se desmerezca; consiste en buscar información, mostrar entendimiento y modificar la conducta propia.

El mencionado autor distingue la conducta asertiva de la agresiva; y la conducta receptiva de la no asertiva:

- La conducta agresiva se centra en los recursos y objetivos del sujeto, pero de una manera que menosprecia a los demás.
- La conducta no asertiva se centra en los objetivos y recursos de los demás, pero de una manera que desmerece al propio sujeto.

Nuestra síntesis: la conducta asertiva consiste en emitir un mensaje, excepto lo que significque indagación y excluyendo la agresión; la conducta receptiva se basa en la indagación y revela estar verdaderamente dispuesto a tomar en cuenta el mensaje del otro. **La conducta asertiva se moviliza primordialmente desde el propio marco mental**. En cambio, **la conducta receptiva apunta principalmente al marco mental del otro**.

Shaw destaca que las conductas asertivas y receptivas son *lados opuestos de la misma medalla. Son modos abiertos, interactivos, de resolver problemas. Pueden integrarse. En contraste, la conducta agresiva y la no asertiva tienden a apartar a la gente de la interacción. La conducta agresiva demuestra una preocupación por ganar, por estar más arriba. La conducta no asertiva manifiesta una necesidad de ser querido, de armonizar, de evitar la interacción o la confrontación. Así, la conducta agresiva y la no asertiva no pueden integrarse, pueden presentarse en la misma persona o pueden derivar de fuentes semejantes: inseguridad, actitud defensiva o baja autoestima. Sin embargo, la conducta agresiva se expresa sin un adecuado interés por los otros, mientras que la conducta no asertiva se traduce en una falta de adecuado interés por sí mismo.*

Si bien la conducta asertiva es distinta de la receptiva, el camino para maximizar cualquiera de las dos es dar un adecuado lugar a la otra. Si se pretende ser más y más asertivo, en algún punto es necesario ser receptivo; y viceversa, si se busca ser receptivo a ultranza, en algún momento habrá que ser asertivo.

El Gráfico 3.12 representa el modelo indicado.

Gráfico 3.12

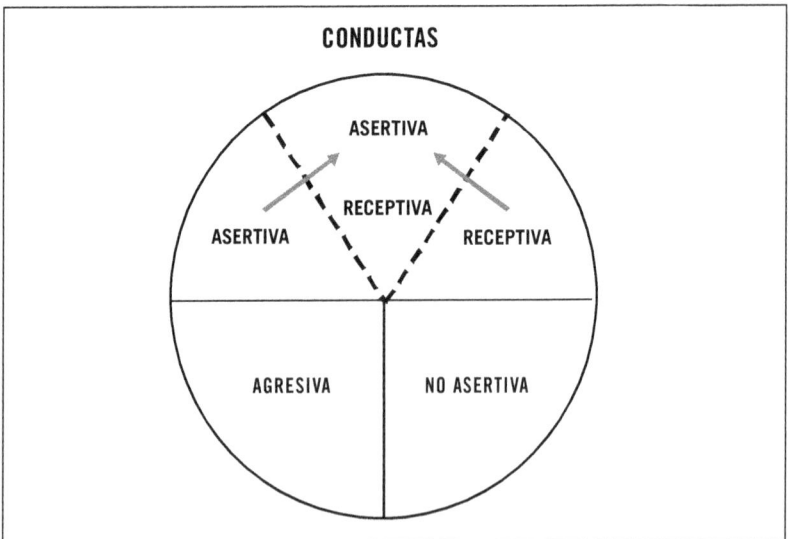

CONDUCTAS

ASERTIVA

RECEPTIVA

ASERTIVA   RECEPTIVA

AGRESIVA   NO ASERTIVA

C. Reducción de barreras defensivas

Un fenómeno que en cierta medida puede considerarse opuesto al de la confianza es el de las barreras defensivas. En materia de comunicación, se ha dado en llamar "barrera defensiva" a un comportamiento del emisor del **mensaje orientado a que el receptor no se entere o tenga una idea incompleta o equivocada acerca del marco mental del emisor**. En general, consiste en una brecha entre lo que se dice y lo que se piensa o siente, hace o dice en otro momento.

Dicha brecha suele comprender ciertos comportamientos típicos, como:

- Ocultar sentimientos, errores, pensamientos críticos u otra información.
- Generar ambigüedad, no ser específico cuando corresponde serlo, eludir una cuestión que debería encararse, entorpecer el proceso de comunicación (por ejemplo, con un chiste que desvía indebidamente la atención), etcétera.
- Hablar "en otra parte". Por ejemplo, en una reunión no plantear un desacuerdo, pero hacerlo más tarde "en el pasillo" o en otro lugar inadecuado.

En muchas ocasiones, una barrera defensiva implica que el emisor no asume su responsabilidad correspondiente. Esto puede incluir lo siguiente:

- Negar directamente la responsabilidad propia.
- Atribuir la responsabilidad o culpa a otro.
- Manifestar escepticismo. Por ejemplo, frente a una propuesta razonable de acción positiva, decir: "en esta organización es inútil intentar nada".
- Tomar los compromisos a la ligera. Más adelante, con relación a los actos del habla, haremos un comentario adicional acerca de las condiciones para asumir un compromiso.

Chris Argyris es un autor que ha tratado profundamente el tema de las barreras defensivas en varios de sus libros. Nuestra experiencia nos indica que es un fenómeno arraigado en mayor o menor grado en las organizaciones. Es muy importante el análisis de sus causas y consecuencias, y de las medidas que pueden tomarse para tratar de reducirlas. Sin embargo, tal análisis va más allá del propósito de este trabajo.

IV. ANÁLISIS DE LOS ACTOS DEL HABLA

A. Ontología del lenguaje

El lenguaje ofrece múltiples posibilidades de incomprensión o malentendidos, como cuando una de las partes no habla o no comprende debidamente el idioma utilizado, o cuando dentro de un mismo idioma gente de diversos países o regiones usan las mismas palabras con distintos sentidos, etcétera.

Pero hay un aspecto adicional y muy importante del lenguaje, que trasciende el marco de los idiomas. Se trata de un tema que se ha dado en llamar "ontología del lenguaje" y que ha sido desarrollado por ciertos autores (Fernando Flores, Rafael Echeverría, etcétera). La ontología del lenguaje analiza los "actos del habla" con independencia del idioma empleado. Además, incursiona en muchos otros aspectos que no vamos a tratar aquí. Solo pretendemos dar una idea de las posibilidades del análisis de los actos del habla en cuanto a favorecer una comunicación efectiva.

B. Clasificación primaria de los actos del habla

Para una clasificación de los actos del habla, nos parece oportuno comenzar por las tres funciones básicas o usos del lenguaje que enuncia Irving M. Copi en su *Introducción a la lógica* (Eudeba, 1984. Capítulo II): el informativo, el expresivo y el directivo. A continuación citaremos párrafos de dicha obra que ilustran cada una de de estas aplicaciones.

- *El primero de los tres usos del lenguaje es comunicar información. Por lo común esto se realiza mediante la formulación y la afirmación (o negación) de proposiciones.*
- *El discurso expresivo entonces se usa ya sea para manifestar los sentimientos del que habla o para despertar ciertos sentimientos en el auditorio.*
- *El lenguaje cumple una función directiva cuando se lo usa con el propósito de originar (o impedir) una acción manifiesta.*

Respecto del tercer uso, Copi aclara que:

Plantear una pregunta es, por lo común, pedir una respuesta, y debe clasificarse también como discurso directivo. La diferencia entre una orden y un pedido es bastante sutil, pues casi cualquier orden puede traducirse en una solicitud agregando las palabras "por favor" o mediante cambios adecuados en el tono de la voz o en la expresión facial.

Nosotros preferimos calificarlo de "proactivo" en lugar de "directivo". Según el *Diccionario de la Real Academia Española* "directivo" significa que tiene facultad o virtud de dirigir. Además, en el ámbito de las organizaciones, el concepto de comportamiento directivo se suele oponer al de comportamiento participativo. En cambio, la palabra proactivo refleja más claramente la idea general de proponer acciones específicas, ya sea de manera directiva como participativa.

Por otra parte, en nuestra opinión, cabe agregar una categoría: los actos que podemos llamar "normativos". Estos proponen o definen marcos para la acción: estados, funciones, facultades, derechos, obligaciones, reglas de acción, etcétera. Por ejemplo, el dictado de una ley, la sentencia de un juez, la asignación de una persona a un puesto dentro de la estructura organizativa de una empresa, etcétera. Fernando Flores, en su libro *Inventando la empresa del siglo XXI* (Granica, 1997) denomina "declarativos" a los actos de este tipo.

En base a lo antedicho podemos distinguir cuatro clases de actos del habla: los informativos, los expresivos, los proactivos y los normativos. A continuación haremos ciertos comentarios adicionales acerca de los actos informativos y de los proactivos.

C. Actos del habla informativos

Dentro de estos actos, corresponde distinguir las proposiciones fácticas de los juicios de valor. Herbert A. Simon, en su clásica obra *El comportamiento administrativo* (Aguilar, 1984) hace una distinción entre las proposiciones fácticas o de hecho y las proposiciones éticas.

- *Las proposiciones fácticas son afirmaciones acerca del mundo que podemos ver y su manera de operar. En principio, las proposiciones de hecho pueden ponerse a prueba para determinar si son verdaderas o falsas, si realmente ocurre lo que ellas afirman acerca del mundo o si no ocurre.*
- *Las proposiciones éticas versan sobre el "debería ser" y, en sentido estricto, no son verdaderas ni falsas, ni correctas o incorrectas.*

Es de señalar que la segunda categoría, distinta de las proposiciones fácticas, incluye juicios de valor que van más allá de las proposiciones éticas; por ejemplo, una opinión acerca de la estética de algo. Es probable que Simon se haya limitado a diferenciar solo las proposiciones éticas de las fácticas, porque esa era la cuestión que más le interesaba.

Respecto de las proposiciones fácticas, Simon aclara:

Las proposiciones fácticas incluyen no solo información indudable acerca de hechos ocurridos, sino también estimaciones o juicios acerca de hechos ocurridos en carácter dudoso o de hechos por ocurrir.

Esto nos lleva a la siguiente reclasificación:

- "Observaciones", que son proposiciones fácticas de tipo "indudable".
- "Opiniones", ya sea sobre "hechos ocurridos de carácter dudoso o de hechos por ocurrir" como juicios de valor (ético, estético, etcétera).

En línea con lo antedicho, Fredy Kofman, en el Tomo II de *Metamanagement* (Granica, 2001) dice:

- *Las observaciones, por ejemplo "Vicente tiene 37 años", son afirmaciones fácticas acerca de una realidad externa que los interlocutores pueden observar. Se las considera objetivas, aunque más correctamente deberíamos decir "inter-subjetivas", dado que no dependen de la persona específica que las enuncia. Son verdades (o falsedades) que se revelan obvias en forma inmediata y pueden ser verificadas por cualquier "testigo".*
- *Las opiniones, por ejemplo "Vicente es joven", son afirmaciones acerca de la experiencia interna (ideas, emociones, sensaciones, gustos) de quien las expresa. Se las considera subjetivas, ya que pueden no ser compartidas por otros observadores. Dos interlocutores pueden aceptar sin problemas que Vicente tiene 37 años y estar en total desacuerdo sobre si es joven o no para el puesto de vicepresidente de finanzas. Las discusiones improductivas comienzan cuando los interlocutores intentan argumentar sobre la juventud de Vicente como si estuvieran discutiendo acerca de su edad.*

Notamos que Kofman incluye dentro de las opiniones los actos del habla expresivos, que nosotros preferimos ubicar en una categoría separada.

Rafael Echeverría (en *Ontología del lenguaje*, citado en la sección II.E) hace una distinción similar, pero empleando otra terminología:

- *Las afirmaciones son aquellos actos lingüísticos en los que describimos la manera como observamos las cosas. El lenguaje de las afirmaciones es un lenguaje que se somete a un mundo ya existente.*

En este caso, el mundo dirige y la palabra lo sigue. El lenguaje de las afirmaciones es el lenguaje que utilizamos para hablar acerca de lo que sucede: es el lenguaje de los fenómenos o de los hechos. Como sabemos, las afirmaciones pueden ser verdaderas o falsas. Las afirmaciones son, por lo tanto, aquellos actos lingüísticos mediante los cuales nos comprometemos a proporcionar evidencia de lo que estamos diciendo, si ésta se nos solicita.

- *Los juicios – Aquí el compromiso del orador no es proporcionar evidencia. La formulación de este tipo de enunciados no implica que cualquiera que hubiese estado allí en ese momento coincida necesariamente con nosotros. Aquí aceptamos que se puede discrepar de lo que estamos diciendo.*

Cabe señalar que una opinión puede ser tomada como una observación en el caso de que exista un acuerdo entre las partes que así lo justifique. Por ejemplo, decir que "Juan mide 1,81m" sería una observación, en tanto que decir "Juan es alto" sería una opinión; sin embargo, si se ha establecido el estándar de que una persona que mide más de 1,80 m se considera alta, entonces la afirmación de que "Juan es alto" se convierte en una observación.

D. Actos del habla proactivos

Los actos del habla proactivos comprenden:

- La promesa (de acción propia). En principio, genera compromiso (de lo contrario, sería una oferta).
- La oferta (de acción propia o de ambos). Incluye el planteo de posibilidades o cuestiones para su consideración.
- El pedido o petición (de acción del otro). Comprende la pregunta, la orden, etcétera.
- La reacción frente a la oferta o pedido. Puede o no generar compromiso.

Dentro de lo que denominamos actos del habla proactivos, Fernando Flores (en la obra citada) hace la distinción entre:

- Actos "directivos" – La característica distintiva de los actos directivos es que son intentos del hablante para conseguir que el auditor realice alguna acción futura.
- Actos "comisivos" – Searle (otro autor citado por Flores) usa el término "comisivo" para designar aquella clase de acto ilocucionario en que el hablante se compromete a la ejecución de una acción futura.

Dado un proceso de comunicación actual, es interesante distinguir si el acto proactivo se refiere:

- A una acción que habrá de ser parte del mismo proceso; por ejemplo, un pedido de información a ser respondido en el momento o una moción de orden.
- A una acción ulterior al proceso de comunicación actual; por ejemplo, la oferta o el pedido de realizar una tarea en un futuro próximo o la toma de una decisión que implica un compromiso de llevar a cabo oportunamente la decisión. Tal acción ulterior podría consistir en un acto comunicacional posterior a la comunicación actual.

E. Los seis sombreros para pensar, de Edward De Bono

En *Seis sombreros para pensar* (Granica, 1988) Edward De Bono distingue seis tipos de pensamiento y propone asignar un sombrero de distinto color a cada uno, de manera que la asignación ayude a ordenarlos y facilite la comunicación entre las personas. En los siguientes párrafos hacemos un resumen basado en el libro citado, tratando de ser fieles a sus conceptos.

1. El sombrero blanco se asocia con una computadora que da hechos y cifras. La persona se pone el sombrero blanco para buscar, obtener o dar información. El blanco (ausencia de color) indica neutralidad.

2. El sombrero rojo permite que una persona exprese sus emociones y sentimientos, prescindiendo de su justificación o de su fundamento lógico. Esto incluye presentimientos, intuiciones, sensaciones, preferencias, sentimientos estéticos y otros tipos de manifestaciones no necesariamente justificables de manera racional.

3. El sombrero negro se ocupa específicamente del juicio negativo. Señala que algo es incorrecto o erróneo, que no se acomoda a la experiencia o al conocimiento aceptado, que no va a funcionar, que entraña riesgos y peligros, que traerá malas consecuencias, etcétera, y explica las razones de ello. También el pensamiento de sombrero negro puede hacer preguntas negativas.

4. El sombrero amarillo corresponde a la evaluación positiva o constructiva; va desde el aspecto lógico y práctico hasta los sueños, visiones y esperanzas. Indaga y explora en busca de valor y beneficio. Trata de aprovechar las oportunidades. El color amarillo simboliza el brillo del sol, la luminosidad y el optimismo.

5. El sombrero verde es para el pensamiento creativo. Implica la búsqueda de alternativas. Responde a la necesidad de ir más allá de lo conocido, lo obvio y lo satisfactorio. En el pensamiento de sombrero verde, el lenguaje del movimiento reemplaza al del juicio. El pensador procura avanzar desde una idea para alcanzar otra nueva. Y todo ello, sin necesidad de dar razones. El color verde es símbolo de la fertilidad, el crecimiento y el valor de las semillas.

6. El sombrero azul es el sombrero del control. El pensamiento de sombrero azul organiza el pensamiento mismo. Es quien propone o llama al uso de los otros sentidos. Es responsable de la síntesis, la visión global y las conclusiones. Supervisa el pensamiento y asegura el respeto de las reglas de juego.

Esta clasificación de tipos de pensamiento y de su identificación con los respectivos sombreros de color ofrece varias ventajas significativas:

1. Ordena el pensamiento.
2. Brinda una visión integral del pensamiento tendiente a evitar que los procesos se circunscriban o concentren demasiado en cierto tipo de pensamiento. Por ejemplo, en el juicio negativo, a expensas de la creatividad o del juicio positivo.
3. Mejora la comunicación. Esto se logra a través de la siguiente convención. Cualquier persona puede indicar qué sombrero está usando en ese momento, para facilitar la comprensión de los demás y evitar discusiones improcedentes. Por ejemplo, si alguien dice "me pongo el sombrero rojo y digo que…", en principio, los demás ya están advertidos como para darle a la declaración el alcance que se merece y no embarcarse en argumentaciones lógicas. Asimismo, cualquier persona puede pedirle a otra que se ponga un sombrero determinado. Esto puede relacionarse con la ventaja indicada en el ítem 2, pues la invocación de un sombrero puede ser un buen recurso para modificar una tendencia perniciosa. Por ejemplo, decir algo así como "Has estado demasiado tiempo empleando el sombrero negro, ¿por qué no utilizas un poco el sombrero amarillo?".

En sustancia, la propuesta de De Bono tiene bastante en común con la clasificación de los actos del habla referida más arriba. El cuadro siguiente trata de ilustrar esta relación.

Los seis sombreros de De Bono	Actos del habla
Blanco Dar información	Informativo – Observación
Pedir o buscar información	Proactivo – Pedido (de una acción del otro) u oferta (de una acción de ambos)
Rojo (expresión de emociones y sentimientos)	Expresivo
Negro (juicio negativo) **Amarillo** (juicio positivo)	Informativo – Opinión
Verde (propuesta de una idea/ alternativa)	Proactivo – Oferta (de considerar la idea)
Azul (propuesta acerca del manejo del proceso)	Proactivo – Oferta (de cumplir con la propuesta)

F. Aplicación del análisis de los actos del habla

El análisis acerca de los actos del habla sirve de base para **favorecer el acercamiento del significado entre emisor y receptor** y también para orientar la conversación a una acción ulterior eficaz. No pretendemos profundizar aquí en el tema. Solo planteamos algunas situaciones que pueden ilustrar la aplicación indicada.

- Debería quedar bien claro si el emisor está haciendo una observación o si, en cambio, está emitiendo una opinión; en función de esta distinción, recurrirá a los respectivos fundamentos. Por ejemplo, no corresponde emitir un juicio de valor como si se tratase de algo verdadero o falso. Es bastante común que la gente mezcle o confunda ambos tipos de actos del habla, y que genere así conversaciones ineficientes, malentendidos, etcétera.

- En determinadas circunstancias, es positivo que una persona exprese sus sentimientos. Pero ello es a título de brindar información al receptor, para que este la tome en cuenta. *Per se*, no es para generar una discusión como si se tratase de una opinión.

- Si se hace un pedido, corresponde expresarlo concretamente como tal. Por ejemplo, decir "Por favor, ¿puede entregarme el informe X mañana a primera hora?" en lugar de "Me gustaría que tratemos de ser más rápidos en el suministro de los informes".

- Si se asume un compromiso, deben darse ciertas condiciones específicas (intención de cumplir y otras) y luego honrarse el compromiso, salvo casos de fuerza mayor. En las organizaciones es común que una persona dé a entender que asume un compromiso, pero desde el comienzo piensa que habrá que cumplirlo o no, según su conveniencia, conforme se desenvuelvan los acontecimientos posteriores. Por ejemplo, prometer una tarea (compromiso explícito) siempre y cuando no aparezca algo más urgente o importante para él (condición no explícita), o bien acordar una cita para después cancelarla si surge algo más interesante.

En sustancia, el análisis de los actos del habla se preocupa por la **coherencia entre el marco mental del emisor y su mensaje**, para acercar los significados del emisor y del receptor y así favorecer la acción positiva.

V. RESUMEN FINAL

En este capítulo hemos partido de la base de que los factores personales del comportamiento (condiciones circunstanciales y características personales) configuran el marco mental de quienes intervienen en el proceso de comunicación; que este marco afecta poderosamente el significado que cada uno le da al mensaje; y que el significado es determinante de la acción ulterior, la cual atañe a la eficacia de la comunicación.

Como complemento, hemos hecho referencia a ciertas conductas que favorecen la comunicación efectiva:

- El equilibrio entre diálogo y discusión, entre indagación y proposición.
- En línea con dicho equilibrio, el empleo adecuado de conductas asertiva y receptiva.
- La reducción de las barreras defensivas.

Por último, hemos tratado el análisis de los actos del habla, que apunta a la coherencia entre el marco mental y su mensaje, para acercar los significados del emisor y del receptor y así favorecer la acción positiva

APÉNDICE 3.1
INFLUENCIA DEL MARCO MENTAL DEL RECEPTOR EN EL SIGNIFICADO DEL MENSAJE
EJEMPLOS DE REACCIONES DEL RECEPTOR

N° de orden	Relación del emisor con el receptor	Mensaje	Elemento del marco mental del receptor	Características del receptor que provocan reacción	
				Favorable	Desfavorable
1	Función de staff - Recursos Humanos	Si pretendemos alinear las recompensas con las metas, deberíamos sustituir una parte de la remuneración fija por remuneración variable.	Interés.	Oportunidad de incrementar la remuneración en base al esfuerzo personal.	Mantener una remuneración actual alta.
2	Jefe	He decidido que te hagas cargo del proyecto X. Soy consciente de que corresponde a un campo del conocimiento que no es tu especialidad. Sin embargo, pienso que es una buena oportunidad para tu carrera, dadas las limitaciones de tu posición actual.	Estado de ánimo.	Entusiasmo.	Miedo.
3	Cliente	Sé que es muy complicado para ustedes, pero necesito que el producto me lo entreguen lo antes posible.	Rol.	Ventas.	Producción.
4	Jefe	Este año tu desempeño ha sido muy bueno. Si continúas así, es muy probable que el año que viene seas promovido.	Expectativa.	Esperaba ser promovido el año próximo.	Esperaba ser promovido este año.
5	Función de staff - Marketing	Creo que deberías liderar la apertura de una subsidiaria en el país X.	Información disponible.	Conocimiento profundo de la situación del cual se infieren condiciones muy promisorias y una gran oportunidad personal.	Ignorancia acerca de la situación del país, de la cual se infiere un riesgo peligroso en la carrera personal.

173

N° de orden	Relación del emisor con el receptor	Mensaje	Elemento del marco mental del receptor	Características del receptor que provocan reacción	
				Favorable	Desfavorable
6	Cliente	Quisiera que me acompañes en esta gira por todas nuestras subsidiarias de Asia. Será un viaje largo y agotador, pero sumamente interesante.	Condiciones físicas.	Buena disposición física para viajar en avión.	Mala disposición física para viajar en avión.
7	Jefe	Necesitamos que alguien se haga cargo de tu sector. A partir de mañana pasarás a ser su encargado (con esto el receptor se convertirá en jefe de sus pares, que vienen siendo compañeros de trabajo desde hace muchos años).	Motivo (elemento de la personalidad).	Poder.	Afiliación.
8	Subalterno	(Primero golpea la puerta de la oficina, seguidamente la abre y pide permiso para interrumpir.) Quisiera que habláramos acerca de un problema que me acaba de aparecer.	Rasgo (elemento de la personalidad).	Extravertido.	Introvertido.
9	Compañero de trabajo	Me parece que al jefe no le gustó cómo encaraste el problema en la reunión.	Autoconcepto (elemento de la personalidad)	Seguridad en sí mismo.	Baja autoestima.
10	Profesor	Para decidir si usted merece aprobar el curso deberá prepararme un riguroso análisis comparativo de las propuestas específicas de estos dos autores.	Capacidad intelectual.	Alta capacidad analítica. Baja capacidad creativa.	Alta capacidad creativa. Baja capacidad analítica.
11	Par (en la organización)	María y Luis se llevan muy mal, lo cual está perjudicando seriamente el trabajo en equipo dentro de nuestro grupo. Usted, que tiene más confianza con ellos, debería mediar para tratar de que superen su conflicto.	Inteligencia emocional.	Capacidad para manejar el conflicto.	Dificultad para manejar el conflicto.

N° de orden	Relación del emisor con el receptor	Mensaje	Elemento del marco mental del receptor	Características del receptor que provocan reacción	
				Favorable	**Desfavorable**
12	Conocido	(En una charla informal durante un almuerzo.) En los países superpoblados es indispensable un fuerte control de la natalidad.	Valor.	Defensor del control de la natalidad.	Por razones religiosas, rechaza el control de la natalidad.
13	Función de staff - Recursos Humanos	Para cubrir la vacante y responder a tus necesidades creo que será conveniente tomar a un joven profesional egresado de una universidad de primerísimo nivel.	Creencia.	Creo que tal tipo de universidades provee los mejores candidatos.	No me gustan los egresados de universidades de elite. Son demasiado teóricos y presuntuosos.
14	Jefe del jefe	Necesitamos que te hagas cargo de la gerencia general de la subsidiaria en el país X, en lugar de postularte como director de Tecnología (función de staff) para toda la región (que comprende varios países).	Vocación/Ancla de carrera.	Gerencia general.	Técnica.
15	Consultor	La clave de este negocio es reducir los costos al máximo.	Conocimiento / Profesión.	Contador.	Psicólogo.
16	Jefe	Fulano es un cliente potencial muy promisorio. Si bien no corresponde a su área de responsabilidad, le pido que se haga cargo de la promoción correspondiente, porque él me ha manifestado gran simpatía por usted.	Habilidades.	Capacidad promocional.	Dificultad para ejercer actividades promocionales.
17	Proveedor	Quédese tranquilo, que cumpliré con el pedido en la fecha prometida.	Supuesto acerca del emisor (basado en experiencia previa).	Es un proveedor cumplidor.	Es un proveedor incumplidor.

ANEXO 3.1

BIBLIOGRAFÍA

Libros citados en el capítulo

Copi, Irving M.: *Introducción a la lógica*. Eudeba, 1984.
De Bono, Edward: *Seis sombreros para pensar*. Granica, 1988.
Echeverría, Rafael: *Ontología del lenguaje*. Granica, 1997.
Flores, Fernando: *Inventando la empresa del siglo XXI*. Granica, 1997.
Kofman, Fredy: *Metamanagement*. Granica, 2003.
Rodríguez M., Darío: *Gestión organizacional*. Alfaomega, 2006, 4ª edición.
Senge, Peter: *La quinta disciplina*. Granica, 1993.
Shaw, Malcolm E.: *El test de la gerencia*. El Cronista Comercial, 1985.
Simon, Herbert A.: *El comportamiento administrativo*. Aguilar, 1984.
Walk, Leonardo: *Coaching. El arte de soplar brasas*. Gran Aldea, 2003.
Watzlawick, Paul; Beavin Bavelas, Janet, y Jackson, Don D.: *Teoría de la comunicación humana*. Herder, 2002. 12ª edición.

Otras obras

Argyris, Chris: *La asesoría deficiente y la trampa en que caen los administradores*. Oxford, 2001.
Stone, Douglas, y Patton, Bruce (miembros del Proyecto de Negociación de la Universidad de Harvard): *Conversaciones difíciles*. Norma, 1999.

ANEXO 3.2

REFERENCIAS DE INSTRUMENTOS

Comunicación

El instrumento *Social Interaction Test* es un dispositivo diseñado por Barbara Gershenson y Randall Morrison para evaluar un amplio rango de habilidades comunicativas.

Es provisto por PubMed en www.pubmed.gov.

CAPÍTULO 4

LAS COMPETENCIAS

I. INTRODUCCIÓN

A. Concepto de competencias

Definimos la competencia como una característica personal que está causalmente relacionada con un desempeño exitoso en un puesto de trabajo. Esta definición está basada en la opinión de otros autores. En la sección siguiente trataremos de fundamentar nuestra elección. En un sentido amplio, la palabra "capacidad" podría emplearse como sinónimo de "competencia". El *Diccionario de la Real Academia Española*, en su segunda acepción, establece: *capacidad, aptitud, talento, cualidad que dispone alguien para el buen ejercicio de algo.*

Cuando se habla de competencias, este concepto puede emplearse en dos sentidos distintos:

- Referirse a las competencias que posee una persona o un grupo de personas.
- Identificar las competencias requeridas por determinada función o tarea.

El primero es gatillado por una persona real, esté o no ejerciendo el puesto adecuado a sus competencias. El segundo es disparado por el puesto y apunta a una persona hipotética o ideal, conveniente para el puesto, que puede o no estar disponible.

Por otra parte, el tema de las competencias comprende tres aspectos:

1. El marco conceptual general.
2. El desarrollo de un modelo de competencias para una organización en particular.
3. La integración de dicho modelo con el ejercicio eficaz de las funciones de gestión de los recursos humanos: reclutamiento, capacitación y desarrollo, evaluación y recompensas, etcétera.

B. Alcance de este capítulo

En este capítulo nos limitaremos al marco conceptual general. Dejamos para trabajos posteriores el tratamiento de los otros dos temas. De todos modos, queremos destacar que, en nuestra opinión, disponer de un adecuado marco conceptual ayuda significativamente al desarrollo de un modelo de competencias y a su integración con las funciones de la gestión de los recursos humanos.

En la sección II profundizaremos la relación entre las características personales y las competencias, distinguiremos tipos de competencias y analizaremos o comentaremos cada tipo.

En la sección III nos referiremos al talento de las personas y a su relación con las competencias.

II. NATURALEZA Y TIPOS DE COMPETENCIAS

A. Relación entre las características personales y las competencias

El libro del Hay Group titulado *Las competencias: clave para la gestión integrada de los recursos humanos* (Deusto, 1996) cita la clásica definición de competencia de Boyatzis: *una característica subyacente en una persona que está causalmente relacionada con un desempeño exitoso en un puesto de trabajo.* A continuación aclaramos los términos de esta definición.

- "Característica subyacente" significa que la competencia es un aspecto profundo y perdurable de la persona.
- "Causalmente relacionada" significa que la competencia es causa del desempeño y que, por lo tanto, puede predecirlo en una amplia variedad de situaciones y tareas laborales.
- "Desempeño exitoso" significa cierto nivel de desempeño, medido según un criterio específico.

El concepto de competencia les debe mucho a los trabajos pioneros de David A. McClelland, que partieron de la siguiente observación: los clásicos tests de conocimientos y habilidades no son suficientes para predecir el desempeño en el trabajo o el éxito en la vida. En dicho libro del Hay Group, se comenta lo que sigue.

> *Estos descubrimientos condujeron a McClelland a identificar los principios con que llevar a cabo la investigación para descubrir unas variables que sirviesen para predecir la actuación en el trabajo, y que no estuviesen sesgadas (o que estuviesen menos sesgadas) por factores de raza, sexo o socioeconómicos. Los más importantes de estos principios eran:*
> 1. *Utilización de muestras representativas: comparar a personas que han triunfado claramente en su trabajo o en aspectos interesantes de la vida con otras personas que no han tenido éxito, a fin de identificar aquellas características personales asociadas con el éxito.*

2. *Identificar las ideas y conductas operativas causalmente relacionadas con estos resultados favorables. Esto es, la medición de las "competencias" debe entrañar situaciones "abiertas", en las que el individuo debe generar una conducta; a diferencia de las medidas de tipo "respuesta", tales como el autoinforme o el test de opciones múltiples, en el que se debe elegir de entre las varias respuestas alternativas para una situación detalladamente estructurada. En la vida real y en el trabajo, rara vez se presentan esas condiciones de test. Normalmente, el mejor medio de predicción de lo que una persona puede y quiere hacer será lo que esa persona piense y haga espontáneamente en una situación no estructurada, o lo que haya hecho en situaciones similares del pasado.*

McClelland identificó los siguientes componentes de las características subyacentes:

- Los motivos (*motives*), los rasgos (*traits*) y el autoconcepto (*selfconcept*), que integran la personalidad.
- Los conocimientos (*knowledge*) y las habilidades (*skills*).

Dichos elementos pueden verse como parte de un iceberg, donde:

- Los conocimientos y las habilidades son competencias más visibles, que aparecen en la superficie.
- Los motivos, los rasgos y el autoconcepto están en la base oculta.

Los conocimientos y las habilidades son más fáciles de evaluar y de desarrollar (en general, a través de la capacitación). A medida que se baja al fondo del iceberg son más difíciles tanto el diagnóstico como el cambio personal (que puede requerir intervenciones como la psicoterapia). Pero, paradójicamente, en general las competencias más profundas, una vez detectadas, permiten predecir comportamientos futuros mejor que las competencias más visibles.

Esto tiene implicancias estratégicas para la gestión de los recursos humanos; por ejemplo, en el reclutamiento habría que apuntar más bien a la parte baja del iceberg y en la capacitación, a la parte alta.

Los párrafos precedentes basados en McClelland nos merecen los comentarios siguientes.

1. En la definición de las competencias preferimos hablar en general de "características personales", en lugar de limitarnos a lo "subyacente". Justamente, la propia distinción que hace McClelland con la metáfora del iceberg nos hace pensar que la palabra "subyacente" evoca la parte baja del iceberg, que comprende la personalidad, pero no nos parece representativa para la parte alta, o sea los conocimientos y las habilidades. Sobre esta base presentamos el Gráfico 4.2.

Gráfico 4.2

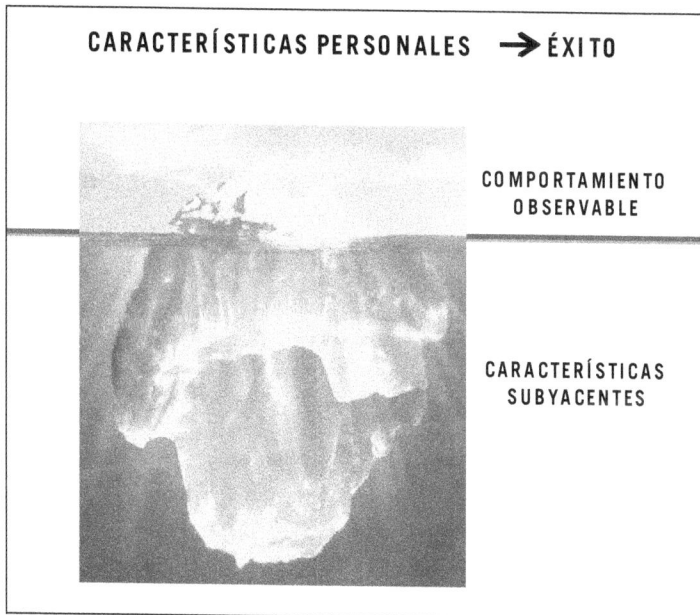

CARACTERÍSTICAS PERSONALES →ÉXITO

COMPORTAMIENTO OBSERVABLE

CARACTERÍSTICAS SUBYACENTES

2. En el Capítulo 2 analizamos las características personales. Como recordatorio, a continuación repetimos
el Gráfico 2.2 de dicho capítulo, aquí numerado 4.3.

Gráfico 4.3

"VENTANAS" DE LAS CARACTERÍSTICAS PERSONALES

CONOCIMIENTO — HABILIDADES ESPECÍFICAS

VALORES Y CREENCIAS — VOCACIÓN

CONDICIONES FÍSICAS — PERSONALIDAD — INTELIGENCIA

3. Si se compara este Gráfico 4.3 con lo establecido por
McClelland, vemos que este no plantea por separado los siguientes elementos incluidos en el gráfico:

- Los valores y creencias.
- La vocación.
- Las condiciones físicas.
- La inteligencia.

En nuestra opinión, es preferible distinguir estas categorías de características personales. Para ilustrar el tema,
en el Apéndice 4.1 citamos a Edward Lawler, un autor que
consideramos muy enriquecedor.

De todos modos, a pesar de las diferencias señaladas con relación a las categorías de competencias, es válido resumir lo siguiente. Las competencias son causa del comportamiento (junto con el contexto y la motivación). El comportamiento, a su vez, afecta los resultados. Es decir, la relación de causa-efecto va de competencias a resultados. Y dentro de las competencias, las más profundas afectan a las más observables, con lo cual tenemos:

Competencias → Competencias → Comportamiento → Resultado
más profundas   más observables

Sin embargo, la investigación de las competencias debe seguir el camino inverso: arranca del comportamiento deseable y sus resultados para adentrarse en el "iceberg" de las competencias, yendo de las más visibles a las más profundas. Entonces tenemos:

Competencias ← Competencias ← Comportamiento ← Resultado
más profundas   más observables

El Gráfico 4.4 sintetiza los párrafos precedentes.

Gráfico 4.4

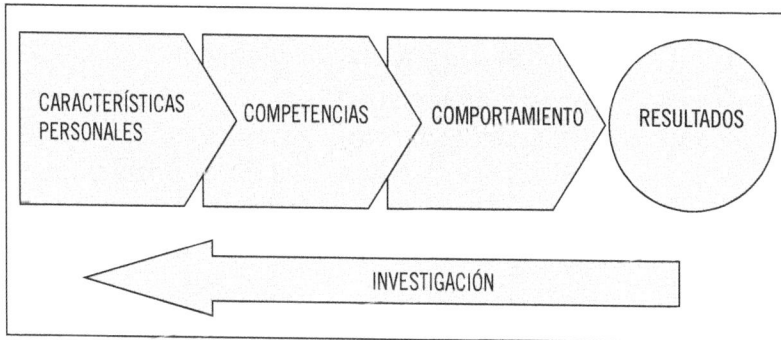

De una manera u otra, queda así marcado el campo de las características personales que dan lugar a las competencias. Ahora nos gustaría hacer algunos comentarios adicionales acerca de ellas.

B. Tipos de competencias

Según su vinculación con un área funcional específica de la organización, las competencias pueden agruparse en dos grandes categorías:

- Las competencias funcionales, que consisten en los conocimientos y las habilidades inherentes a la especialidad en un área funcional, aunque su desarrollo o su ejercicio demanden importantes características subyacentes. Conforme se indica en el Modelo de análisis organizacional incluido en el Apéndice general, las áreas funcionales corresponden a los procesos que incluimos dentro de la operación –finanzas, investigación y desarrollo, abastecimiento, producción y comercialización– pero se extienden a las funciones denominadas de apoyo (a la operación): gestión de los recursos humanos, funciones generales (coordinación, asistencia, etcétera) de planeamiento y control, contabilidad, sistemas de información, auditoría, etcétera.
- Las competencias que podemos llamar "compartidas", que comprenden aspectos de comportamiento comunes a distintas áreas funcionales. Aquí el foco está en habilidades o actitudes generales identificables directamente con ciertas características subyacentes (como, por ejemplo, comunicación y trabajo en equipo, que forman parte de la inteligencia emocional) o bien con el ejercicio de un rol gerencial (como planeamiento estratégico o planeamiento y control de gestión). En algunas oportunidades hemos agrupado estas competencias bajo el título convencional de "management

y comportamiento humano". Otros autores las denominan "competencias conductuales".

Tanto las competencias funcionales como las compartidas pueden clasificarse en gerenciales y no gerenciales.

Por otra parte, en una organización existen dos niveles de competencias requeridas:

- Las "genéricas", que, al menos tentativamente, son aplicables a todos los miembros de la organización.
- Las "específicas", que son aplicables únicamente a ciertas personas, de acuerdo con su puesto.

En principio, las competencias genéricas no habrán de ser funcionales ni gerenciales, porque en una organización las personas ejercen distintas funciones y porque no todas ejercen un rol gerencial.

Lo antedicho se resume en el Gráfico 4.5.

Gráfico 4.5

COMPETENCIAS		
	FUNCIONALES	COMPARTIDAS
GERENCIALES	ESPECÍFICAS	ESPECÍFICAS
NO GERENCIALES	ESPECÍFICAS	GENÉRICAS

C. Competencias genéricas

Para el desarrollo de este tema hemos hecho un análisis comparativo de diversos libros sobre la materia, que figuran en el Apéndice 4.2. A medida que avanzamos en dicho análisis, fuimos agrupando las competencias en grandes categorías, para dar lugar finalmente a la siguiente clasificación primaria de competencias requeridas:

- Cognitivas.
- Personales – Internas.
- Personales – Externas.
- Interpersonales.
- Éticas.
- Laborales.
- Abarcativas.

Dichas categorías constituyen *clusters*, o sea, grupos de competencias que entre ellas tienen cierta proximidad en torno a un concepto central; los límites entre los *clusters* presentan zonas grises o de solape.

Para construir la clasificación tomamos en cuenta la relación entre las competencias analizadas y las ventanas de características personales presentadas en el Capítulo 2 y traídas a colación aquí, en el Gráfico 4.3. De esta manera llegamos a que cada una de las categorías indicadas se vincula **principalmente** con ciertas características personales, como se resume en el cuadro siguiente.

Categorías de competencias	Ventanas de características personales
Cognitivas	Capacidad intelectual o inteligencia cognitiva
Personales e interpersonales	Inteligencia emocional y personalidad
Éticas	Valores y creencias
Laborales	Vocación y conocimiento
Abarcativas	Varias

Dentro de las competencias **cognitivas** ubicamos en primer término la capacidad de análisis y la creatividad. Algunos enunciados de competencias incluyen la innovación como sinónimo de creatividad o como parte del conjunto creatividad/innovación. Nosotros pensamos que creatividad pertenece plenamente al campo cognitivo, pero que innovación trasciende dicho campo. Más adelante, cuando tratemos lo que denominamos competencias abarcativas, volveremos sobre la innovación. En los libros referidos figuran otras competencias cognitivas, que resaltan alternativamente ciertas capacidades inherentes a distintos aspectos del proceso cognitivo: conceptual, de enfoque sistémico, de percepción, de razonamiento, de juicio crítico o criterio, de síntesis, de gestión de la información, etcétera.

En cuanto a las competencias **personales**, nos ha parecido acertada la distinción que hacen Cardona y García-Lombardía entre internas y externas:

- *Las competencias personales internas se centran en aquellos aspectos más íntimos de la persona.* Agregamos: se refieren más bien a la vinculación de la persona consigo misma.
- *Las competencias personales externas recogen aspectos relacionados con la respuesta personal a estímulos externos.*

Dichas competencias internas y externas tienen cierto correlato con las dos categorías de competencias personales que establece Daniel Goleman: conciencia de uno mismo y autogestión, respectivamente (Gráfico 2.3 del Capítulo 2). Sin embargo, nos inclinamos por ubicar el autocontrol dentro de las personales internas, en tanto que Goleman lo incluye dentro de la autogestión, en línea con este título.

En cuanto a la personalidad (Capítulo 2 – Sección III y Apéndice 2.1), observamos la siguiente vinculación:

- De las competencias personales internas con el rasgo de neuroticismo y el autoconcepto.
- De las competencias personales externas con los rasgos de abierto a la experiencia y consciente, y con la motivación por el logro.

Dentro de las competencias **personales internas** incluimos:

- Autocontrol/estabilidad (equilibrio) emocional/temple.
- Capacidad de aprendizaje/autodesarrollo.
- Confianza en sí mismo.
- Conocimiento de sí mismo.
- Tolerancia al estrés.

Dentro de las competencias **personales externas** incluimos:

- Disposición a tomar riesgos razonables.
- Equilibrio entre trabajo y vida personal.
- Flexibilidad/adaptación al cambio.
- Independencia/autonomía.
- Iniciativa/proactividad/energía/orientación a la acción.
- Motivación por el logro/ambición/afán de triunfo.
- Optimismo/enfoque positivo.
- Responsabilidad/disciplina.
- Tenacidad/perseverancia.
- Otras virtudes como prudencia, tolerancia, sencillez, etcétera.

Las competencias **interpersonales**, en general, se identifican:

- Con la inteligencia emocional, en lo social (Gráfico 2.3 de Capítulo 2).

• Con la personalidad, en los rasgos de extraversión y afabilidad y la motivación por el poder o por la afiliación (Capítulo 2 – Sección III y Apéndice 2.1).

Dentro de las competencias interpersonales incluimos:

• Comunicación.
• Desarrollo de los demás/coaching.
• Desarrollo de relaciones/networking.
• Empatía/sensibilidad/armonía.
• Gestión del conflicto.
• Influencia/persuasión/impacto.
• Negociación.
• Sociabilidad.
• Trabajo en equipo.

La competencia de comunicación se suele desglosar en diversos aspectos:

• Comunicación o expresión oral/habla.
• Comunicación o expresión escrita.
• Presentaciones eficaces.
• Escucha.
• Asertividad (Capítulo 3 – Sección III.B).
• Receptividad/apertura mental (Capítulo 3 – Sección III.B).

Preferimos asignar una categoría separada a las competencias que denominamos **éticas**. Aquí empleamos la segunda acepción del *Diccionario de la Real Academia Española* (*ético/a: recto conforme a lo moral*). Y en cuanto a esta nos basamos en la primera acepción del mismo diccionario (*moral: perteneciente o relativo a las acciones o caracteres de las personas, desde el punto de vista de la bondad o malicia*). Separamos las competencias éticas porque, en principio, cualquiera de las otras puede ser usada para bien o para mal, y la dimensión ética justamente enfoca esta alternativa. Esta separación va en línea con las opiniones de Lennick y Kiel (*Inteligencia moral*) y de Gardner, citadas en la sección V del Capítulo 2, en el sentido de que la inteligencia emocional y la moral son dos características personales distintas.

Por otra parte, cabe discutir si lo ético constituye un campo de competencias o es un requisito de otra naturaleza. Las competencias pueden requerirse en mayor o menor grado, según la situación; e incluso ameritan flexibilidad en la demanda de la organización en caso de carencias. En cambio, lo ético puede encararse como condición *sine qua non*, que no admite graduaciones ni concesiones. De todos modos, dado que los libros analizados incluyen como competencias elementos que ubicamos dentro de la ética, hemos optado por habilitar una categoría separada.

Dentro de las competencias éticas incluimos:

- Honestidad/integridad.
- Justicia/equidad.
- Transparencia/sinceridad.

Las competencias **laborales** entrañan la aplicación de las competencias indicadas precedentemente al ámbito del trabajo en la organización. Dentro de ellas consideramos:

- Adhesión a las normas.
- Administración del trabajo (planeamiento, organización y control).
- Búsqueda de la excelencia/calidad.
- Conocimiento del negocio.
- Conocimiento y aprovechamiento de la organización.
- Motivación/compromiso con la organización.
- Orientación a resultados.
- Orientación/servicio al cliente.

- Productividad/eficiencia/gestión de los recursos.
- Seguridad/gestión del riesgo.

Existen cuatro competencias importantísimas que combinan varios aspectos de las competencias señaladas, por lo cual hemos preferido colocarlas dentro de una categoría adicional que llamamos **abarcativas**. Ellas son:

- Liderazgo.
- Innovación.
- Resolución de problemas/toma de decisiones (RP/TD).
- Administración o gestión del tiempo.

Definimos liderazgo como el proceso por el que una persona influye a otras para que se encaminen en el logro de objetivos comunes. Pero el liderazgo requiere no solo habilidad para influir (competencia interpersonal), sino también:

- Competencias cognitivas.
- Competencias personales internas, como por ejemplo la confianza en sí mismo y la estabilidad emocional.
- Competencias personales externas, como la responsabilidad y la ambición, relacionadas con la motivación por el poder.
- Otras competencias interpersonales, como la comunicación y el trabajo en equipo.
- Competencias laborales, que son fruto de admiración y, consecuentemente, factor de liderazgo.
- Otras competencias abarcativas como las capacidades de RP/TD y de innovación.

La innovación implica no solo creatividad (competencia cognitiva), sino también competencias personales externas, como disposición a tomar riesgos, flexibilidad/adaptación al cambio, iniciativa/proactividad, optimismo y tenacidad/perseverancia.

En línea con lo antedicho, en el Capítulo 6 – Sección II.G, señalamos que el liderazgo no se limita al rol humano, sino que también tiene mucho que ver con los otros roles de arquitecto, administrador, externo y operador.

La capacidad de RP/TD depende de las competencias:

- Cognitivas, en primer término.
- Personales internas, como la confianza en sí mismo.
- Personales externas, como la disposición a tomar riesgos razonables, la flexibilidad, la orientación a la acción y la autonomía.
- Interpersonales, como el desarrollo de relaciones que facilita el acceso a la información pertinente.
- Laborales, por el conocimiento de base que brindan.

Dentro de la RP/TD, cabe hacer una distinción entre la oportunidad y la calidad de la decisión.

La administración o gestión del tiempo comprende:

- El manejo de las prioridades, la delegación y el equilibrio entre tiempo controlado y tiempo de respuesta, que se relacionan especialmente con las competencias personales.
- La eficiencia en las relaciones interpersonales, como la buena comunicación y la productividad de las reuniones.
- La eficiencia en la RP/TD.
- La gestión de los recursos propios, incluyendo el manejo de la información (competencias laborales).

D. Competencias genéricas más requeridas

Hace pocos años, realizamos una investigación con el propósito de conocer cuáles eran las competencias genéricas más requeridas por las organizaciones. Matías Tailhade, en aquel entonces compañero de trabajo, lideró el proyecto, cuyos resultados fueron incluidos en un texto elaborado por él mismo, Hugo Hirsch y yo, que fue publicado en el Apéndice II del libro *Gerencia y liderazgo* del autor de la presente obra y Edgardo Sanguineti (Macchi, 2003). Allí analizamos los modelos de competencias de 50 organizaciones de varios ramos de negocio, pero con predominancia de grandes empresas. Los resultados arrojaron unas pocas competencias comunes a la mayoría y un amplio listado adicional de competencias poco comunes al conjunto. De hecho encontramos el requerimiento de más de 100 competencias distintas. Las 10 competencias genéricas más requeridas, según concluimos, fueron las siguientes (ordenadas alfabéticamente):

- Capacidad para resolver problemas/toma de decisiones (RP/TD).
- Compromiso/motivación.
- Comunicación efectiva.
- Desarrollo de los demás/coaching.
- Flexibilidad/adaptación al cambio.
- Iniciativa/proactividad.
- Liderazgo.
- Orientación al cliente.
- Orientación al resultado.
- Trabajo en equipo.

Si bien no hemos hecho una actualización sistemática de dicha investigación, desde su realización hasta el día de hoy tomamos conocimiento de muchos más modelos de competencias de distintas organizaciones. Y no hemos encontrado mayores cambios en el panorama.

La concentración de competencias genéricas más requeridas que planteamos en los párrafos precedentes nos hace pensar lo siguiente. En principio, una organización no necesita hacer una gran inversión para aplicar metodología sofisticada a fin de identificar sus competencias genéricas requeridas; porque, de todos modos, habrá de llegar a un listado no muy diferente de las competencias más requeridas que surgen de la investigación. Donde sí creemos que la empresa debe enfatizar la inversión es en la implementación efectiva de las competencias, en el reclutamiento, en la capacitación y desarrollo, en la evaluación y recompensas, etcétera. Al respecto, vale citar el artículo de Maxine Dalton titulado "Tiempo perdido. Los profesionales dedican muchas horas y dinero a crear modelos de competencias. ¿Vale la pena tanto esfuerzo?", publicado en la revista *Gestión* de mayo-junio de 1998. La síntesis inicial del artículo dice que a juicio del autor *todos los modelos de gestión y liderazgo tienen componentes parecidos, razón por la cual no se justifica que una compañía asuma el enorme esfuerzo, en tiempo y dinero, de desarrollar uno específico (…).* Sugiere, por fin, que *lo más sensato es adaptar un modelo estándar, basado en la investigación.*

Dada la naturaleza de las competencias genéricas y como corolario de la investigación realizada, Matías Tailhade (el líder del proyecto de investigación) extrajo reflexiones que preferimos transcribir textualmente:

Conocer la configuración particular de las competencias es fundamental para poder administrar eficientemente los RRHH *a través de los modelos de competencias. La configuración particular de cada competencia debe:*

1. *Incidir enormemente en la selección del método de evaluación en proceso de reclutamiento (hay métodos que evalúan mejor habilidades generales, otros conocimientos, otros rasgos, otros motivos, etcétera). Debemos seleccionar el método sabiendo de antemano cuáles son los componentes más importantes para esa competencia. Por ejemplo creemos que los assesment centers son la mejor opción para identificar ciertas habilidades, los tests son más confiables para evaluar rasgos de personalidad, etcétera.*
2. *Ser una guía para el manejo adecuado de problemas de desempeño. Al notarse un problema en una competencia debemos indagar la*

raíz del problema (falta de conocimiento, de alguna habilidad, de ciertos rasgos, etcétera), empezando siempre por aquellas características personales que más determinan esa competencia.

3. *Elaborar el diseño más adecuado para las actividades de capacitación. El diseño varía si se trata de desarrollar una competencia que está configurada sobre todo por ciertas habilidades generales, aspectos de la personalidad o conocimientos, etcétera.*

E. Competencias gerenciales

Consideramos preferible diferir este tema hasta el Capítulo 6, en donde el análisis de los roles gerenciales nos servirá de base para:

- Identificar las principales competencias gerenciales (no genéricas) correspondientes a cada rol.
- Plantear cómo ciertas competencias genéricas tienden a tener mayor relevancia en función de los roles gerenciales.

Lo que sí podemos agregar aquí es que las competencias funcionales juegan también como sustento de las gerenciales. Por ejemplo, el conocimiento de una función operativa puede ser necesario para ejercer debidamente su control.

F. Competencias funcionales

En principio, cada función requiere conocimientos y habilidades distintos, aunque su desarrollo o su ejercicio demande determinadas competencias genéricas. De estas, las que parecen más aplicables a cualquier clase de función son las cognitivas básicas, las éticas y las laborales; en cambio, la exigencia de cognitivas más avanzadas, así como también de las personales e interpersonales, depende bastante del tipo de función; por ejemplo, la distinción entre un programador solitario de computación y un asistente social.

III. EL TALENTO Y SU RELACIÓN CON LAS COMPETENCIAS

A. Qué es el talento

Hemos dicho que el concepto de competencias puede emplearse en dos sentidos distintos:

- Referirse a las competencias que posee una persona o un grupo de personas.
- Identificar las competencias requeridas por determinada función o tarea.

La noción de talento es inherente al primer concepto: talento es lo que tiene una persona. A su vez, esta noción puede plantearse con un alcance amplio o restringido.

El *Diccionario de la Real Academia Española* define el talento, en su segunda acepción, como *aptitud/capacidad para el desempeño o ejercicio de una ocupación*. Claro está que la generalidad de las personas posee mayor o menor grado de capacidad para alguna ocupación, al menos. Por lo tanto, si para calificar el talento no se exige un alto nivel de capacidad, el alcance de la palabra talento resulta bastante abarcativo. Con este criterio prácticamente todos los miembros de la organización serían talentosos.

Si, en cambio, se exige una capacidad sobresaliente (o descollante o excelente u óptima, etcétera), la palabra talento adquiere un alcance restringido. Con este otro criterio solo ciertos miembros de la organización serían talentosos.

En nuestra opinión, si se pretende otorgar al tema del talento un valor diferencial, es preferible adoptar el alcance restringido. De lo contrario, poco agregaría a lo ya dicho acerca de las competencias o incluso del desarrollo de los recursos humanos.

Hecha tal aclaración, creemos oportuno traer a colación la obra de Marcus Buckingham y Curt Coffman *Primero, rompa todas las reglas* (Norma, 2000). Esta obra es el resultado de dos gigantescos estudios de investigación realizados por la Organización Gallup durante el transcurso de los últimos veinticinco años. El primer estudio se basó en una pregunta dirigida a los empleados (más de un millón de una amplia gama de compañías, industrias y países): *¿Qué necesitan de su sitio de trabajo los empleados más talentosos?* El segundo estudio, disparado por los resultados del primero, giró en torno a la pregunta lanzada a una gran variedad de gerentes, desde los más sobresalientes a los más corrientes: *¿Qué hacen los mejores gerentes del mundo para atraer, prestar atención y retener a los empleados talentosos?*

Dicha obra comienza por definir el talento de una manera un tanto abstracta, como *un patrón recurrente de pensamiento, sentimiento o comportamiento que puede aplicarse de manera productiva.* Y luego agrega: *(...) en toda función, por simple que parezca, hay un rango. Si bien la experiencia, la inteligencia y la voluntad inciden notablemente en el desempeño, solamente la presencia de los talentos indicados –patrones recurrentes de comportamiento que concuerdan con la función– pueden explicar dicho rango de desempeño. Solamente la presencia de los talentos pueden explicar por qué, siendo iguales todos los demás factores, algunas personas sobresalen en su función mientras que otras tienen dificultades.*

Además, distingue el talento de las destrezas y el conocimiento. *El conocimiento es sencillamente aquello de lo cual la persona tiene conciencia. Las destrezas son el cómo de una función. Son las capacidades que una persona le puede transmitir a otra.* El conocimiento y las destrezas se pueden enseñar, pero el talento no.

Según la obra citada, existen tres categorías básicas de talentos*:

- *Los talentos impulsores explican el porqué de una persona. Explican por qué se levanta todos los días, por qué se siente motivada a esforzarse un poco más.*
- *Los talentos mentales explican el cómo de una persona. Explican cómo piensa, cómo sopesa las alternativas, cómo toma sus decisiones.*
- *Los talentos relacionales explican el quién de una persona. Explican en quién confía, con quién establece relaciones, a quién enfrenta y ante quién se muestra indiferente.*

En *Ahora, descubra sus fortalezas* (Norma, 2001), otra obra del mismo Buckingham pero con un distinto coautor, Donald O. Clifton, se destacan dos premisas:

1. *Los talentos de cada persona son permanentes y únicos.*
2. *El mayor potencial que tiene una persona para crecer está en aquellos campos donde sus fortalezas son mayores.*

Y se define "fortaleza" como *desempeño consistentemente casi perfecto en una actividad*. Aquí está la clave de la cuestión: se pretende lo "casi perfecto". Vale decir, que se aplica el sentido restringido planteado más arriba.

En el Apéndice C de la primera obra se brinda una selección de talentos (los más frecuentes) clasificados según las categorías indicadas: impulsores, mentales y relaciona-

---

* Aquí no podemos resistir la tentación de hacer referencia a algo personal. En el libro *Management. Funciones, estilos y desarrollo* (Macchi, 1993), en el capítulo sobre "Etapas del desarrollo gerencial" señalamos cuatro tipos de aptitudes de una persona:

A. *Las "fuerzas vitales" que movilizan su comportamiento. Me refiero a su escala de valores, normas de conducta, motivaciones, preferencias, etcétera.*

B. *La capacidad intelectual, que atañe al manejo de la información.*

C. *La capacidad social, inherente a las relaciones reales con la gente.*

D. *La destreza para operar directamente con las cosas.*

Observamos una alta correlación entre las tres primeras aptitudes indicadas y las tres categorías básicas de talentos identificadas por "Buckingham y compañía", respectivamente.

les. Adicionalmente, en el Capítulo 4 de la segunda obra se describen *los treinta y cuatro temas de talento del perfil de fortalezas* (*Strengths Finder*). Ahora bien, si uno analiza cada uno de los componentes de cualquiera de los dos enunciados, puede observar una clara correlación con las competencias genéricas indicadas en la sección II.C de este capítulo. Vale decir que la diferencia esencial no reside en el listado de sus respectivos componentes específicos. Tanto los talentos como las competencias se pueden agrupar o desglosar de muchas maneras, lo cual abre la posibilidad de considerar categorías distintas. Pero esto es una cuestión de clasificación interna. La diferencia esencial radica en que los talentos:

- Se refieren a las competencias que posee una persona, y no a las requeridas por determinada función o tarea (el primero de los dos sentidos del concepto de competencias planteado al inicio de esta sección).
- Implican una fortaleza, un nivel "casi perfecto" (o sobresaliente o descollante o excelente u óptimo, etcétera) de capacidad.

Tal distinción sirve de marco para plantear una cuestión de énfasis: ¿hasta qué punto debemos pretender que cada uno de los miembros de la organización responda a todas las competencias requeridas para el puesto asignado, y hasta qué punto debemos hacer hincapié en aprovechar los talentos de las personas disponibles, a expensas de cierta condescendencia respecto de las competencias requeridas por el puesto que no constituyen una fortaleza de la persona? Repetimos: se trata de una cuestión de énfasis; de ninguna manera representa una opción en términos absolutos.

Frente a tal planteo, las obras citadas de Buckingham *et al.* ponen el acento en aprovechar los talentos, oponiéndose a una corriente que según ellos exagera el rol de las competencias requeridas. En el acápite siguiente resumiremos el punto de vista de los autores referidos.

B. Aprovechamiento del talento

En esta sección nos basaremos principalmente en la segunda obra mencionada, *Ahora, descubra sus fortalezas.* Para ello, en algunas partes insertaremos directamente la trascripción textual de ciertos párrafos ilustrativos de dicho libro.

Como hemos visto, se distingue el talento de los conocimientos y las destrezas. El talento implica una fortaleza como desempeño consistentemente casi perfecto en una actividad. Pero, a su vez, la fortaleza resulta no solo del talento, sino también del conocimiento y las destrezas. *Aunque todas estas materias primas son importantes para desarrollar las fortalezas, la más importante de las tres son los talentos. Los talentos son innatos, mientras que las destrezas y el conocimiento se pueden adquirir por medio del aprendizaje y la práctica.*

Se puede mejorar en las actividades inherentes a los talentos, pero no se puede aprender el talento. La clave es identificar los talentos para aprovecharlos al máximo, y no preocuparse demasiado por las debilidades. Este concepto afecta significativamente el reclutamiento, la asignación, la evaluación y el desarrollo de las personas. Asimismo, la capacitación debe concentrarse en lo que puede ser efectiva, especialmente en perfeccionar los conocimientos y las destrezas que fortalecen el talento.

En contraposición, *la mayoría de las organizaciones se construyen alrededor de dos premisas equivocadas respecto de las personas:*

1. *Cada persona puede aprender a ser competente prácticamente en cualquier cosa.*
2. *El mayor espacio que tiene una persona para crecer es en aquellos campos donde es más débil.*

A partir de estas dos premisas, en su gestión de los recursos humanos las organizaciones:

- Exageran la normativa (políticas, procedimientos, etcétera), incluyendo el requerimiento de competencias.
- Prestan una atención desmedida a las debilidades consecuentes según el sistema establecido, tratando de evitarlas o superarlas, en lugar de concentrarse en el aprovechamiento de las fortalezas.
- Tal atención desmedida perjudica el enfoque del reclutamiento, de la asignación, de la evaluación y del desarrollo de las personas.
- En línea con ello, gastan indebidamente en capacitación.

Buckingham *et al.* presentan una propuesta sobre cómo poner en práctica sus ideas acerca del aprovechamiento del talento.

No es nuestro propósito avanzar aquí al respecto, lo que nos llevaría a incursionar en la gestión del talento. El lector interesado puede recurrir a las obras citadas, especialmente a las partes II – "Descubra la fuente de sus fortalezas" y III – "Ponga las fortalezas en acción" de la segunda.

C. Nuestra opinión

Estamos de acuerdo con la idea de aprovechar el talento, de poner énfasis en las fortalezas, de no hacer exagerado hincapié en las debilidades, y de reconocer las limitaciones de la capacitación, lo cual implica una concepción flexible de las competencias requeridas. Sin embargo, debemos tener cuidado de no inclinar demasiado el péndulo hacia el otro lado, por las razones siguientes:

- Por un lado, la estructura organizativa debe alinearse con la estrategia y ser coherente con los demás elementos de la organización. Y los puestos de la estructura organizativa (condición inevitable) exigen determinadas competencias. Por otro lado, en la vida real no es fácil disponer de todos los talentos más apropiados para los puestos, ni es conveniente forzar demasiado el diseño de la estructura organizativa para adecuarla a los talentos disponibles.
- La problemática señalada en el párrafo precedente se complica debido a la dinámica de la estructura organizativa. Puede ocurrir que en un momento dado la organización goce de una relación ideal entre competencias requeridas y aprovechamiento de talentos. Sin embargo, puede ocurrir también que cambios necesarios en la estructura organizativa no se vean acompañados en el corto plazo por el acomodamiento correspondiente de talentos.
- Cuanto más alto sea el nivel de exigencia para caracterizar el talento (capacidad casi perfecta), menos personas calificarán como talentosas. Si, además, la gestión de los recursos humanos invierte más en los talentosos, tiende a ser desmotivador para el resto de los miembros de la organización. Y entonces es probable que el remedio resulte peor que la enfermedad.
- El riesgo indicado en el párrafo precedente se complejiza porque en muchos casos la identificación de talentos debe fundamentarse no solo en la evaluación de desempeño, sino también en la de potencial. Y todos conocemos que esta es más subjetiva y susceptible de error. Aquí la prudencia es fundamental y pone limitaciones al tratamiento diferencial de los supuestos talentosos.

IV. RESUMEN FINAL

Las competencias son las características personales que están causalmente relacionadas con un desempeño exitoso en un puesto de trabajo. Identificamos las características personales en línea con lo expuesto en el Capítulo 2. Al respecto cabe diferenciar:

- Los comportamientos observables, que en general se refieren a los conocimientos y habilidades.
- Las características subyacentes, que comprenden los valores y creencias, la vocación, las condiciones físicas, la personalidad y la inteligencia.

Cuando se habla de competencias, este concepto puede emplearse en dos sentidos distintos:

- El de las competencias que posee una persona o un grupo de personas.
- El de la identificación de las competencias requeridas por determinada función o tarea.

Dentro de las competencias podemos distinguir:

- En cuanto a su relación con un área funcional específica, las funcionales y las compartidas (estas en el sentido de que son comunes a distintas áreas funcionales).
- En cuanto a si se trata o no de un rol gerencial, las gerenciales y las no gerenciales.

En una organización existen dos niveles de competencias requeridas:

- Las "genéricas", que, al menos tentativamente, son aplicables a todos los miembros de la organización.
- Las "específicas", que son aplicables únicamente a ciertas personas, según su puesto.

205

En principio, las competencias genéricas no habrán de ser funcionales ni gerenciales, porque en una organización las personas ejercen distintas funciones y porque no todas ejercen un rol gerencial. Hemos identificado determinadas competencias genéricas, en base a un análisis comparativo de ciertos libros, y las hemos agrupado en los siguientes *clusters*:

- Cognitivas.
- Personales – Internas.
- Personales – Externas.
- Interpersonales.
- Éticas.
- Laborales.
- Abarcativas (liderazgo, innovación, RP/TD y administración o gestión del tiempo).

Hicimos referencia a un trabajo de investigación que realizamos hace pocos años acerca de las competencias más requeridas por las organizaciones. Los resultados arrojaron unas pocas competencias comunes en la mayoría de las organizaciones y un amplio listado adicional de competencias poco comunes al conjunto.

Hemos tratado el talento que, basados en las obras de Buckingham, identificamos con las competencias en las que las fortalezas de la persona generan un desempeño casi perfecto en una actividad. Se pueden mejorar las actividades inherentes a los talentos, pero no se puede aprender el talento. La idea es aprovechar el talento, poner énfasis en las fortalezas, no hacer demasiado hincapié en las debilidades, y reconocer las limitaciones de la capacitación, lo cual implica una concepción flexible de las competencias requeridas. Sin embargo, debe haber un equilibrio entre tal idea y la necesidad de satisfacer las competencias requeridas.

APÉNDICE 4.1

LAS COMPETENCIAS Y EL DESEMPEÑO SEGÚN EDWARD LAWLER

Edward Lawler, en el Capítulo 3 –"Qué hace eficaces a las personas"– de *Trate bien al personal* (McGraw-Hill, 2004), aporta los siguientes párrafos:

El desempeño de la gente se captura en la ecuación

Desempeño = motivación x capacidad

(...) La otra mitad de la ecuación que produce un desempeño eficaz tiene que ver con la capacidad, la cual se refiere al conocimiento, las habilidades, las aptitudes y la personalidad que una persona pone en juego.

(...) Si comparáramos la capacidad de una persona para realizar una tarea con un iceberg, las habilidades específicas y el conocimiento serían relativamente fáciles de medir y podrían ser señalados porque son visibles. No obstante, bajo el agua están las aptitudes subyacentes de los individuos. Éstas son más difíciles de medir, pero tienen un gran impacto en el tipo de habilidades y conocimientos que la gente puede desarrollar.

(...) Las aptitudes pueden ser categorizadas en un número pequeño de categorías. Las principales son las cognitivas (pensamiento), las motoras (físicas) y las de percepción (identificación de patrones).

A continuación haremos algunas interpretaciones al respecto:

- Lawler emplea el término "capacidad" como sinónimo de "competencia".

- Utiliza la metáfora del iceberg, de manera similar a McClelland.
- De los siete elementos sintetizados en el Gráfico 4.2, hay concordancia digamos total en cuanto a tres de ellos: conocimientos, habilidades y personalidad.
- Las aptitudes cognitivas y las de la percepción forman parte de la capacidad intelectual.
- Las aptitudes motrices forman parte de las condiciones físicas.

A diferencia de McClelland, Lawler categoriza aspectos de la capacidad intelectual y de las condiciones físicas, pero al igual que él no plantea por separado los valores y creencias ni la vocación. Tampoco hace mayor referencia a la inteligencia emocional (que siguiendo a Gardner ubicamos dentro del concepto genérico de inteligencia; aquí nos remitimos a la sección IV del Capítulo 2). Esto nos merece los siguientes comentarios:

- En principio, nos parece objetable la omisión de los valores y creencias (nos remitimos a la sección V del Capítulo 2).
- En materia de vocación, es probable que Lawler la dé por cubierta con los aspectos de la personalidad y la concreción en conocimientos y habilidades que señala Schein cuando analiza las anclas de carrera (nos remitimos a la sección VI del Capítulo 2).
- En cuanto a la inteligencia emocional, podría ser que le niegue el valor agregado que Goleman le otorga (nos remitimos al acápite C de dicha sección IV).

ANEXO 4.1

BIBLIOGRAFÍA

Libros tomados en cuenta para el análisis de competencias requeridas

Alles, Martha: *Diccionario de comportamientos*. Granica, 2004.

Cardona, Pablo, y Lombardía García, Pilar: *Cómo desarrollar las competencias de liderazgo*. EUNSA, 2005.

Davis, Brian L.: *Successful Manager's Handbook*. Personnel Decisions, 1992.

Dubois, David D.: *Competency-bases performance improvement: a Strategy for Organizational Change*. HDR Press, 1993.

Gilges, Gisela: *Cómo encontrar el empleado ideal*. Gran Aldea Editores, 2007.

Goleman, Daniel; Boyatzis, Richard, y Mckee, Annie: *El líder resonante crea más*. Plaza y Janés, 2002.

Hay Group: *Las competencias: clave para la gestión integrada de los recursos humanos*. Deusto, 1996.

Levy-Leboyer, Claude: *Gestión de las competencias*. Gestión 2000, 1997.

Lombardo, Michael M., y Eichinger, Robert W.: *For Your Improvement*. Lominger, 1996.

Spencer, Lyle M., y Spencer, Signe M.: *Competence at Work. Models for Superior Performance*. John Wiley & Sons, 1993.

Otras obras

Buckingham, Marcus, y Coffman, Curt: *Primero, rompa todas las reglas*. Norma, 2000.

_____ y Clifton, Donald O.: *Ahora, descubra sus fortalezas*. Norma, 2001.

Lawler, Edward: *Trate bien al personal*. Mc Graw-Hill, 2004.

Lazzati, Santiago: *Management. Funciones, estilos y desarrollo*. Macchi, 1993.

_____ y Sanguineti, Edgardo: *Gerencia y liderazgo*. Macchi, 2003.

ANEXO 4.2

REFERENCIAS DE INSTRUMENTOS

Competencias

SOSIA es un instrumento que evalúa 21 competencias genéricas (engloba todas las características subyacentes de la persona, relacionadas con una actuación de éxito en un puesto de trabajo) y define cuatro estilos de comportamiento laboral.

Desarrollado por Gordon, L.V., ECPA y TEA Ediciones, es provisto por esta última en http://www.teaediciones.com.

- Representante en Argentina:
  Editorial Atlante SRL
  atlante@ar.inter.net – ventasatlante@ar.inter.net.

CAPÍTULO 5

ESTILO PERSONAL

I. INTRODUCCIÓN

A. Modelos de estilos personales utilizados por las organizaciones

En la sección acerca de la personalidad incluida en el Capítulo 2, hicimos referencia a los rasgos de personalidad y a dos modelos pertinentes: el de los cinco grandes factores y el de los 16 factores de la personalidad (16 PF). Y agregamos que en el campo de las organizaciones se aplican otros modelos que suelen denominarse de "estilos personales", con un sentido aproximado al de rasgos.

Entendemos por estilo personal la inclinación general de alguien a comportarse de una manera determinada, o sea, a repetir ciertos patrones de conducta, más allá de los condicionamientos situacionales. Este es un concepto distinto del comportamiento puntual de un sujeto en una situación dada. Vale decir que una persona puede manifestar un cierto comportamiento a raíz de las circunstancias, sin que ello corresponda a su estilo; o puede tener un estilo definido, pero en diversas ocasiones adoptar distintos comportamientos que no responden a su estilo.

Sin embargo, algunos autores emplean la palabra "estilo" como sinónimo de comportamiento puntual, con un criterio semántico que no compartimos. Tal es el caso de Hersey y Blanchard en el desarrollo de su modelo de liderazgo situacional, que comentaremos en el Capítulo 7.

B. Tipos de modelos

Dentro de los muchos modelos que agrupan a las personas en función de sus rasgos o estilos, cabe hacer la siguiente distinción en cuanto al tipo de clasificación (una especie de "clasificación de las clasificaciones"):

- Clasificaciones "evaluativas" cuyas dimensiones entrañan *per se* un juicio de valor; por ejemplo, tomando como base los "cinco grandes" citados precedentemente, seguro vs. inseguro, servicial vs. no cooperativo, confiable vs. no confiable, etcétera.
- Clasificaciones "no evaluativas" en donde las alternativas inherentes a sus dimensiones no significan *per se* bueno o malo, ni siquiera mejor o peor. En este orden puede ubicarse el modelo de tipos psicológicos de Myers-Briggs. Según este, cualquiera de las preferencias en sus cuatro dimensiones representan maneras de ser que no ameritan juicios de valor.

Claro está que las dimensiones de las clasificaciones no evaluativas implican fortalezas y debilidades, pero estas no inclinan la balanza para un juicio de valor en tanto no se relacionen con tareas o situaciones específicas. Las clasificaciones no evaluativas ayudan a conocerse a sí mismo y a comprender a los demás y, a partir de allí, encarar estrategias para la mejora personal, grupal u organizacional.

C. Alcances de este capítulo

En este capítulo haremos una reseña de ciertos modelos:

- En la sección II, del de Myers-Briggs, el más utilizado y reconocido en el ámbito de las organizaciones, y el que nosotros más usamos.
- En la sección III, de algunos otros que también hemos empleado o de los cuales hemos tomado cierto conocimiento: DISC, estilos sociales, FIRO B, dominancia cerebral, toma de decisiones y MIPS.

Dichos modelos, salvo el de Myers-Briggs y el MIPS, responden a un enfoque que comprende dos dimensiones. A su vez cada dimensión contiene dos o más campos, en los que se ubican los estilos respectivos. Por otra parte, todos ellos ofrecen instrumentos o cuestionarios cuyas respuestas permiten computar resultados que identifican el estilo de la persona, incluyendo puntajes que pretenden medir el grado de intensidad del estilo, excepto el de toma de decisiones (que nosotros sepamos).

Existen otros modelos que también hemos empleado y que consideramos valiosos, como el de estilos de aprendizaje de David A. Kolb. Sin embargo, hemos limitado este capítulo a los que abarcan un campo amplio del comportamiento, excluyendo aquellos acotados a funciones más específicas.

II. TIPOS PSICOLÓGICOS SEGÚN EL MODELO DE MYERS-BRIGGS

A. Las cuatro dimensiones de preferencias

El modelo de Myers-Briggs está basado en los tipos psicológicos identificados por Carl Jung. Presenta cuatro dimensiones de preferencias de la persona. En cada dimensión existe una dicotomía con respecto a qué prefiere la persona. Cada una de las ocho caracterizaciones resultantes se identifica con la primera letra de su nombre en inglés, excepto la de intuitivo, llamado N porque la I se aplica al introvertido; al pensador corresponde la T de *thinker* y al sentimental la F de *feeler* (el resto tiene las mismas iniciales que en castellano). Se presentan en el cuadro de la página siguiente, seguidas de algunas actitudes típicas ilustrativas.

B. Los 16 tipos psicológicos

La preferencia de la persona en cada dimensión es independiente de sus preferencias en las otras dimensiones. Esto da lugar a la existencia de 16 tipos psicológicos:

		SENSORIAL		INTUITIVO			
		PENSADOR	SENTIMENTAL	SENTIMENTAL	PENSADOR		
INTROV.	JUZGADOR	ISTJ	ISFJ	INFJ	INTJ	JUZGADOR	INTROV.
	PERCEPTIVO	ISTP	ISFP	INFP	INTP	PERCEPTIVO	
		ESTP	ESFP	ENFP	ENTP		
EXTRAV.	JUZGADOR	ESTJ	ESFJ	ENFJ	ENTJ	JUZGADOR	EXTRAV.

C. El Myers-Briggs Type Indicator (MBTI)

Para identificar las preferencias de una persona se emplea el instrumento o cuestionario denominado "Myers-Briggs

Dimensiones de preferencias	Alternativa dentro de cada dimensión de la persona	
Orientación de la energía *Dónde focaliza la atención y de dónde obtiene la energía*	**E** **Extravertido** *Hacia el mundo exterior* • Orientación a la acción • Expresivo • Necesita relaciones • Tiende a dispersar su atención	**I** **Introvertido** *Hacia el mundo interior* • Orientación a la reflexión • Reservado • Necesita privacidad • Tiende a concentrar su atención
Función de percibir *Cómo incorpora información*	**S** **Sensorial** *Por medio de los cinco sentidos* • Interesado en realidades • Orientado al presente • Primero focaliza lo particular y sus características específicas • Inclinado a lo concreto/práctico	**N** **Intuitivo** *Por medio de la imaginación* • Interesado en posibilidades • Orientado al futuro • Primero visualiza el panorama global; busca patrones y relaciones • Inclinado a lo abstracto/teórico
Función de juzgar *Qué tipos de valores predominan en el proceso decisorio*	**T** **Pensador** *Valores impersonales* • Privilegia lo que corresponde objetivamente • Imparcial, justo • Enfatiza la tarea y los resultados • Dispuesto a expresar críticas	**F** **Sentimental** *Valores interpersonales* • Privilegia cómo se siente el otro • Empático, clemente • Enfatiza las personas y sus buenas relaciones • Cuidadoso al expresar criticas
Función dominante *Cuál de las dos funciones indicadas es dominante en la relación con el mundo exterior*	**J** **Juzgador** *Juzgar* • Tiende a anticipar decisiones • Le gusta planificar y organizar • Estructurado • Prefiere estar en control	**P** **Perceptivo** *Percibir* • Tiende a dejar opciones abiertas • Le gusta seguir lo emergente • Flexible • Dispuesto a adaptarse

215

Type Indicator" (Indicador de tipos según Myers-Briggs), que se expresa con la sigla MBTI. De acuerdo con el libro *Test psicológicos,* de Edward Hoffman, todos los años se aplica el MBTI a más de 2,5 millones de hombres y mujeres, con objetivos que van desde la planificación profesional hasta la formación en gestión y liderazgo.

Cabe destacar que, si bien cubre un campo significativo de la personalidad, el modelo de Myers-Briggs no es tan abarcativo como el de los cinco grandes o el 16 PF. Por ello, puede ser conveniente complementar el MBTI con otro u otros instrumentos (por ejemplo, con el FIRO B, incluido en la sección siguiente), a fin de ampliar el alcance del análisis. Por otra parte, en nuestra opinión, el modelo de Myers-Briggs es más completo y más riguroso que los de estilos personales que comentamos en la sección III, excepto que el MIPS comprende más aspectos que el Myers-Briggs.

D. Intensidad de las preferencias

Las preferencias nunca son absolutas; son inclinaciones, más o menos intensas. Por ejemplo, toda persona extravertida tiene comportamientos introvertidos, y viceversa.

MODELO DE MYERS-BRIGGS PREFERENCIAS	
DIMENSIÓN	**DICOTOMÍAS**
ORIENTACIÓN DE LA ENERGÍA	E ____ I
FUNCIÓN DE PERCIBIR	S ____ N
FUNCIÓN DE JUZGAR	T ____ F
FUNCIÓN DOMINANTE	J ____ P

Los resultados del MBTI no solo indican las preferencias de la persona, sino que también miden su intensidad. El cuadro anterior muestra cómo la medición de cualquiera de las cuatro preferencias puede estar en uno de los extremos, en el centro, o en cualquier punto intermedio.

E. Relación entre ciertas ocupaciones y las preferencias personales según el modelo de Myers-Briggs

Las estadísticas basadas en los resultados de la aplicación del Myers-Briggs Type Indicator (MBTI) señalan que existe correlación entre la ocupación de una persona y sus preferencias en cuanto al modelo de Myers-Briggs. En general, la correlación es mayor con respecto a las funciones de percibir (S – Sensorial o N – Intuitivo) y de juzgar (T – Pensador o F – Sentimental).

En el siguiente cuadro se refleja dicha correlación.

- En la columna izquierda se registra una serie de ocupaciones/profesiones.
- En la columna derecha se establecen las cuatro combinaciones de preferencias de las funciones mencionadas.
- En los casilleros resultantes se marca con una X la combinación de preferencias que predomina en cada ocupación/profesión, según los resultados del MBTI. Para algunas ocupaciones/profesiones es posible aplicar más de una X.

Ocupación/profesión	Combinación de preferencias			
	ST	SF	NT	NF
1. Administración de negocios	X		X	
2. Arte y música				X
3. Banca	X			
4. Ciencias del comportamiento/Psicología				X
5. Ciencias físicas			X	
6. Computación			X	
7. Construcción/Producción	X		X	
8. Contaduría	X			
9. Derecho			X	
10. Docencia		X		X
11. Ingeniería	X		X	
12. Literatura				X
13. Periodismo				X
14. Servicios comunitarios		X		
15. Servicios de salud		X		X
16. Servicios religiosos		X		X
17. Ventas		X		

III. OTROS MODELOS DE ESTILOS PERSONALES APLICADOS EN LAS ORGANIZACIONES

A. DISC[1]

Este modelo consiste en una matriz con dos ejes o dimensiones de personalidad o temperamentos, que plantean sendas alternativas:

- Extravertido o reservado.
- Orientado hacia la tarea o hacia las personas.

---

1. Fuente: Rohm, Robert. *Descubra su verdadera personalidad.* Personality insights, 1998.

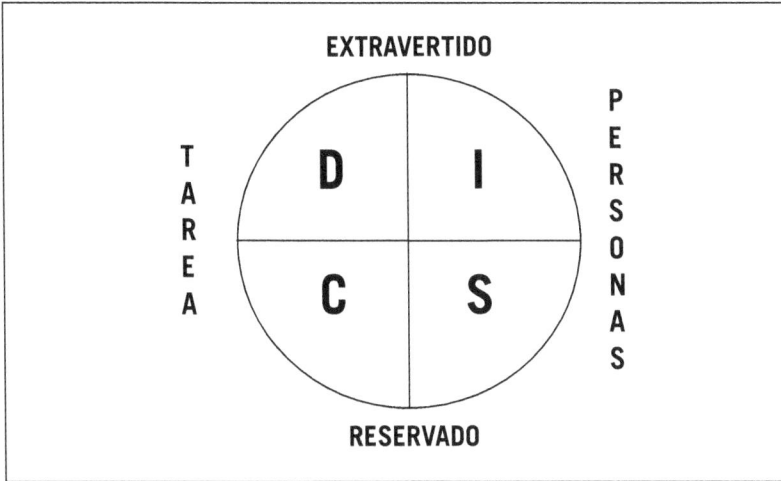

Se considera que, en general, las personas extravertidas son de ritmo rápido, optimistas y positivas, tienden a participar en varios proyectos o actividades, les gusta decirles a los demás lo que deben hacer, tienen confianza en sí mismas. En cambio, las personas reservadas son de ritmo más lento, tienen paciencia y resistencia para realizar su tarea, son cautelosas y reticentes a participar en demasiadas actividades, etcétera.

El cruce de ambas dimensiones da lugar a cuatro estilos:

• Tipo D – Extravertido y orientado hacia la tarea – Dominante, determinado, decidido, directo, exigente y dinámico.

• Tipo I – Extravertido y orientado hacia las personas – Inspirador, influyente, inductor, impresionable, interactivo, interesante e interesado.

• Tipo S – Reservado y orientado hacia las personas – Sosegado, servicial, sociable, sustentador, sentimental y sensible.

• Tipo C – Reservado y orientado hacia la tarea – Cauteloso, competente, calculador, comprometido, cuidadoso y contemplativo.

El DISC está basado en un modelo original de William Moulton Martson (¡que data de 1928!), con una diferencia: este modelo caracteriza la primera dimensión como "activo" o "pasivo" (en lugar de "extravertido" o "reservado") y la segunda como "no amistoso" o "amistoso" (en lugar de "orientado a la tarea" u "orientado a las personas"). En sustancia, tal diferencia no es mayormente significativa, y los cuatro estilos resultantes son parecidos.

B. Estilos sociales[2]

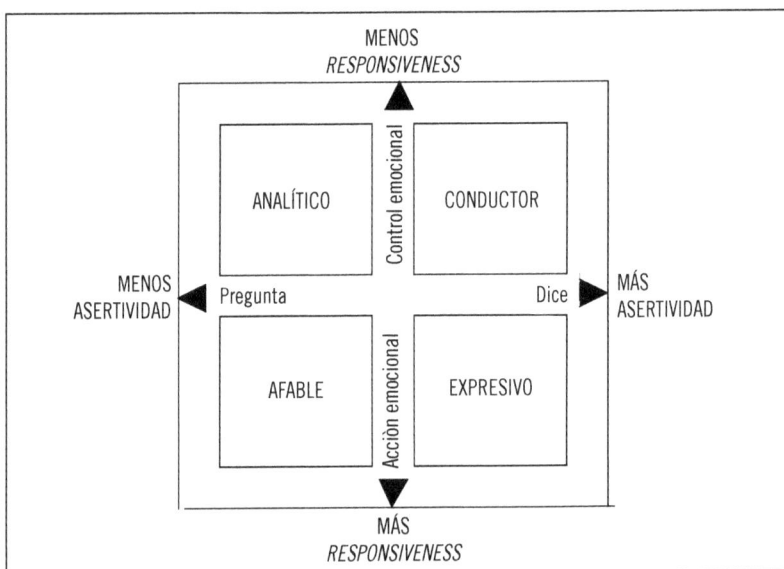

Merril y Reid diseñaron un modelo de estilos sociales que presta atención exclusivamente al comportamiento observable de una persona en su relación con los demás. Esta-

2. Fuentes:
Merril, David W., y Reid, Roger H. *Personal Styles and Effective Performance.* Chilton Book Company, 1981.
Bolton, Robert y Grover Bolton, Dorothy. *People Styles at Work.* Amacom, 1996.

blecieron una matriz con dos dimensiones fundamentales: asertividad y *responsiveness*, vocablo que no tiene un equivalente preciso en castellano, ya que abarca los sentidos de "correspondencia, simpatía, conformidad, sensibilidad y obediencia". La asertividad se asocia con el "decir", de manera que expresa seguridad, confianza, fuerza, etcétera. La *responsiveness* indica cuánto sentimiento la persona tiende a poner de manifiesto; se considera lo opuesto a control emocional: un alto control emocional implica bajo nivel de *responsiveness* y, viceversa, bajo control emocional significa alto nivel de *responsiveness.*

1. Conductor – Alta asertividad y bajo nivel de *responsiveness* (determinado, agresivo, insistente, severo, profundo, muy realista, decisivo, dominante, eficiente, duro).
2. Expresivo – Alta asertividad y alto nivel de *responsiveness* (atractivo, manipulador, estimulante, excitable, entusiasta, indisciplinado, dramático, contestatario, sociable, promocionador).
3. Afable – Baja asertividad y alto nivel de *responsiveness* (solidario, conformista, respetuoso, reservado, dispuesto, dócil, confiable, dependiente, agradable, carente de aplomo).
4. Analítico – Baja asertividad y bajo nivel de *responsiveness* (trabajador, crítico, persistente, indeciso, serio, poco interesante, alerta, exigente, ordenado, moralista).

C. FIRO B[3]

FIRO es la sigla de *Fundamental interpersonal relationship orientation* ("Orientación fundamental en las relaciones interper-

---

3. Fuente: Schutz, Will. *The Human Element.* Jossey Bass, 1994.

sonales"). Responde a un modelo elaborado por Will Schutz, según el que la persona, en su relación con los demás, tiene tres necesidades básicas: de inclusión (estar adentro o afuera), de control (mayor o menor) y de afecto (estar cerca o lejos emotivamente). A su vez, para cada una de dichas necesidades distingue dos tipos de conducta: la expresada y la deseada. La primera es la acción que uno ejerce para incluir, controlar o brindar afecto a otras personas. La segunda es el deseo que uno tiene de que otras personas lo incluyan, controlen o brinden afecto. Esto da lugar a una matriz con seis cuadrantes.

Conducta	Necesidad social		
	Inclusión	Control	Afecto
Expresada			
Deseada			

El instrumento que mide la intensidad de la necesidad en cada uno de dichos cuadrantes se denomina FIRO B.

Posteriormente, Schuzt modificó el modelo con el más complicado FIRO ELEMENT B, que reemplaza el concepto de afecto por el de apertura (*openess*). Sin embargo, para este capítulo nos pareció más ilustrativo hacer una breve síntesis de la primera versión.

D. Dominancia cerebral[4]

Ned Herrmann, especialista norteamericano en materia de creatividad, desarrolló un modelo de "dominancia

---

4. Fuentes:
    Herrmann, Ned. *The Creative Brain*. Brain Books, 1988.
    Folino, Juan Carlos. *La decisión*. Temas, Buenos Aires, 2002.
    Sohn, Anne, y Benziger, I. Catherine. *The Art of Using your Whole Brain*. KBA Publishing, 1995.

cerebral" que analiza el cerebro en dos ejes cruzados: uno vertical, que distingue el nivel superior o cerebral del nivel inferior o límbico, y otro horizontal, que distingue el lado izquierdo del derecho. Esto da lugar a cuatro sectores con sus respectivas especialidades.

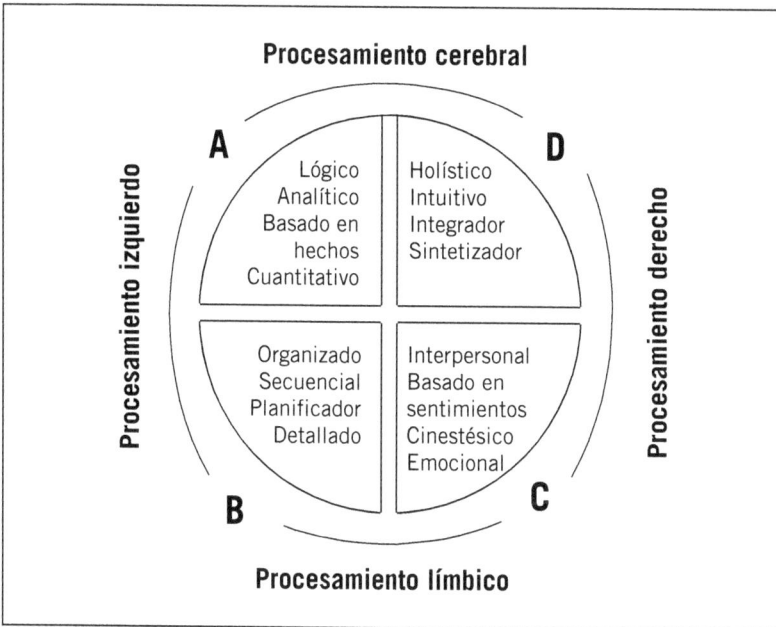

Procesamiento cerebral

A			D
Lógico Analítico Basado en hechos Cuantitativo		Holístico Intuitivo Integrador Sintetizador	
Organizado Secuencial Planificador Detallado		Interpersonal Basado en sentimientos Cinestésico Emocional	
B			C

Procesamiento izquierdo — **Procesamiento derecho**

Procesamiento límbico

"A" Modo cerebral/izquierdo (lógico, analítico, basado en hechos, cuantitativo).

"B" Modo límbico/izquierdo (organizado, secuencial, planificador, detallado).

"C" Modo límbico/derecho (interpersonal, basado en sentimientos, cinéstesico, emocional).

"D" Modo cerebral/derecho (holístico, intuitivo, integrador, sintetizador).

El modelo implica una tipología de estilos, dado que las personas pueden caracterizarse en función del grado en que emplean cada sector del cerebro.

Existe otro modelo bastante similar: el BTSA (*Benziger thinking styles assesment*, "Evaluación de Benziger de los tipos de pensamiento"), desarrollado por Catherine Benziger, basado en estudios combinados de psicología y neurología. En cuanto a psicología, reconoce como fundamento principal las cuatro funciones establecidas por Carl Jung: las dos de percibir (sensación e intuición), y las dos de juzgar (pensamiento y sentimiento). En materia de neurología, tomó en cuenta la obra de Herrmann: hace la distinción entre el lado izquierdo y el lado derecho del cerebro, pero, en lugar de diferenciar el nivel superior o cerebral del inferior o límbico, lo hace entre la parte frontal (anterior) y la basal (posterior).

Según el BTSA, y de acuerdo con las ideas de Jung al respecto, las personas nacen con una de las cuatro áreas como dominante, dos auxiliares competentes, y una débil. Sobre la base de los estudios neurológicos, el desafío es desarrollar las conexiones neuronales necesarias para fortalecer el área débil.

A continuación incluimos un cuadro que relaciona a grandes rasgos el modelo de Herrmann, el BTSA y las funciones de Carl Jung o Myers-Briggs.

Herrmann	BTSA	Jung/Myers-Briggs
A – Cerebral izquierdo	FI – Frontal izquierdo	Pensamiento (*Thinking* – T)
B – Límbico izquierdo	BI – Basal izquierdo	Percepción sensorial (S)
C – Límbico derecho	BD – Basal derecho	Sentimiento (*Feeling* – F)
D – Cerebral derecho	FD – Frontal derecho	Intuición (N)

Las correlaciones de F (sentimientos) con C/BD (límbico o basal derecho) y de F (intuición) con D/FD (cerebral o frontal derecho) resultan claras. En cambio, las otras dos, T (pensamiento) con A/FI (cerebral o frontal izquierdo) y S (percepción) con B/BI (límbico o basal izquierdo), no lo son tanto: por una parte, A/FI parecen tener elementos no solo de T, sino también de S; por otra, B/BI implican cierta conexión con la cuarta dimensión de Myers-Briggs concerniente a cuál es la función dominante, si la de juzgar (J) o la de percibir (P).

E. Estilo para la toma de decisiones[5]

		VISIÓN SISTÉMICA	
		MENOR	MAYOR
ORIENTACIÓN AL CAMBIO	POSITIVO	OPORTUNISTA	INTEGRADOR
	NEGATIVO	BOMBERO	CONSERVADOR

El modelo enfoca dos dimensiones:

- La visión sistémica, que se caracteriza por
  1. Orientación a los objetivos generales de la organización, tanto de corto como de largo plazo.

---

5. Fuente: Ponte, Jorge, Capítulo 10 en Lazzati, Santiago: *Claves de la decisión en la empresa. Método y participación.* Macchi, Buenos Aires, 1993.

2. Visión integral de la organización que, a su vez, comprende dos conceptos: la visión panorámica y la interdependencia entre las partes.
3. La inclinación a prevenir los problemas y sistematizar los procesos.
4. El empleo de mecanismos de retroalimentación y autorregulación.

- La orientación al cambio, que incluye:
  1. La actitud innovadora.
  2. La disposición a asumir riesgos.

La conjunción de las dos dimensiones da lugar a cuatro estilos.

- Conservador: considera el cambio como algo perturbador y negativo; le interesa la visión sistémica en cuanto le provee un marco de referencia dentro del cual se mueve.
- Oportunista: visión del cambio como oportunidad de mejora; escasa o nula preocupación por el sistema.
- Bombero: resistencia o desinterés por el cambio y baja visión sistémica.
- Integrador: visión positiva del cambio y actitud innovadora, juntamente con una mayor visión sistémica.

F. MIPS[6]

MIPS es la sigla de *Millon Index of personality styles* ("Inventario Millon de estilos de personalidad"). Este registro tiene tres campos de escalas: el de las metas motivacionales, el de

---

6. Fuente: Millon, Theodore. *Inventario Millon de estilos de personalidad.* Paidós, Buenos Aires, 1997.

los modos cognitivos y el de las conductas interpersonales. A continuación se indican las escalas de cada campo.

- Metas motivacionales:
  - Apertura (al placer) vs. Preservación (contra el dolor).
  - Modificación (actividad) vs. Acomodación (pasividad).
  - Individualismo (uno mismo) vs. Protección (los demás).

- Modos cognitivos:
  - Extraversión vs. Introversión.
  - Sensación vs. Intuición.
  - Reflexión vs. Afectividad.
  - Sistematización vs. Innovación.

- Conductas interpersonales:
  - Retraimiento/Indiferencia vs. Comunicatividad/Gregarismo.
  - Vacilación/Inseguridad vs. Firmeza/Confianza.
  - Discrepancia/Originalidad vs. Conformismo/Acatamiento.
  - Sometimiento vs. Control/Dominación.
  - Insatisfacción/Descontento vs. Concordancia/Afinidad.

IV. RESUMEN FINAL

En la sección II sintetizamos el modelo de Myers-Briggs que establece cuatro dimensiones de preferencias y plantea que en cada dimensión existe una oposición posible.

227

Dimensiones de preferencia	Caracterización de la persona
Orientación de la energía	Extravertido o introvertido
Función de percibir	Sensorial o intuitivo
Función de juzgar	Pensador o sentimental
Función dominante	Juzgador o perceptivo

En la sección III hicimos una breve reseña de ciertos modelos matriciales.

Modelo	Dimensiones
DISC	Extravertido o reservado y orientado hacia la tarea o hacia las personas.
Estilos sociales	Menos/más *responsivenss* y menos/más asertividad.
FIRO B	Conducta (expresada y deseada) y necesidad social (inclusión, control y afecto).
Dominancia cerebral	Procesamiento cerebral o límbico y procesamiento izquierdo o derecho.
Toma de decisiones	Visión sistémica y orientación al cambio.

Los elementos de los modelos DISC y de estilos sociales tienen cierta correlación, como ilustra el siguiente cuadro.

	DISC	Estilos sociales
Dimensiones	Extravertido/activo vs. Reservado/pasivo	Más asertividad vs. Menos asertividad
	Orientado a la tarea/no amistoso vs. Orientado a la persona/amistoso	Menos *responsiveness* vs. Más *responsiveness*
Estilos	D – Dominante, etcétera	Conductor
	I – Inspirador, etcétera	Expresivo
	S – Servicial, etcétera	Afable
	C – Cauteloso, etcétera	Analítico

El FIRO B ofrece puntos en común con las dimensiones de los modelos DISC y de estilos sociales:

- La necesidad de control con la dimensión de extravertido/activo/más asertivo, vs. reservado/pasivo/menos asertivo.
- La necesidad de inclusión y afecto con las dimensiones de orientado a la tarea/no amistoso/menos *responsiveness*, vs. orientado a la persona/amistoso/más *responsiveness*.

Los modelos DISC, de estilos sociales y FIRO B incursionan más en las relaciones interpersonales. En cambio, los modelos de dominancia cerebral y de toma de decisiones enfocan principalmente el campo cognitivo. Dichos modelos tienen ciertas conexiones con el de Myers-Briggs: los tres primeros, especialmente con las dimensiones extravertido-introvertido y pensador-sentimental; los otros dos, con las dimensiones sensorial-intuitivo y juzgador-perceptivo. Sin embargo, prescindiremos de su análisis para no complicar demasiado el texto.

Adicionalmente, la sección III cita al modelo MIPS que presenta tres campos:

- El de las metas motivacionales.
- El de los modos cognitivos.
- El de las conductas interpersonales.

El campo de los modos cognitivos tiene mucha similitud con el modelo de Myers-Briggs y consecuentemente se vincula con los de Herrmann y BSTA. En cambio, los campos de metas motivacionales y de conductas interpersonales tienen puntos en común con los modelos DISC, de estilos sociales y FIRO B.

ANEXO 5.1

BIBLIOGRAFÍA

Libros citados en el capítulo

Benziger, I. Catherine, y Sohn, Anne: *The Art of Using Your Whole Brain.* KBA, 1995.

Bolton, Robert, y Grover Bolton, Dorothy: *Peoples Styles at Work.* Amacom, 1996.

Folino, Juan Carlos: *La decisión.* Temas, 2002.

Herrmann, Ned: *The Creative Brain.* Brain Books, 1988.

Hoffman, Edward: *Test psicológicos.* Paidós, 2002.

Lazzati, Santiago: *Claves de la decisión en la empresa.* Método y participación, Macchi, 1993.

Merril, David W., y Reid, Roger H.: *Personal Styles and Effective Performance.* Chilton Book Company, 1981.

Millon, Theodore: *Inventario Millon de estilos de personalidad.* Paidós, 1997.

Rohm, Robert A.: *Descubra su verdadera personalidad.* Personality Insights, 1998.

Schutz, Hill: *The Human Element.* Jossey Bass, 1994.

Otras obras (acerca del modelo de Myers-Briggs)

Benfari, Robert: *Cómo cambiar su estilo de gestión.* Paidós, 1997.

Bridges, William: *El carácter de las organizaciones.* Panorama Editorial, 2003. (Esta obra aplica el modelo de Myers-Briggs al análisis de las organizaciones.)

Cauvin, Pierre, y Cailloux, Genevieve: *Tipos de personalidad.* Mensajero, 2001.

Hedges, Patricia: *Conoce tu personalidad.* Hispano Europea, 2004.

Hirsh, Sandra, y Kummerow, Jean: *Tipos de personalidad (compréndete mejor y consigue dar lo mejor de ti mismo).* Paidós, 1998. [Hay varias reimpresiones de la misma edición. Algunas tienen el título: *Cómo soy en realidad (y cómo son los demás).*]

Jung, Carl: *Tipos psicológicos.* Sudamericana. 2000.

ANEXO 5.2

REFERENCIAS DE INSTRUMENTOS

Consulting Psychologists Press (CPP) referida más adelante respecto al MBTI y FIRO B:

- En los Estados Unidos:
  CPP, Inc. and Davies-Black Publishing
  1055 Joaquin Road, 2nd Floor
  Mountan View, CA 94043
  http://www.cpp.com

Myers-Briggs Type Indicator (MBTI)

Consulting Psychologists Press provee el MBTI, uno de los más avanzados instrumentos de identificación de preferencias personales. Ha sido desarrollado por Katherine Cook Briggs e Isabel Briggs Myers sobre la base de los trabajos de Carl G. Jung sobre tipos psicológicos.

FIRO B

Consulting Psychologists Press provee el FIRO B, un instrumento que ayuda a las personas a comprender su necesidad de inclusión, control y afecto en la relación con otras personas.

DISC

Es un instrumento para establecer perfiles de personalidad basado en una división cuadripartita de las tendencias probables de conductas de las personas. Estas tendencias se clasifican en Dominantes, Influyentes, Estables y Cautelosas, cuyas iniciales dan el nombre al sistema. Esta herramienta la provee http://www.discprofile.com

231

Estilos sociales

The Tracom Group desarrolló el *Social Style Model*, una herramienta para comprender nuestros comportamientos y el efecto que causamos en otros.

- En los Estados Unidos:
  8878 South Barrons Blvd.
  Highlands Ranch, CO 80129
  Phone: (800) 221-2321
  E-mail: info@tracom.com
  http://www.tracomcorp.com

Dominancia cerebral

Folino Learning Alliances/Herrmann International Latin America es la organización que administra el instrumento de dominancia cerebral elaborado por Ned Herrmann. Además, ha desarrollado LEAP-Leadership Alignment Profile, que integra dicho instrumento, DISC y un instrumento de valores personales.

Adquiera el instrumento Herrmann de Dominancia Cerebral llamando sin cargo desde Argentina al 0800-888-3676 o desde el exterior al +54-11-4779-9002, o por correo electrónico: ventas@formared.com

MIPS

Librería Paidós (www.libreriapaidos.com) provee el MIPS, *Inventario Millon de estilos de personalidad*, de Theodore Millon. Este instrumento tiene la finalidad de evaluar la personalidad de adultos que funcionan normalmente. La teoría de Millon integra conceptos psicoanalíticos, biológicos e interpersonales, y explora tres grandes áreas: metas motivacionales, modos cognitivos y conductas interpersonales, todo lo cual permite inferir el estilo de personalidad de los examinados.

CAPÍTULO 6

GERENCIA Y LIDERAZGO

I. INTRODUCCIÓN

A. Conceptos de gerencia y de liderazgo

En este trabajo utilizamos el término "gerente" en un sentido bien amplio. Gerente es quien tiene a su cargo un área, desde la organización tomada en conjunto hasta un pequeño sector o proyecto, y la gente que la integra. El concepto abarca al dueño que conduce su negocio, el CEO de una empresa, los directores o gerentes funcionales o divisionales, los jefes de sector, los encargados de proyecto, etcétera.

En sustancia, dicho concepto equivale al de "jefe". Algunas personas prefieren no usar esta palabra porque le asignan una connotación negativa. Sin embargo, la figura del jefe es a la vez una necesidad y una realidad de las organizaciones. Como tal, dispone de cierta autoridad sobre el resto de los miembros asignados a su área de responsabilidad, que por ello se denominan "colaboradores" o "subordinados".

Eso significa que el jefe tiene la última palabra en las decisiones que le competen, cualquiera sea la manera de tomarlas (participativa, directiva, etcétera). En correlación con su autoridad, el jefe es responsable frente a sus superiores de las actividades y resultados de las personas que conduce; tiene lo que en inglés se llama *accountability*. Su jerarquía se exterioriza también a través de otros elementos, como recursos disponibles, símbolos de estatus, formas de trato, etcétera.

Sin embargo, es válido extender el concepto de gerente a las personas que reúnen las características siguientes (aunque no tengan gente a su cargo):

• Administran recursos financieros, físicos o intangibles importantes.
• Para cumplir su función, deben ejercer influencia significativa sobre otros miembros de la organización.

Por otra parte, liderazgo es el proceso por el cual una persona influye en otras para que se encaminen en el logro de objetivos comunes. Se puede tener mayor o menor aptitud para el ejercicio del liderazgo. Sin embargo, tal aptitud *per se* no constituye liderazgo, que se define, además, por la predisposición de los seguidores y las condiciones de la situación.

El buen gerente o jefe debe ejercer un adecuado liderazgo sobre sus colaboradores. Pero el liderazgo no se circunscribe a esta relación. Bien puede ser a la inversa: que los colaboradores influyan sobre el jefe. Además, existe el liderazgo entre pares o en cualquier otro tipo de relación dentro de la organización, así como en muchos otros ambientes: la familia, el grupo de amigos o colegas, el deporte, etcétera.

Asimismo, hay funciones gerenciales que *per se* no implican liderazgo; por ejemplo, controlar los resultados del sector a cargo en base a un informe escrito.

De los párrafos precedentes surge que entre gerencia y liderazgo existe una suerte de solape parcial que refleja el Gráfico 6.1: una parte de la gerencia requiere el ejercicio del liderazgo y una parte del liderazgo es ejercida por gerentes. A la zona en común la denominamos "liderazgo gerencial".

Gráfico 6.1

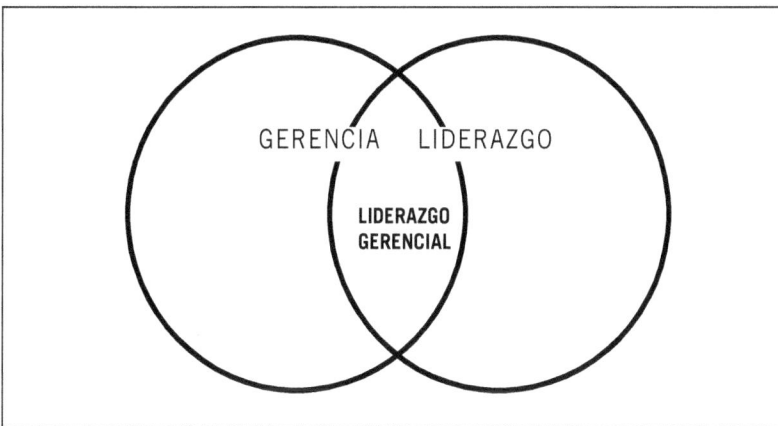

John P. Kotter, en su excelente libro *La verdadera labor de un líder* (Norma, 1999), y en línea con lo dicho en obras anteriores, sostiene que gerencia y liderazgo son cosas distintas. Seguidamente transcribimos dos párrafos ilustrativos del Capítulo 3 de dicho libro:

Hablo de liderazgo como desarrollo de una visión y de unas estrategias, conseguir gente que pueda apoyar esas estrategias y delegar poder en unos individuos para que hagan realidad esa visión, a pesar de los obstáculos. Lo anterior contrasta con gerencia, que significa mantener funcionando el sistema existente, planeando, presupuestando, organizando, administrando personal, controlando y resolviendo problemas. El liderazgo se manifiesta a través de las personas y de la cultura. Es suave y cálido. La gerencia funciona a través de jerarquías y sistemas. Es más dura y más fría.

No se trata de que lo que llamamos liderazgo sea bueno y lo que llamamos gerencia sea malo. Simplemente son dos cosas distintas que sirven para cosas distintas. El propósito fundamental de la gerencia es mantener funcionando el sistema existente. El propósito fundamental del liderazgo es el de producir un cambio útil, especialmente no cuantitativo.

A continuación haremos referencia a tres secciones del capítulo citado, donde Kotter analiza la distinción señalada.

1. *Señalar un rumbo [LIDERAZGO]* **contra**[1] *planear y presupuestar [GERENCIA]. Puesto que la función del liderazgo es la de producir cambio, señalar el rumbo de ese cambio es fundamental para liderar. Establecer el rumbo no es nunca lo mismo que planear, o incluso que planear a largo plazo, aunque frecuentemente la gente los confunda. La planeación es un proceso de gerencia, deductivo por naturaleza, destinado a producir resultados en un orden determinado, no cambio. Señalar un rumbo es algo más inductivo.*
2. *Alinear gente [LIDERAZGO]* **contra** *organizar y nombrar personal [GERENCIA]. Cuando los gerentes "organizan", lo hacen para establecer sistemas capaces de poner en práctica un plan tan precisa y eficazmente como sea posible. Esto, generalmente, requiere tomar una serie de decisiones potencialmente complejas. (…) Tales decisiones se parecen mucho a las de un arquitecto. Se trata de encajar en un determinado contexto. (…)*
   Alinear gente es diferente. Es más un desafío comunicativo que un problema de diseño.
3. *Motivar gente [LIDERAZGO]* **contra** *controlar y resolver problemas [GERENCIA].*
   Por cuanto el cambio es la función del liderazgo, ser capaz de producir un desempeño altamente motivado es importante para entendérselas con las inevitables barreras que surgen frente al cambio. (…)
   Conforme a la lógica de la gerencia, los mecanismos de control comparan el desempeño sistemático con el plan y actúan cuando se detecta una desviación.

---

1. Las negritas son nuestras.

Otros, como Warren Bennis, proponen la misma distinción.

En nuestra opinión, dichos autores, en el afán de resaltar la función y la importancia del liderazgo, la separan de la función gerencial. De esta manera limitan artificialmente el concepto de gerencia. Creemos que este concepto, en su pleno sentido, comprende el liderazgo gerencial. Compartimos su caracterización y valoración del liderazgo, pero no estamos de acuerdo con su terminología en cuanto a la definición de gerencia.

En los párrafos precedentes nos referimos a la relación entre la gerencia y el liderazgo. Para precisar la idea de liderazgo, es oportuno considerar su relación con la motivación y con el poder.

B. Motivación y liderazgo

En el Modelo de análisis organizacional incluido en el Apéndice general, indicamos que la motivación es el proceso por el cual una necesidad personal insatisfecha genera energía y dirección hacia cierto objetivo, cuyo logro se supone habrá de satisfacer la necesidad.

En el ámbito de las organizaciones, es habitual plantearse si determinada persona está motivada. Ahora bien, cuando se emplea el concepto de motivación en dicho ámbito, es evidente que la definición introducida al principio de este párrafo resulta incompleta, porque la persona puede estar motivada para perjudicar a la organización. Y seguramente no es ese el tipo de motivación al que se refiere el planteo organizacional. Tal consideración lleva a señalar que desde el punto de vista de la organización a dicha definición hay que agregarle que el objetivo de la persona inherente a la motivación sea convergente con los objetivos de la organización.

Hemos dicho que el liderazgo significa influencia sobre los demás para que se encaminen al logro de objetivos comunes. Y ahora afirmamos que motivación implica energía y dirección hacia cierto objetivo. Por lo tanto, liderar es esencialmente provocar motivación. El Gráfico 6.2 pretende ilustrar esta idea.

Gráfico 6.2

C. Poder y liderazgo

El poder es la capacidad de alguien para conseguir que los demás hagan lo que él desea que realicen, a la vez que evita verse obligado por otros a hacer lo que no quiere hacer.

Dentro de la organización, es interesante identificar quién tiene qué poder y por qué. Esto lleva al análisis de los factores del poder, donde cabe distinguir entre el poder personal y la autoridad formal.

El poder personal puede radicar en la atracción o carisma, o bien en la disponibilidad de ciertos recursos susceptibles de ser facilitados o restringidos: conocimientos, relaciones con terceros, medios económicos, etcétera. Este último depende de las condiciones del titular, pero también de lo que la organización le otorga, o sea de la autoridad formal.

En las organizaciones, la autoridad formal está determinada por la posición que la persona ocupa en la estructura. (En otro contexto, puede radicar en la investidura: el sacerdote, el juez, el policía, etcétera.) En general, la autoridad formal se acompaña, en mayor o menor grado, de otros elementos. Sin embargo, cabe catalogarla como un factor de poder *per se*, por cuanto ciertas personas pueden reconocer su influencia con independencia de los otros factores.

Gráfico 6.3

PODER

PODER
PERSONAL

AUTORIDAD
FORMAL

PREMIOS   CASTIGOS

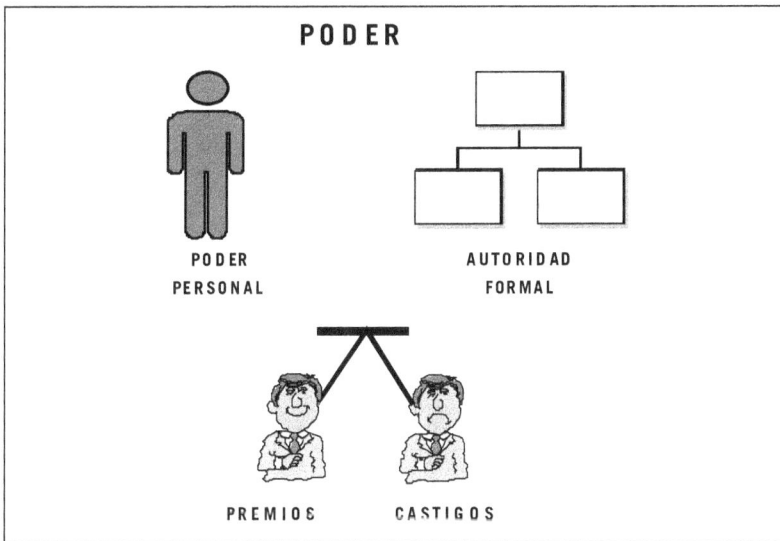

Muchos autores presentan la capacidad de otorgar premios o castigos como una tercera categoría dentro de los factores de poder. Sin embargo, dicha capacidad, más que eso, constituye una derivación de las otras dos categorías: el poder personal o la autoridad formal.

Tanto el premio como el castigo apelan principalmente a la motivación extrínseca, pero el castigo en particular recurre al miedo, con sus connotaciones negativas. El castigo incluye la coerción por medio de la intriga, la fuerza física, etcétera.

El liderazgo es una forma de poder. Pero no todo ejercicio del poder significa liderazgo. Vale decir que la relación entre poder y liderazgo es más bien de género a especie. El liderazgo radica esencialmente en el poder personal, y excluye la influencia basada exclusivamente en la autoridad formal o en la coerción. En cuanto al otorgamiento de premios, puede considerarse un buen complemento del liderazgo, siempre y cuando no fuerce las preferencias del liderado.

Ahora bien, las condiciones del mundo moderno tienden a que el jefe tenga que basarse cada vez más en su poder personal y cada vez menos en su autoridad formal. Son muchas las variables que juegan en este sentido: el desarrollo del trabajo en equipo, el aumento del ajuste mutuo como mecanismo de coordinación, la conveniencia de aumentar la participación en la toma de decisiones, la complejidad de la problemática, etcétera. Vale decir que el liderazgo se va convirtiendo en un factor cada vez más relevante, virtualmente en todos los niveles de la organización.

Sin embargo, si una persona tiene la condición de jefe, tal desplazamiento no atenta contra esta condición, ni elimina su autoridad formal o *accountability*. Significa que, como factor de poder, tiende a crecer la importancia del liderazgo y a decrecer la importancia de la autoridad formal.

Aun más: se suelen dar situaciones en donde el factor de poder se limita casi exclusivamente al liderazgo. En otras épocas era casi un principio general que al responsable de una tarea o área se le otorgara autoridad formal sobre sus colaboradores. Esto implicaba una especie de consistencia entre responsabilidad y autoridad. Hoy en día es común que a la persona se le asigne la responsabilidad, pero no se le otorgue la autoridad formal. Se espera que el responsable tenga éxito gracias a su influencia personal, o sea a su liderazgo.

D. Alcance de este capítulo

En este capítulo nos concentraremos en los conceptos y modelos que intentan reflejar el cometido de la gerencia, incluyendo el liderazgo gerencial.

En la sección II analizaremos:

• Los roles que ejerce un gerente, cualquiera sea su nivel, clasificados en función del elemento de la organización que constituye el principal objeto de su actividad.
• Las competencias correspondientes a cada uno de los roles gerenciales.

En la sección III incursionaremos en las funciones y atributos del líder. Para ello:

• Haremos referencia al modelo de Kouzes y Posner.
• Resumiremos las funciones del líder, tomando en cuenta dicho modelo y otras ideas.
• Trataremos los atributos de los líderes.

En la sección IV, referida al ejercicio del liderazgo gerencial:

• Plantearemos su alcance.
• Examinaremos las funciones del liderazgo gerencial en torno a la tarea de los colaboradores.
• Haremos lo propio con respecto al desarrollo del trabajo en equipo de los colaboradores.

En el capítulo siguiente avanzaremos sobre los estilos de liderazgo, lo cual incluirá la tendencia del gerente a emplear los roles gerenciales en mayor o menor grado.

II. ROLES Y COMPETENCIAS DEL GERENTE

A. Los roles según el Modelo de análisis organizacional

Como parte de nuestro Modelo de análisis organizacional, en el Apéndice general indicamos los roles que ejerce un gerente, cualquiera sea su nivel, clasificados en función del elemento de la organización que constituye el principal objeto de su actividad. En este sentido tenemos:

- Roles generales – Son aplicables tanto a gerentes como no gerentes.
  1. Operador – Actúa personalmente en la operación.
  2. Externo – Se relaciona con el entorno.
- Roles gerenciales – Son inherentes a la condición de gerente.
  1. Administrador – Gestiona la operación a través de otras personas, incluyendo especialmente a sus colaboradores.
  2. Arquitecto – Crea o modifica la arquitectura.
  3. Humano – Se ocupa de las personas en sí.

A continuación hacemos un resumen de cada rol.

B. Rol de operador

Cuando el gerente actúa como operador, interviene personal y directamente en la operación, realizando actividades en el campo funcional o técnico. Este campo corresponde a los procesos operativos que incluimos dentro de la operación –finanzas, investigación y desarrollo, abastecimiento, producción y comercialización–, pero se extiende a las funciones denominadas de apoyo (de la operación): gestión de los recursos humanos, funciones generales (coordinación,

242

asistencia, etcétera) en el planeamiento y control, contabilidad, sistemas de información, auditoría, etcétera.

Los clientes y los proveedores son actores del entorno; sin embargo, ubicamos la relación con ellos como parte del rol de operador, dada su vinculación muy directa con la operación.

El rol de operador ofrece dos aspectos principales: la especialización acerca de la función en sí, y la orientación al cliente, que es la finalidad de toda operación. Este segundo aspecto incluye prestarle atención al cliente actual o potencial y brindar un servicio que responda a sus expectativas.

C. Rol externo

En este rol el gerente se relaciona con actores del entorno: los propietarios de la organización, instituciones de la comunidad (gobierno, organismos de control, sindicatos, cámaras, entidades educativas, etcétera) y competidores.

Conforme hemos señalado, si bien los clientes y los proveedores son actores del entorno, ubicamos la relación con ellos como parte del rol de operador.

D. Rol de administrador

Como administrador, el gerente planifica, dirige y controla las tareas de la gente en la operación. Su campo de acción es la operación, pero acciona a través de las personas. Además, su meta es el logro de resultados, lo que incluye la gestión económica y financiera.

En tanto administrador, el gerente se basa en la arquitectura establecida; no la crea ni modifica (como en el rol de arquitecto). Tampoco interviene personal y directamente en la operación (como en el rol de operador).

E. Rol de arquitecto

En su carácter de arquitecto, el gerente crea o modifica la arquitectura.

• Elabora la estrategia de la organización o del sector.
• Alinea el resto de la organización o del sector con la estrategia, lo cual implica el rediseño de la estructura y el desarrollo de sistemas.

El gerente realiza su tarea de arquitecto personalmente o a través de su gente.

F. Rol humano

En su rol humano el gerente se ocupa de las personas en sí, lo cual incluye cuatro aspectos fundamentales:

• El desarrollo de las personas (su capacitación y motivación) acompañando el ejercicio de los otros roles. Por ejemplo, la supervisión de las tareas de sus colaboradores corresponde al rol de administrador, pero la manera en que lo hace (si brinda coaching, si da el feedback adecuado, si motiva o desmotiva, etcétera) es inherente al rol humano.
• La construcción del trabajo en equipo, con sus pares, con sus colaboradores, etcétera.
• El ejercicio de ciertas actividades que forman parte de la gestión de los recursos humanos (reclutamiento, capacitación y desarrollo, evaluación y recompensas, etcétera) que debe realizar personalmente.
• La adecuada comunicación en todos los sentidos: hacia arriba (con supervisores), hacia el costado (con pares) y hacia abajo (con los colaboradores y otros miembros de la organización). Y esto demanda un adecuado

equilibrio en cuanto a las conductas que favorecen la comunicación efectiva (que tratamos en la sección III del Capítulo 3): diálogo y discusión, indagación y persuasión, asertividad y receptividad, etcétera.

G. Los roles gerenciales y el liderazgo

Liderar es influir sobre personas para que se encaminen al logro de objetivos comunes. O sea que el liderazgo gerencial tiene mucho que ver con el rol humano del gerente. Sin embargo, no se limita a él. En efecto:

- Las ideas del gerente, que atañen principalmente a su rol de arquitecto, constituyen la antesala intelectual del liderazgo. Por grande que sea la habilidad del gerente para relacionarse con otras personas, en principio su influencia no habrá de superar el alcance de sus ideas.
- La capacidad del gerente para ejercer el rol de administrador o de operador condiciona la disposición de los demás a aceptar su liderazgo. Por ejemplo, la excelencia de un gerente como operador puede generar admiración en sus colaboradores, lo cual a su vez afecta positivamente su rol de líder.
- El rol externo implica emplear lo antedicho en las relaciones con el entorno.

H. Competencias gerenciales

Las principales competencias gerenciales pueden identificarse en base a los roles gerenciales señalados:

- En el rol de administrador, el planeamiento y control de gestión.

- En el rol de arquitecto, particularmente en los niveles gerenciales más altos:
  - El planeamiento estratégico.
  - La gestión del cambio organizacional.
- En el rol humano, cabe plantear las competencias requeridas para cada uno de los cuatro aspectos señalados en F, pero especialmente con respecto a la conducción de los colaboradores del gerente:
  - Su desarrollo, que tiene mucho que ver con el liderazgo gerencial en torno a la tarea, que comentamos en la sección IV.B de este mismo capítulo.
  - La construcción de su trabajo en equipo.
  - El ejercicio para con ellos de ciertas funciones inherentes a la gestión de los recursos humanos.
  - La comunicación con ellos.

El Modelo de análisis organizacional incluido en el Apéndice general, en la sección que describe sintéticamente los sistemas gerenciales, brinda información que puede ser ilustrativa acerca de las competencias gerenciales reseñadas aquí.

I. Relevancia de las competencias genéricas

Debe tenerse en cuenta que muchas de las competencias genéricas tienden a adquirir mayor relevancia cuando se trata de un gerente, particularmente las abarcativas de liderazgo, innovación, RP/TD y administración del tiempo. Además, es interesante reflexionar acerca de los comentarios siguientes.

De nuestra observación de muchísimos gerentes a lo largo de nuestra actividad gerencial y de consultoría, hemos identificado ciertos atributos diferenciales que producen un desempeño sobresaliente en cada uno de los roles. Notamos que estos atributos están estrechamente vinculados con ciertas características personales subyacentes que tratamos en el Capítulo 2.

Los atributos diferenciales del **administrador** sobresaliente incluyen:

- La **preocupación por el orden**: que las cosas se hagan como se acordó que había que hacerlas, asociada con la inclinación a planificar y controlar. Esto se relaciona con ciertos rasgos de personalidad:
  - La conciencia o responsabilidad del modelo de los cinco grandes factores (Apéndice 2.1 del Capítulo 2).
  - Los rasgos de atención a las normas (N° 6), vigilancia (N° 9) y perfeccionismo (N° 15) del modelo 16 PF (Apéndice 2.2 del Capítulo 2).
- La **orientación a resultados**, que se relaciona:
  - Con la motivación por el logro, uno de los tres tipos de necesidades motivacionales identificadas por McClelland, que citamos en la sección sobre la personalidad del Capítulo 2. Además, se vincula con la competencia "logro" incluida por Goleman dentro de la inteligencia emocional-autogestión (Apéndice 2.5 del Capítulo 2).
  - Con la preferencia por lo sensorial (S), según el modelo de Myers-Briggs (Capítulo 5).
- La **inteligencia analítica**, primer aspecto que distingue Sternberg como factor de la inteligencia exitosa (sección sobre capacidad intelectual del Capítulo 2).

Los atributos diferenciales del **arquitecto** sobresaliente comprenden:

- La **actitud favorable al cambio**, que se corresponde con ciertos rasgos de personalidad:
  - La apertura a la experiencia, del modelo de los cinco grandes factores.

- Los rasgos de atrevimiento (N° 7), abstracción (N° 10) y apertura al cambio (N° 13) del modelo 16 PF.
- La preferencia por la intuición (N), según el modelo de Myers-Briggs.
- El **enfoque sistémico**, que abarca:
  - El abordaje integral de la problemática de la organización, al que nos referimos en diversas partes del Modelo de análisis organizacional (MAO) presentado en el Apéndice general.
  - La inclinación al pensamiento estratégico, que incluye la visión del futuro, la atención a objetivos no solo de corto sino también de largo plazo, etcétera.
  - La tendencia a sistematizar los procesos, mediante la creación de nuevas estructuras y sistemas o la transformación de sus condiciones actuales.
- La **capacidad de innovación**, que consiste en llevar la creatividad al terreno de los hechos. La innovación requiere:
  - Creatividad, segundo aspecto que distingue Sternberg como factor de la inteligencia exitosa.
  - Disposición a asumir riesgos, que se vincula con los rasgos de apertura a la experiencia, atrevimiento, etcétera, comentados antes.
  - Tenacidad o perseverancia en el propósito.

Los atributos diferenciales inherentes a un ejercicio sobresaliente del rol **humano** incluyen:
- La **inteligencia emocional**, intrapersonal e interpersonal, que tratamos en el Capítulo 2.
- Ciertos **valores y creencias**.

J. Evolución de la importancia relativa de los roles

El tema de los roles puede profundizarse pensando en los distintos niveles jerárquicos de la organización. Aquí, a riesgo de simplificar demasiado, podríamos distinguir convencionalmente cinco bandas de niveles, de abajo arriba.

1. Primera línea, o sea nivel más bajo (no gerentes).
2. Supervisores de primera línea y mandos medios.
3. Ejecutivos que reportan al gerente general y otros miembros de la alta gerencia.
4. Gerentes generales.
5. Superiores de gerentes generales (por ejemplo, en una multinacional, los miembros de la dirección corporativa).

Claro está que pueden identificarse más niveles desglosando cualquiera de las bandas enunciadas, por ejemplo, separando los supervisores de los mandos medios.

Aclaramos que entendemos por gerente general al ejecutivo N° 1 de toda la organización o de una unidad de negocio, cualquiera sea su denominación formal: presidente, CEO, director general, etcétera. Por extensión, puede incluirse a un gerente de operaciones o COO que abarque funciones cercanas a las de un gerente general.

Tomando como base dichas bandas de niveles, permítasenos especular acerca de la importancia relativa de cada rol en cada uno de los niveles. En este sentido sería razonable pensar que **en general**, y probablemente admitiendo abundantes excepciones, a medida que sube el nivel ocurre lo siguiente con la importancia relativa de cada rol:

- La del rol de operador disminuye.
- La del rol externo evoluciona de manera diversa, según el tipo de función; por ejemplo, no es lo mismo un gerente de relaciones públicas que un gerente de fábrica. Pero es probable que para un gerente general sea muy importante el rol externo, salvo que exista por separado un presidente del directorio que concentre este rol.

- La del rol de administrador aumenta en una primera etapa, pero luego disminuye para dar lugar a los roles crecientes de arquitecto y humano.
- La del rol de arquitecto aumenta.
- La del rol humano también aumenta, aunque cabe dudar de si tiene que ser mayor en los niveles más altos que en los medios. Aquí influye cómo se enfoca el rol humano: si se lo ve más bien limitado a los colaboradores directos, o si se resalta la influencia sobre todos los miembros de la organización que reportan directa o indirectamente al gerente. En el segundo caso, parecería que la importancia del rol humano tiende a seguir creciendo; a título ilustrativo podemos concebir la importancia de un gerente general como modelo de comportamiento de toda la organización.

Dicho tipo de razonamiento constituye una buena base para calibrar las competencias gerenciales en función de los niveles.

III. FUNCIONES Y ATRIBUTOS DEL LÍDER

A. El modelo de Kouzes y Posner

Este tema de las funciones del líder ha sido tratado en abundancia y por muchísimos autores. Es poco o nada lo que nosotros podemos agregar. En vista de ello, nos ha parecido oportuno seleccionar una de las obras que consideramos más valiosas y hacer una breve referencia a ella. Se trata de *El desafío del liderazgo*, de Jim Kouzes y Barry Posner (Granica, 1997). A continuación transcribimos el cuadro que figura en el Capítulo 1 de dicho libro:

DIEZ COMPROMISOS DEL LIDERAZGO	
PRÁCTICAS	**COMPROMISOS**
Desafiar el proceso	1. Salir a la búsqueda de oportunidades que presenten el desafío de cambiar, crecer, innovar y mejorar. 2. Experimentar, correr riesgos y aprender de los errores que se producen.
Inspirar una visión compartida	3. Imaginar un futuro edificante y ennoblecedor. 4. Reunir a otros en torno a una visión común apelando a sus valores, intereses, esperanzas y sueños.
Habilitar a otros para actuar	5. Fomentar la colaboración mediante la promoción de metas cooperativas y la generación de confianza. 6. Fortalecer a las personas mediante la cesión de poder, la posibilidad de elección, el desarrollo de la competencia, la adjudicación de tareas críticas y el ofrecimiento de apoyo.
Servir de modelo	7. Dar el ejemplo comportándose en forma coherente con los valores compartidos. 8. Obtener pequeños triunfos que promuevan el progreso firme y generen compromiso.
Brindar aliento	9. Reconocer las contribuciones individuales al éxito de cualquier proyecto. 10. Celebrar los logros del equipo en forma regular.

Adicionalmente, los mismos autores han elaborado *El planificador para líderes* (Granica, 2005), una guía práctica para que una persona trate de desarrollar sus competencias como líder.

B. Resumen de las funciones del líder

Si tomamos como base los diez compromisos del cuadro precedente, los conceptos de John Kotter (otro gran autor

251

acerca del tema) y los roles gerenciales presentados en la sección anterior, podemos resumir las funciones del líder en dos grandes campos, conforme muestra el cuadro siguiente.

Fuente	Campos	
	Desarrollo de ideas	Influencia interpersonal
Kouzes y Posner	Desafiar al proceso Inspirar una visión compartida – Imaginar un futuro...	Inspirar una visión compartida – Reunir a otros... Habilitar a otros para actuar Servir de modelo Brindar aliento
Kotter	Señalar un rumbo	Alinear a la gente Motivar a la gente
Roles gerenciales (principalmente)	Arquitecto	Humano

Al final de la sección anterior sobre los roles de un gerente destacamos que las ideas del gerente, que atañen principalmente a su rol de arquitecto, constituyen la antesala intelectual del liderazgo. Por grande que sea la habilidad del gerente para relacionarse con otras personas, en principio su influencia no habrá de superar el alcance de sus ideas. También reconocimos que los roles de operador, externo y administrador afectan el liderazgo, pero en menor grado. Por ello en el cuadro precedente nos concentramos en los roles de arquitecto y humano (de aquí la aclaración "principalmente").

C. Atributos de los líderes

Este tema lo tratamos en el Capítulo 3 de nuestro libro anterior, en coautoría con Edgardo Sanguineti, *Gerencia y lide-*

razgo (Macchi, 2003). Para el texto actual nos parece suficiente reproducir, en el Apéndice 6.1, el cuadro que incluimos en dicho capítulo, pero con ciertas modificaciones de orden. Se trata de un análisis comparativo de los atributos que deben tener los líderes, según los autores más destacados en el tema, basado en el Capítulo 1, "El liderazgo" de *Lo mejor de los gurús,* de Joseph y Jimmie Boyett (Gestión 2000, 1999).

Para facilitar dicho análisis, hemos clasificado los atributos en función de tipos de competencias. Esta clasificación nos permite observar que el liderazgo depende, en mayor o menor grado, de ciertas características personales dentro del marco que presentamos en el Capítulo 2, a saber:

- Conocimientos y habilidades específicas.
- Valores y creencias.
- Condiciones físicas.
- Personalidad.
- Inteligencia.

Cabe señalar que los atributos incluidos en el cuadro del Apéndice 6.1 no son identificables específicamente con la vocación. Sin embargo, esta característica personal juega en forma implícita debido a su vinculación con las demás características personales, según se desprende de los conceptos de anclas de carrera de Schein, comentados en el mismo Capítulo 2.

Conforme señalamos allí, las condiciones físicas, la personalidad y la inteligencia provienen parcialmente de factores genéticos y continúan construyéndose a lo largo de la vida. Dada la participación de dichas características fundacionales en la configuración de los atributos del líder, se desprende que este en parte "nace" y en parte "se hace". Además, a medida que transcurren los años el "se hace" va incorporándose a la estructura de la persona, de manera que a su vez tiende a mezclarse con el "se nace". De todos modos, el liderazgo se puede aprender en mayor o menor grado. Tal vez sea difícil o imposible adquirir los atributos de los grandes líderes de la historia. Pero es factible mejorar las competencias de liderazgo, sobre todo aquellas más específicas, como las requeridas por el ejercicio del liderazgo gerencial (que trataremos en la sección siguiente) o por la aplicación del liderazgo situacional (que analizaremos en el Capítulo 8).

Por otro lado, el liderazgo, que es una relación entre líder y liderado, no es función exclusiva de los atributos del líder, sean estos genéticos o aprendidos. El liderazgo depende significativamente de las necesidades y expectativas del liderado y de otros factores que intervienen en la situación. Por ejemplo, ciertos valores personales pueden favorecer el liderazgo en determinado ambiente y perjudicarlo en otro; o un estilo de liderazgo ser eficaz en ciertas circunstancias pero ineficaz en otras. Esto entraña un enfoque situacional, que trataremos especialmente en el Capítulo 8.

IV. EJERCICIO DEL LIDERAZGO GERENCIAL

A. Alcance del liderazgo gerencial

Hemos dicho que el liderazgo se vincula principalmente con los roles gerenciales de arquitecto y humano. Y destacamos la importancia del arquitecto como antesala intelectual del liderazgo. A continuación nos referiremos al rol humano.

En la sección anterior sobre los roles de un gerente señalamos que el humano incluye cuatro aspectos fundamentales:

- El desarrollo de las personas (su capacitación y motivación) acompañando el ejercicio de los otros roles.
- El desarrollo del trabajo en equipo.

- El ejercicio de ciertas actividades inherentes a la gestión de los recursos humanos.
- La adecuada comunicación en todos los sentidos.

A continuación trataremos los dos primeros aspectos.

B. Las funciones del liderazgo gerencial en torno a la tarea de los colaboradores

Como administrador y como arquitecto, el gerente planifica, dirige y controla la tarea de sus colaboradores en la operación y en la arquitectura, respectivamente. Pero la manera en que ejerce estos roles en cuanto al desarrollo de las personas es inherente al rol humano, lo cual afecta significativamente el liderazgo del gerente. En este sentido es relevante considerar las funciones del liderazgo gerencial en torno a la tarea de los colaboradores, funciones que comprenden:

1. Asignar la tarea.
2. Brindar orientación para ponerla en marcha: acordar objetivos, suministrar instrucciones, transmitir valores, etcétera.
3. Brindar apoyo a lo largo de la tarea, tanto en aspectos inherentes a la tarea como a problemas personales que puede tener el colaborador.
4. Controlar la ejecución de la tarea y sus resultados.
5. Suministrar feedback al colaborador.
6. Evaluar formalmente el desempeño del colaborador en relación con la tarea y comunicarle debidamente la evaluación.
7. Administrar el régimen de recompensas (premios y castigos). Aquí es importante tener en cuenta que el régimen de recompensas comprende muchos factores, además de la remuneración.

El Gráfico 6.4, que denominamos **"la rueda"**, sintetiza dichas funciones.

Gráfico 6.4

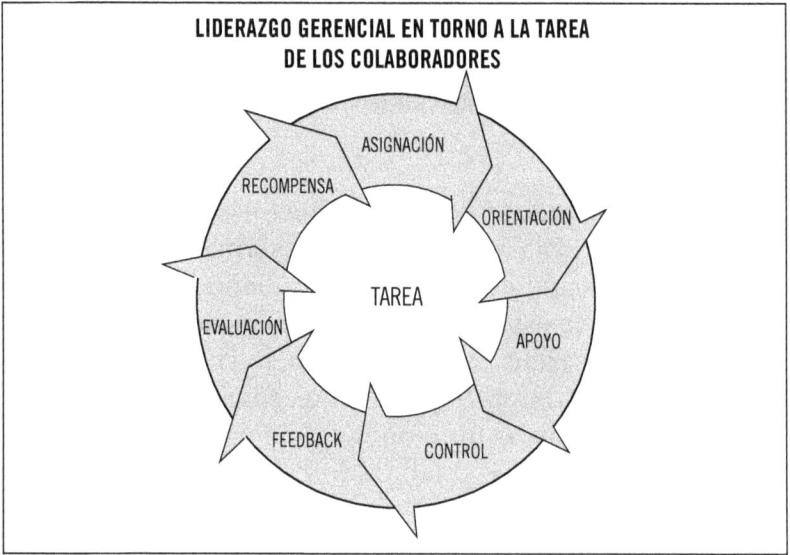

LIDERAZGO GERENCIAL EN TORNO A LA TAREA DE LOS COLABORADORES

ASIGNACIÓN
RECOMPENSA
ORIENTACIÓN
TAREA
EVALUACIÓN
APOYO
FEEDBACK
CONTROL

Es conveniente precisar la diferencia entre feedback (función 4) y evaluación formal (función 5). Feedback es información que una persona (el emisor) da a otra (el receptor) acerca del desempeño (la conducta y sus resultados) del receptor, con el propósito de ayudarlo. Dentro del feedback cabe hacer la distinción entre el feedback positivo, que consiste en el refuerzo de un desempeño favorable (por ejemplo, por medio del elogio), y la crítica constructiva, correspondiente a un desempeño mejorable. El feedback es información que puede o debe darse en múltiples oportunidades. En este sentido, es distinto de la entrevista de evaluación que formalmente cabe hacer en un momento determinado, en general de acuerdo con políticas establecidas; por ejemplo, una o dos veces al año. La evaluación suele incluir un resumen del feedback brindado en las oportunidades respectivas.

El tipo y el alcance de las cuatro primeras funciones (asignación, orientación, apoyo y control) deben adecuarse al nivel de desarrollo (competencia y motivación) del colaborador respecto de la tarea, así como también a otros factores que juegan en la situación. Esto lo trataremos específicamente en el Capítulo 8, en la sección sobre el liderazgo situacional. A su vez, el tipo y alcance adoptados influyen sobre el futuro nivel de desarrollo del colaborador. Por ejemplo, una asignación injusta, la exigencia de objetivos absurdos, la carencia de apoyo o un control exagerado pueden atentar contra la motivación; y es fácil imaginar muchos otros ejemplos de comportamientos del líder que favorecen o perjudican la competencia o la motivación.

En cambio, el tipo y el alcance de las otras tres funciones (feedback, evaluación y recompensas) dependen del desempeño del colaborador en la tarea, aunque también afectan su competencia y motivación.

En los dos párrafos precedentes señalamos la conveniencia de variar el tipo y el alcance de las siete funciones indicadas en base a los factores pertinentes. Sin embargo, esta variación no quita que **debe cumplirse necesariamente con las siete funciones**; claro está que de diversas maneras y en distintas medidas, según las circunstancias.

Aún más: la omisión o el ejercicio indebido de cualquiera de ellas suele atentar contra el resto de las funciones. Por ejemplo, si el líder no brindó la orientación o el apoyo correspondiente, ¿cuál habrá de ser su predicamento para suministrar feedback o para la entrevista de evaluación?; o si perdió el control, ¿cuál es su base para las funciones siguientes?; o si calló el feedback sobre ciertos comportamientos del colaborador, ¿cuál puede ser la reacción de este frente a su mención tardía en la entrevista de evaluación?; o si se equivocó en la evaluación, ¿cuál puede ser el efecto sobre el régimen de recompensas?; etcétera.

En el Anexo 6.2 se incluye el instrumento titulado "Autoevaluación – Ejercicio del liderazgo gerencial en torno a la tarea del colaborador" (Form. LID GER-A) y, en el Anexo 6.3, uno similar pero aplicable a la evaluación del colaborador respecto del ejercicio del liderazgo gerencial por parte del gerente (Form. LID GER-C).

Aconsejamos el empleo de dicha evaluación del colaborador (LID GER-C) solo si se dan ciertas condiciones:

1. Que quede claro para ambas partes que el objetivo es analizar el comportamiento del gerente y no el del colaborador.
2. Que el gerente esté dispuesto a prestarle atención al colaborador y a cambiar en consecuencia.
3. Que haya confianza mutua, sobre todo del colaborador en el gerente, como para que le brinde feedback genuino, sin temor a consecuencias desfavorables para él.
4. Que no medie ningún acontecimiento particular que entorpezca el proceso; por ejemplo, un conflicto importante pendiente de resolución entre el gerente y su colaborador.

C. El desarrollo del trabajo en equipo de los colaboradores

El ejercicio de las funciones de liderazgo gerencial, analizado en la sección anterior, tiene más que ver con la relación del gerente con cada uno de sus colaboradores, que afecta individualmente sus respectivas competencias y motivaciones. Pero, además de ello, es importante la influencia del gerente sobre el trabajo en equipo de su grupo.

En el Capítulo 8, "Liderazgo y trabajo en equipo", de *Gerencia y liderazgo* (Lazzati y Sanguineti), tratamos:

- Los atributos de los grupos en cuanto al trabajo en equipo.
- Las funciones del líder para el trabajo en equipo.

En un anexo del capítulo citado figura un "Cuestionario sobre los atributos del grupo" a ser contestado individualmente por los miembros de un grupo real. La compilación de las respuestas constituye *input* para intercambiar información acerca de percepciones personales, identificar y priorizar problemas y analizar sus causas y consecuencias. El diagnóstico sirve de base para que los miembros del grupo elaboren conjuntamente un plan de acción tendiente a desarrollar el trabajo en equipo.

En el Anexo 6.4 incluimos una versión revisada de aquel cuestionario (Form. TE-IND). Consideramos que se explica por sí solo; sin embargo, si el lector desea profundizar el significado de sus preguntas, lo remitimos al citado Capítulo 8. (Además, el Capítulo 3 del presente libro, referente a la comunicación, constituye un buen cimiento de la sección I.B, acerca del clima de las relaciones interpersonales.)

El cuestionario pregunta: "¿En qué medida se dan los siguientes atributos?", y ofrece una lista de ellos. Ahora bien, nos parece que estos mismos ítems pueden servir de base para que el gerente a cargo de un grupo se pregunte: "¿En qué medida *yo contribuyo* favorablemente al logro de dichos atributos?". Vale decir que el gerente puede emplear prácticamente el mismo cuestionario, pero modificando el planteo. En el Anexo 6.5 presentamos el cuestionario así adaptado (Form. LID TE). El gerente puede contestarlo teniendo o no en cuenta como antecedente los resultados del proceso iniciado con la aplicación del TE-IND.

V. RESUMEN FINAL

Un gerente es quien tiene a su cargo un área de responsabilidad, desde toda la organización tomada en conjunto hasta un pequeño sector o proyecto de la misma, incluyendo el desempeño de la gente que la integra. Sin embargo, es válido extender el concepto de gerente a las personas que reúnen las características siguientes (aunque no tengan gente a cargo):

- Administran recursos financieros, físicos o intangibles importantes.
- Para cumplir su función, deben ejercer influencia significativa sobre otros miembros de la organización.

Liderazgo es el proceso por el cual una persona influye en otras para que se encaminen hacia el logro de objetivos comunes.

Entre gerencia y liderazgo existe una suerte de solape parcial: parte de la gerencia requiere el ejercicio del liderazgo y parte del liderazgo es ejercido por gerentes. A la zona en común la denominamos "liderazgo gerencial".

Liderar es esencialmente provocar motivación. Por otra parte, el liderazgo es una forma de poder. Pero no todo ejercicio del poder significa liderazgo. Vale decir que la relación entre poder y liderazgo es más bien de género a especie. El liderazgo radica esencialmente en el poder personal, y excluye la influencia basada exclusivamente en la autoridad formal o en la coerción.

Un gerente, cualquiera sea su nivel, ejerce los siguientes roles:

- Generales – Son aplicables tanto a gerentes como no gerentes:
  1. Operador – Actúa personalmente en la operación.
  2. Externo – Se relaciona con el entorno.
- Gerenciales – Son inherentes a la condición de gerente:
  1. Administrador – Gestiona la operación a través de otras personas, incluyendo especialmente a sus colaboradores.

2. Arquitecto – Crea o modifica la arquitectura.
3. Humano – Se ocupa de las personas en sí.

El liderazgo tiene mucho que ver con el rol humano. Sin embargo, también depende de los otros roles, especialmente del de arquitecto.

En cuanto a las funciones del líder, hemos hecho referencia a la obra de Kouzes y Posner, que destaca los diez compromisos del liderazgo. Tomando en cuenta lo desarrollado por estos y otros autores, podemos resumir que el liderazgo comprende dos grandes campos:

* El del desarrollo de las ideas, que abarca la visión y se vincula con el rol de arquitecto.
* El de la influencia interpersonal, que atañe a la motivación y al alineamiento de la gente y se relaciona especialmente con el rol humano.

Con respecto a los atributos del líder, los identificamos con ciertas características personales, dentro del marco que presentamos en el Capítulo 2. Sobre esta base, puede decirse que el líder en parte nace y en parte se hace. Pero el liderazgo depende no solo de los atributos de quien lo ejerce, sino también de las necesidades y expectativas de los liderados y de otros factores que intervienen en la situación.

En el ejercicio del liderazgo gerencial hemos hecho hincapié en las funciones del gerente:

* En torno a la tarea de los colaboradores. Aquí destacamos las funciones de asignación, orientación, apoyo, feedback, evaluación y recompensas.
* En relación con el desarrollo del trabajo en equipo de los colaboradores. En este sentido propusimos que el gerente debe examinar en qué medida contribuye favorablemente al logro de los atributos de los grupos que trabajan en equipo.

APÉNDICE 6.1
ATRIBUTOS DE LOS LÍDERES SEGÚN CIERTOS AUTORES

ATRIBUTOS DE LOS LÍDERES - COMPETENCIAS	BENNIS	NANNUS	O'TOOLE	COVEY		DEPREE	GARDNER
	Ingredientes	Mega habilidades	Características	Hábito	Características	Atributos	Atributos
MOTIVOS							Necesidad de conseguir
RASGOS	Curiosidad Osadía				Irradia energía positiva Ve la vida como una aventura	Sentido del humor Energía intelectual y curiosidad Comodidad con las ambigüedades	Valentía, resolución, firmeza
AUTOCONCEPTO					Orientación de servicio		Confianza (en sí mismo)
VALORES	Integridad	Altos niveles de integridad	Integridad Respeto por los seguidores			Integridad	

ATRIBUTOS DE LOS LÍDERES - COMPETENCIAS	BENNIS Ingredientes	NANNUS Mega habilidades	O'TOOLE Características	COVEY Hábito	COVEY Características	DEPREE Atributos	GARDNER Atributos
CREENCIAS				Pensamiento ganar-ganar	Cree en las otras personas	Confianza (en los demás)	
CONOCIMIENTOS							
CAPACIDAD INTELECTUAL		Visión de futuro		Sinergia (creatividad)		Respeto al futuro, atención al presente y comprensión del pasado / Perspicacia / Amplitud	Inteligencia y buen juicio en las decisiones
INTELIGENCIA EMOCIONAL • Aptitud personal - Autoconocimiento - Autorregulación - Motivación	Visión (de sí mismo) / Pasión	Iniciativa		Ser proactivo / Afinar (aprendizaje)	Lleva una vida equilibrada / Comprometido con el ejercicio físico, mental, emocional y espiritual para autorrenovarse	Presencia previsibilidad	Adaptabilidad, flexibilidad de enfoque / Buena voluntad para aceptar responsabilidades

263

ATRIBUTOS DE LOS LÍDERES COMPETENCIAS	BENNIS Ingredientes	NANNUS Mega habilidades	O'TOOLE Características	COVEY Hábito	COVEY Características	DEPREE Atributos	GARDNER Atributos
• Aptitud social - Empatía			Confianza (refleja valores de los seguidores)			Preocupación por el espíritu humano	Comprensión de sus seguidores y sus necesidades
- Habilidades sociales	Confianza (de los demás)	Dominio de la interdependencia	Saber escuchar	Intentar primero entender (y luego ser entendido)			Habilidad en el trato con personas Capacidad para motivar Capacidad para ganarse la confianza de la gente Influencia, dominio, asertividad
CAPACIDAD FÍSICA							Vitalidad física y resistencia

ATRIBUTOS DE LOS LÍDERES COMPETENCIAS	BENNIS Ingredientes	NANNUS Mega habilidades	O'TOOLE Características	COVEY Hábito	COVEY Características	DEPREE Atributos	GARDNER Atributos
HABILIDADES ESPECÍFICAS			Dominio de los cambios Diseño de la organización Aprendizaje anticipado	Empezar con el final en mente Poner las cosas importantes en primer lugar	Aprendizaje continuo Sinergia	Valentía en las relaciones	Competencia en las tareas Capacidad para dirigir, decidir y establecer prioridades

Fuente: *Lo mejor de los gurús*, de Joseph y Jimmie Boyett. Gestión 2000, 1999.

ANEXO 6.1

BIBLIOGRAFÍA

Libros citados en el capítulo

Boyett, Joseph, y Boyett, Jimmie: *Lo mejor de los gurús.* Gestión 2000, 1999.

Kotter, John P.: *La verdadera labor de un líder.* Norma, 1999.

Kouzes, Jim, y Posner, Barry: *El desafío del liderazgo.* Granica, 1997.

_____ *El planificador para líderes.* Granica, 2005.

Lazzati, Santiago, y Sanguineti, Edgardo: *Gerencia y liderazgo.* Macchi, 2003.

Otras obras

Adizes, Ichak: *Ciclos de vida de la organización.* Díaz de Santos, 1994.

_____ *Cómo evitar la incompetencia gerencial.* Diana, 1980 (4ª reimpresión, 1986).

Covey, Stephen R.: *El liderazgo centrado en principios.* Paidós, 1993.

Mintzberg, Henry: *La naturaleza del trabajo directivo.* Ariel Económica, 1991.

ANEXO 6.2
(Form. LID GER - A)

AUTOEVALUACIÓN
EJERCICIO DEL LIDERAZGO GERENCIAL
EN TORNO A LA TAREA DEL COLABORADOR

Nombre y apellido: Fecha:

Cargo: Empresa:

Este instrumento indica una serie de funciones de liderazgo que un gerente*
debe ejercer con cada uno de sus colaboradores.

Calificando de 4 (máximo) a 1 (mínimo), responda para cada una de dichas funciones: ¿en qué medida estoy ejerciendo debidamente las funciones indicadas?,
colocando una tilde o marca en el casillero correspondiente de las columnas ubicadas a la derecha.

I. Ejercicio de funciones específicas	Medida				
	N**	1	2	3	4
Tarea 1. Asigno adecuadamente las tareas (tomo en cuenta vocación, competencias, motivación, equidad en las oportunidades, etcétera).					
2. Me ocupo de que mis colaboradores dispongan de la autoridad y de los recursos necesarios para realizar la tarea.					
Orientación 3. Comunico adecuadamente los objetivos a lograr (qué, para qué y cuánto).					
4. Brindo la información correspondiente (estrategias, instrucciones, etcétera) para facilitar el cumplimiento de los objetivos (cómo, dónde, cuándo, etcétera).					

---

*   Se entiende por gerente a quien tiene a su cargo un área de responsabilidad, desde
    toda la organización tomada en conjunto hasta uno de sus sectores o proyectos, y el
    desempeño de la gente que lo integra.
** "No opino" o "no aplicable".

I. Ejercicio de funciones específicas *(Continuación)*	Medida				
	N	1	2	3	4
5. Transmito (con la palabra y la conducta) los valores correspondientes.					
Apoyo 6. Me aproximo a mis colaboradores.					
7. Facilito que mis colaboradores se aproximen a mí.					
8. Brindo la capacitación necesaria en el trabajo (coaching).					
9. Brindo apoyo en la realización de la tarea.					
10. Brindo apoyo en la relación con otros sectores de la organización.					
11. Brindo apoyo en la atención de problemas personales.					
Control 12. Controlo debidamente la ejecución y los resultados de la tarea.					
13. Adopto las medidas pertinentes en función de 12.					
Feedback 14. Suministro en forma oportuna y adecuada feedback positivo acerca de conductas y resultados que deben reforzarse.					
15. Suministro en forma oportuna y adecuada crítica constructiva acerca de conductas o resultados que cabe mejorar.					
Evaluación 16. Evalúo equitativamente el desempeño de mis colaboradores.					
17. Comunico debidamente dicha evaluación.					
18. Evalúo debidamente el potencial de mis colaboradores.					
19. Comunico debidamente dicha evaluación.					

I. Ejercicio de funciones específicas (Continuación)	Medida				
	N	1	2	3	4
Recompensas 20. Otorgo las recompensas (monetarias y no monetarias) correspondientes, en la medida en que están a mi alcance.					
21. Aplico las penalidades correspondientes.					

II. Ejercicio de funciones generales	Medida				
	N	1	2	3	4
Comunicación 22. Escucho activamente y brindo la debida atención a lo que me dicen.					
23. Transmito clara y sinceramente mis ideas y me aseguro de que mi mensaje sea correctamente interpretado.					
Participación 24. En los procesos de toma de decisiones (fijación de objetivos, resolución de problemas, etcétera), brindo a los colaboradores la oportunidad de aportar información, ideas, opiniones, etcétera.					
25. Soy receptivo a dichos aportes.					
26. Al momento de tomar la decisión, trato de lograr consenso con los colaboradores, salvo en aquellas situaciones en que no es razonable la búsqueda de consenso.					
Delegación 27. Delego en mis colaboradores todas las tareas que sería razonable delegar, teniendo en cuenta su competencia y motivación para la tarea, y demás factores pertinentes.					
28. Al delegar, lo hago de manera efectiva.					
29. Me ocupo de que mis colaboradores reciban la capacitación necesaria para realizar la tarea.					
30. Favorezco la motivación de mis colaboradores.					

ANEXO 6.3

(Form. LID GER - C)

EVALUACIÓN DEL COLABORADOR
EJERCICIO DEL LIDERAZGO GERENCIAL
EN TORNO A LA TAREA DEL COLABORADOR

Usted brinda el feedback	Gerente destinatario del feedback	Fecha
Nombre y apellido:	Nombre y apellido:	
Cargo:	Empresa:	

Usted es colaborador del gerente; o sea, que reporta a él. Este instrumento indica una serie de funciones que dicho gerente debería ejercer *con usted*. Calificando de 4 (máximo) a 1 (mínimo), responda para cada uno de los ítems: **¿en qué medida el gerente analizado está ejerciendo debidamente** *conmigo* **las funciones indicadas?**, colocando una tilde o marca en el casillero correspondiente de la columna derecha.

Nota: por favor, limite su evaluación al comportamiento del gerente con usted, con independencia de cómo él se comporta con otros colaboradores.

I. Ejercicio de funciones específicas	Medida				
	N*	1	2	3	4
Tarea 1. Asignar adecuadamente las tareas (tomar en cuenta vocación, competencias, motivación, equidad en las oportunidades, etcétera).					
2. Ocuparse de que usted disponga de la autoridad y de los recursos necesarios para realizar la tarea.					

---

* "No opino" o "no aplicable".

I. Ejercicio de funciones específicas *(Continuación)*	Medida				
	N	1	2	3	4
Orientación _____ 3. Comunicar adecuadamente los objetivos a lograr (qué, para qué y cuánto).					
4. Brindar la información correspondiente (estrategias, instrucciones, etcétera) para facilitar el cumplimiento de los objetivos (cómo, dónde, cuándo, etcétera).					
5. Transmitir (con la palabra y la conducta) los valores correspondientes.					
Apoyo 6. Aproximarse a usted.					
7. Facilitar que usted se aproxime a él.					
8. Brindar la capacitación necesaria en el trabajo (coaching).					
9. Brindar apoyo en la realización de la tarea.					
10. Brindar apoyo en la relación con otros sectores de la organización.					
11. Brindar apoyo en la atención de problemas personales.					
Control 12. Controlar debidamente la ejecución y los resultados de la tarea.					
13. Adoptar las medidas pertinentes en función de 12.					
Feedback _____ 14. Suministrar en forma oportuna y adecuada feedback positivo acerca de conductas y resultados que deben reforzarse.					
15. Suministrar en forma oportuna y adecuada crítica constructiva acerca de conductas o resultados que cabe mejorar.					

271

I. Ejercicio de funciones específicas (Continuación)	Medida				
	N	1	2	3	4
Evaluación _____ 16. Evaluar equitativamente su desempeño.					
17. Comunicar debidamente dicha evaluación.					
18. Evaluar debidamente su potencial.					
19. Comunicar debidamente dicha evaluación.					
Recompensas ___ 20. Otorgar las recompensas (monetarias y no monetarias) correspondientes, en la medida en que estén a su alcance.					
21. Aplicar las penalidades correspondientes.					

II. Ejercicio de funciones generales	Medida				
	N	1	2	3	4
Comunicación 22. Escuchar activamente y brindar la debida consideración a lo que le dicen.					
23. Transmitir clara y sinceramente las ideas y asegurarse de que el mensaje sea correctamente interpretado.					
Participación 24. En los procesos de toma de decisiones (fijación de objetivos, resolución de problemas, etcétera), brindar la oportunidad de aportar información, ideas, opiniones, etcétera.					
25. Ser receptivo a dichos aportes.					
26. Al momento de tomar la decisión, tratar de lograr su consenso, salvo en aquellas situaciones en que no sea razonable la búsqueda de consenso.					

II. Ejercicio de funciones generales *(Continuación)*	Medida				
	N	1	2	3	4
Delegación 27. Delegar todas las tareas que sería razonable delegar, teniendo en cuenta su competencia y motivación para la tarea, y demás factores pertinentes.					
28. Al delegar, hacerlo de manera efectiva.					
Desarrollo 29. Ocuparse de que usted reciba la capacitación necesaria para realizar la tarea.					
30. Favorecer su motivación.					

ANEXO 6.4

(Form. TE-IND)

EVALUACIÓN INDIVIDUAL
SOBRE EL GRADO DE TRABAJO EN EQUIPO
DE UN GRUPO REAL

Fecha

Evaluador:
Grupo real evaluado:
Empresa:

Este instrumento indica una serie de atributos inherentes al trabajo en equipo.

En su opinión, ¿en qué medida el grupo real posee dichos atributos?

Califique, de 4 (máximo) a 1 (mínimo), colocando una tilde o marca en el casillero correspondiente de las columnas ubicadas a la derecha.

Atributos	Medida				
	N*	1	2	3	4
I. Atributos inherentes al trabajo en equipo					
A. UNIDAD DEL GRUPO 1. Misión y objetivos compartidos entre los miembros.					
2. Intereses, valores y creencias de los miembros inherentes a la problemática del grupo, que sean compatibles entre sí.					
3. Compromiso/motivación de los miembros con la tarea a realizar.					
4. Satisfacción/orgullo de los miembros por pertenecer al grupo.					

* "No opino" o "no aplicable".

Atributos *(Continuación)*	Medida				
	N	1	2	3	4
B. CLIMA DE LAS RELACIONES INTERPERSONALES *Actitudes y comportamientos predominantes de los miembros* 1. Calidad de la comunicación.					
2. Confianza.					
3. Respeto.					
4. Cordialidad.					
5. Orientación positiva.					
6. Asertividad.					
7. Receptividad.					
8. Suministro de feedback efectivo.					
9. Reducción de barreras defensivas.					
10. Cooperación/Solidaridad.					
11. Adecuado manejo del conflicto.					
C. CONTRIBUCIÓN DE LOS MIEMBROS 1. Energía/entusiasmo de los miembros en la realización de la tarea.					
2. Búsqueda de la excelencia en la realización de la tarea.					
3. Orientación a resultados.					
4. Orientación al cliente.					
5. Participación de los miembros en el proceso de resolución de problemas y toma de decisiones					
6. Fomento/apoyo de la innovación.					
7. Ambiente favorable para el disenso.					
8. Liderazgo de los miembros del grupo (y no solo del jefe).					
9. Aprovechamiento efectivo de las competencias individuales de los miembros (conocimientos y habilidades, estilos personales, etcétera).					

Atributos (Continuación)	Medida				
	N	1	2	3	4
II. Atributos que suelen estar vinculados con el trabajo en equipo					
D. COMPETENCIAS DE LOS MIEMBROS DEL GRUPO 1. Conocimientos y habilidades específicas para la realización adecuada de la tarea del grupo.					
2. Aptitudes intrapersonales e interpersonales de los miembros del grupo que favorecen el trabajo en equipo.					
E. ESTRUCTURA ORGANIZATIVA DEL GRUPO 1. Asignación eficaz de responsabilidades y tareas entre los miembros del grupo.					
2. Mecanismos efectivos de coordinación de las tareas internas del grupo, así como entre los miembros del grupo y personas fuera de él.					
F. PROCESOS OPERATIVOS DE GRUPO 1. Empleo de una metodología adecuada para el proceso de resolución de problemas y toma de decisiones.					
2. Adecuado planeamiento, ejecución y seguimiento de las reuniones, a fin de maximizar su productividad.					
3. Delegación adecuada de tareas (implica transferir a los individuos que componen el grupo o subgrupos a aquellas tareas en donde estos son más eficientes).					
4. Autoevaluación sistemática del funcionamiento del grupo como equipo (acompañada del suministro correspondiente de feedback y de la elaboración de planes de acción para mejorar).					

Atributos (Continuación)	Medida				
	N	1	2	3	4
G. RECURSOS OPERATIVOS DEL GRUPO 1. De información.					
2. Financieros.					
3. Físicos.					
4. Tecnológicos.					
H. INFLUENCIA DEL RESTO DE LA ORGANIZACIÓN 1. Estrategia, estructura y sistemas de la organización que favorecen la tarea del grupo.					
2. Régimen de premios y castigos que alienta al trabajo en equipo.					
3. Clima de las relaciones con otros grupos de la organización.					
4. Contribución necesaria de otros miembros de la organización.					

ANEXO 6.5

(Form. TE-GER)

EVALUACIÓN DEL GERENTE
SOBRE SU CONTRIBUCIÓN AL TRABAJO EN EQUIPO
DEL GRUPO DE PERSONAS A SU CARGO

Fecha

Evaluador:
Grupo real evaluado:
Empresa:

Este instrumento indica una serie de atributos inherentes al trabajo en equipo de un grupo.

Evaluando entre 4 (máximo) y 1 (mínimo), en su opinión, ¿en qué medida usted como gerente del grupo contribuye al desarrollo de dichos atributos?

Conteste colocando una tilde o marca en el casillero correspondiente de las columnas a la derecha.

Atributos	Medida				
	N*	1	2	3	4
I. Atributos inherentes al trabajo en equipo					
A. UNIDAD DEL GRUPO 1. Misión y objetivos compartidos entre los miembros.					
2. Intereses, valores y creencias de los miembros inherentes a la problemática del grupo, que sean compatibles entre sí.					
3. Compromiso/motivación de los miembros con la tarea a realizar.					
4. Satisfacción/orgullo de los miembros por pertenecer al grupo.					

* "No opino" o "no aplicable".

278

Atributos *(Continuación)*	Medida				
	N	1	2	3	4
B. CLIMA DE LAS RELACIONES INTERPERSONALES *Actitudes y comportamientos predominantes de los miembros* 1. Calidad de la comunicación.					
2. Confianza.					
3. Respeto.					
4. Cordialidad.					
5. Orientación positiva.					
6. Asertividad.					
7. Receptividad.					
8. Suministro de feedback efectivo.					
9. Reducción de barreras defensivas.					
10. Cooperación/Solidaridad.					
11. Adecuado manejo del conflicto.					
C. CONTRIBUCIÓN DE LOS MIEMBROS 1. Energía/entusiasmo de los miembros en la realización de la tarea.					
2. Búsqueda de la excelencia en la realización de la tarea.					
3. Orientación a resultados.					
4. Orientación al cliente.					
5. Participación de los miembros en el proceso de resolución de problemas y toma de decisiones.					
6. Fomento/apoyo de la innovación.					
7. Ambiente favorable para el disenso.					
8. Liderazgo de los miembros del grupo (y no solo del jefe).					
9. Aprovechamiento efectivo de las competencias individuales de los miembros (conocimientos y habilidades, estilos personales, etcétera).					

Atributos *(Continuación)*	Medida				
	N	1	2	3	4
II. Atributos que suelen estar vinculados con el trabajo en equipo					
D. COMPETENCIAS DE LOS MIEMBROS DEL GRUPO 1. Conocimientos y habilidades específicas para la realización adecuada de la tarea del grupo.					
2. Aptitudes intrapersonales e interpersonales de los miembros del grupo que favorecen el trabajo en equipo.					
E. ESTRUCTURA ORGANIZATIVA DEL GRUPO 1. Asignación eficaz de responsabilidades y tareas entre los miembros del grupo.					
2. Mecanismos efectivos de coordinación de las tareas internas del grupo, así como entre los miembros del grupo y personas fuera de él.					
F. PROCESOS OPERATIVOS DE GRUPO 1. Empleo de una metodología adecuada para el proceso de resolución de problemas y toma de decisiones.					
2. Adecuado planeamiento, ejecución y seguimiento de las reuniones, a fin de maximizar su productividad.					
3. Delegación adecuada de tareas (implica transferir a los individuos que componen el grupo o subgrupos aquellas tareas en las que son más eficientes).					
4. Autoevaluación sistemática del funcionamiento del grupo como equipo (acompañada del suministro correspondiente de feedback y de la elaboración de planes de acción para mejorar).					

Atributos (Continuación)	Medida				
	N	1	2	3	4
G. RECURSOS OPERATIVOS DEL GRUPO 1. De información.					
2. Financieros.					
3. Físicos.					
4. Tecnológicos.					
H. INFLUENCIA DEL RESTO DE LA ORGANIZACIÓN 1. Estrategia, estructura y sistemas de la organización que favorecen la tarea del grupo.					
2. Régimen de premios y castigos que alienta al trabajo en equipo.					
3. Clima de las relaciones con otros grupos de la organización.					
4. Contribución necesaria de otros miembros de la organización.					

CAPÍTULO 7

ESTILO GERENCIAL

I. INTRODUCCIÓN

A. Conceptos de gerencia y liderazgo

De la definición precedente de "gerencia" y "liderazgo" surgió que entre ambos conceptos existe una suerte de "solape parcial": una parte de la gerencia incluye el liderazgo y una parte del liderazgo comprende el que se ejerce desde la gerencia. A la zona común la denominamos "liderazgo gerencial".

B. Concepto de estilo gerencial

En línea con el concepto de estilo personal que establecimos en la introducción del Capítulo 5, entendemos por estilo gerencial a la inclinación general de un gerente a comportarse como tal de una manera determinada; o sea a repetir ciertos patrones de conducta, más allá de los condicionamientos situacionales.

Este concepto incluye el estilo de liderazgo que se ejerce en la actividad gerencial.

C. Estilos y competencias

Conforme definimos en el Capítulo 4, la competencia es una característica personal que está causalmente relacionada con un desempeño exitoso en el puesto de trabajo. En cambio, el estilo representa una inclinación personal que puede o no significar un desempeño exitoso. Se trata de dos conceptos distintos.

En el Capítulo 2 señalamos que dentro de los múltiples modelos que clasifican a las personas en función de su estilo, cabe hacer la siguiente distinción en cuanto al tipo de clasificación:

• Clasificaciones "evaluativas", cuyas dimensiones entrañan *per se* un juicio de valor.
• Clasificaciones "no evaluativas", en donde las alternativas inherentes a sus dimensiones no significan *per se* bueno o malo, ni siquiera mejor o peor.

Y aclaramos que las clasificaciones no evaluativas implican fortalezas y debilidades, pero estas no inclinan la balanza de un juicio de valor, en tanto no se relacionen con tareas o situaciones específicas. Las clasificaciones no evaluativas ayudan a conocerse a sí mismo y a comprender a los demás y, a partir de allí, encarar estrategias para la mejora personal, grupal u organizacional.

Ahora bien: cuanto más se sostenga que la eficacia de cierto tipo de comportamiento depende de la situación, menos se opinará en términos generales sobre la superioridad de un estilo sobre otro; o sea que el estilo tiende a independizarse de las competencias requeridas. Por el contrario, cuanto más se generalice acerca de la eficacia de cierto tipo de comportamiento, independientemente de la situación, más se aproxima la caracterización del estilo a un juicio de valor; vale decir que habrá una tendencia a identificar un estilo que responda mejor a las competencias requeridas. Por ejemplo, si se supone que la conveniencia de un comportamiento directivo depende de la situación, no necesariamente un estilo directivo es contraproducente. En cambio, si se piensa que un comportamiento habitualmente directivo no es aconsejable, en principio un estilo directivo tampoco habrá de serlo.

D. Alcance de este capítulo

En general, el estilo de un gerente se puede caracterizar sobre la base de modelos que, con diversos enfoques, plantean alternativas.

Existen muchos modelos al respecto. En este capítulo nos concentraremos en tres de ellos que enfocan los aspectos siguientes:

- La aplicación de los roles gerenciales, en la sección II.
- La preocupación por la producción y por las personas, en la sección III.
- La tendencia a emplear comportamientos directivos o participativos, en la sección IV.

En cada sección, no solo trataremos de caracterizar el modelo respectivo, sino que también haremos algunas consideraciones con respecto a la eficacia de los comportamientos pertinentes.

II. APLICACIÓN DE LOS ROLES GERENCIALES

A. Los roles gerenciales

En este capítulo sobre estilos gerenciales nos interesan los roles de administrador, de arquitecto y humano.

B. Estilos gerenciales

En nuestra opinión, es poco probable que una misma persona posea los atributos que promueven un desempeño sobresaliente en todos sus roles. Además, debido a la inclinación de un gerente a comportarse de una manera determinada como persona, resulta natural que tienda a emplear más o mejor un rol que otro.

Lo antedicho nos lleva a plantear un modelo que comprende tres dimensiones en cuanto a la orientación de un gerente en función de los roles señalados. El concepto de orientación comprende valoración, preocupación (o atención) y ocupación (o dedicación). Dada la naturaleza de los roles, puede hablarse de tres dimensiones en cuanto a la orientación al objeto: la operación (a través de las personas) y sus resultados, la arquitectura y las personas en sí. El Gráfico 7.1 sintetiza el modelo.

En principio, cada dimensión puede plantearse separadamente, de manera que un gerente podría tener una fuerte orientación a los tres roles, o bien a uno o dos de ellos, o eventualmente a ninguno. Sin embargo, existe cierta tendencia a que una orientación muy fuerte en uno de los roles le quite espacio a cualquiera de los otros dos. La orientación está asociada con las competencias; y es poco probable que un gerente sobresalga en todas las competencias correspondientes a los tres roles. Aun más: en cierta medida, los atributos diferenciales inherentes a un rol pueden ser contradictorios con los de otro; por ejemplo, una preocupación extrema por el orden no suele ir acompañada por una actitud superfavorable al cambio. Por otra parte, en el largo plazo, tiende a existir sinergia positiva entre los tres roles; pero en el corto plazo, suelen mediar disyuntivas que ponen en juego la inclinación por uno u otro rol; por ejemplo, cuando la presión sobre los resultados inmediatos atenta contra la inversión en el desarrollo de las personas.

Gráfico 7.1

ESTILOS GERENCIALES	
OBJETO DE LA ORIENTACIÓN	INTENSIDAD DE LA ORIENTACIÓN Mínima - - - - - - - - - - - Máxima
Operación y resultados ADMINISTRADOR	⟶
Arquitectura ARQUITECTO	⟶
Personas HUMANO	⟶

En el Anexo 7.2 figura un instrumento titulado "Cuestionario individual sobre el ejercicio de los roles gerenciales" (Form. ERG-YO). En el Anexo 7.3 se presenta la hoja de cómputo del puntaje (Form. ERG-YO-CP) resultante de sus respuestas a dicho cuestionario.

Los totales de las tres columnas intentan reflejar su mayor o menor orientación a cada uno de los tres roles gerenciales: administrador, arquitecto y humano.

III. PREOCUPACIÓN POR LA PRODUCCIÓN Y POR LAS PERSONAS

A. El "grid gerencial" de Blake y Mouton

Blake y Mouton, reconocidos por sus trabajos en la investigación, capacitación y consultoría en el campo del management, destacaron dos dimensiones fundamentales para examinar el perfil de un gerente: su preocupación por la producción y su preocupación por las personas. La preocupación por la producción incluye la tarea y los resultados. A cada una de ambas dimensiones le asignaron convencionalmente un puntaje de 1 a 9. Y sobre esta base elaboraron su famoso "grid gerencial" que comprende cinco prototipos de estilos gerenciales[*].

El 9,1   "Estilo de mando autoridad-obediencia" – Máxima preocupación por la producción (9) combinada con mínima preocupación por las personas (1).

El 1,9   "Administración de un club campestre" – Mínima preocupación por la producción (1) unida a máxima preocupación por las personas (9).

El 1,1   "Estilo de mando empobrecido" – Mínima preocupación tanto por la producción (1) como por las personas (1).

El 5,5   "Estilo de mando basado en el hombre-organización" – Nivel aceptable, aunque mediocre, en ambas direcciones (5).

El 9,9   "Estilo de mando caracterizado por trabajo en equipo" – Integra máxima preocupación por la producción (9) con máxima preocupación por las personas (9).

Ambas dimensiones, si bien son distintas, no son independientes: las condiciones de una influyen sobre la otra y viceversa. Así, un 9,1 puede obtener muy buenos resulta-

---

[*] Blake, Robert R., y Mouton, Jane S.: *El nuevo grid gerencial.* Diana, 1980.

dos a corto plazo, pero su baja preocupación por las personas tiende a afectar la calidad de la producción porque no aprovecha plenamente los recursos humanos. Y el 1,9, a pesar de su preocupación por las personas, termina perjudicándolas debido a la influencia negativa que el descuido de la producción ejerce sobre ellas.

El Gráfico 7.2 ilustra estos conceptos.

Gráfico 7.2

EL GRID GERENCIAL

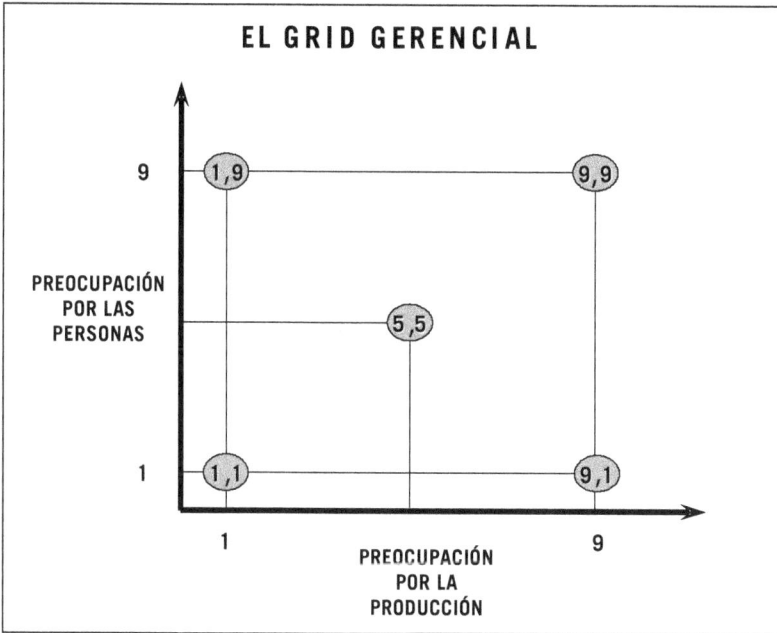

Blake y Mouton sostienen que el 9,9, a su juicio el mejor estilo, aplica los siguientes principios fundamentales:

1. La libre elección basada en la información sirve de fundamento a la acción personal, en lugar de la obediencia forzada.
2. La participación activa en la solución de problemas y en la formulación de decisiones es la base del cre-

cimiento y del desarrollo, en lugar de la aceptación pasiva de instrucciones o de la inactividad reforzada por la marginación social.

3. El respeto y la confianza mutuos sirven de base para relaciones interhumanas equilibradas, en lugar de la desconfianza y la autodefensa.

4. La comunicación abierta fomenta la comprensión mutua, en contraste con la comunicación unilateral escondida, cerrada o de estilo maquiavélico que crea cada vez mayores obstáculos para la comprensión.

5. La actuación se desarrolla dentro de una estructura de metas y objetivos basados en la autodirección, en lugar de en la dirección por elementos exteriores.

6. La resolución de conflictos se realiza a través de la confrontación directa, en lugar de a través de la supresión del allanamiento temporal de los compromisos o de cualquier tipo de manipulación.

7. Cada uno responde ante sí mismo por su propia actuación, en lugar de ante los demás.

8. La crítica se utiliza para aprender de las experiencias, en lugar de repetir las equivocaciones porque no se estudian las experiencias pasadas.

9. Las personas participan en actividades de trabajo complejas o en una variedad de actividades, en lugar de ocuparse de actividades sencillas o de repeticiones de la misma actividad.

B. Análisis del grid gerencial

El grid gerencial tiene cierta correlación con la orientación a los roles comentada precedentemente:

- La preocupación por la producción (la tarea y los resultados) con la orientación al rol de administrador (en principio).

- La preocupación por las personas con la orientación al rol humano.

Pero observamos que dicho modelo no le presta especial atención al rol de arquitecto. Al respecto, caben dos interpretaciones:

- La orientación por el arquitecto está incluida dentro de la preocupación por la producción.
- La orientación por el arquitecto no está considerada por el grid gerencial.

Cualquiera de las dos interpretaciones implica un déficit del grid. En nuestra opinión, la orientación al rol de arquitecto es un campo muy significativo del estilo de un gerente que es preferible plantear específicamente y por separado. Un gerente puede tener una gran orientación al rol de administrador y una muy baja orientación al rol de arquitecto, o viceversa. Y esto entraña una distinción fundamental.

Otro aspecto a examinar del grid gerencial es su postulación de sinergia entre las dimensiones de preocupación por la producción y preocupación por las personas. Estamos de acuerdo en que debería ser así, sobre todo en el largo plazo. Sin embargo, aquí cabe traer a colación lo dicho en la sección anterior: en la práctica existe cierta tendencia a que una orientación o preocupación muy fuerte en una dimensión le quite espacio a la otra, sobre todo en el corto plazo.

Por último, creemos conveniente referirnos al concepto de que el 9,9 es el estilo único mejor, unido a la aplicación de ciertos principios fundamentales. Compartimos que el 9,9 puede considerarse el estilo único mejor, al menos en la mayoría de las situaciones. Esto en el marco de un modelo que pretende caracterizar una actitud general, que deja margen de acción para que el 9,9 adopte distintos comportamientos dependiendo de la situación. Pero, precisamente, el enfoque situacional impone condicionamientos a los principios fundamentales que pretenden Blake y Mouton. En nuestra obra *El aporte humano en la empresa* (Macchi, 1999), en el Capítulo 1 sobre la participación en la toma de decisiones, en la sección sobre la "Aplicación de cada tipo de comportamiento", analizamos tales condicionamientos. A simple título de ejemplo, tomemos el principio número 6: "la resolución de conflictos se realiza a través de la confrontación directa, en lugar de a través de la supresión del allanamiento temporal de los compromisos o de cualquier tipo de manipulación". En dicha obra decimos: "cuando el conflicto es elevado, puede ser preferible que el jefe adopte un comportamiento dominante, para fijar límites a sus colaboradores a fin de controlar el conflicto. No se trata de renunciar a la participación, sino por el contrario de crear las condiciones en donde ella pueda practicarse efectivamente". En ciertas circunstancias, la confrontación como remedio puede ser peor que la enfermedad. Hemos vivido situaciones donde la confrontación, dada la naturaleza y gravedad del conflicto, empeoró las cosas, incluyendo casos que derivaron en agresiones físicas.

Dichos principios fundamentales están en línea con ciertas corrientes de pensamiento más recientes que hemos dado en llamar "idealismo normativo". En el Apéndice IV del ya citado *Gerencia y liderazgo*, hemos esbozado cierta crítica a tales corrientes, porque descuidan la consideración de factores situacionales.

C. Percepción y valoración de jefes y colaboradores

En nuestra experiencia como consultores de empresas hemos observado lo siguiente: con frecuencia, el superior de un gerente tiene más posibilidades de percibir y más tendencia a valorar su preocupación por la producción que por las personas. Esto es así porque para el superior el producto del gerente suele ser más crucial y más visible que su comportamiento con los de abajo, al menos en el corto plazo.

Lo antedicho puede ubicarse en un esquema general que enfoque tres niveles: los colaboradores (Cs), el jefe de ellos (J) y el jefe del jefe (JJ). El esquema es aplicable a cualquier cadena de tres niveles, ya sea en la parte alta, media o baja de la pirámide organizacional; por ejemplo: director general - director de producción - gerentes de plantas; director de produción - gerente de planta - jefe de sectores, etcétera.

La dificultad del JJ para percibir y valorar la preocupación del J por sus Cs puede verse agravada por los factores siguientes:

1. Es bastante común que el J se cuide más de su relación humana con el JJ que con sus Cs.
2. En la relación entre el J y sus Cs es habitual que, salvo en momentos especiales, el J le preste más atención a la supervisión de la tarea que a sus consecuencias personales para los Cs (atracción de la tarea, efecto en la evaluación, las recompensas, etcétera); en tanto que los Cs son naturalmente más sensibles a estas consecuencias. Por lo tanto, los Cs tienden a ser más críticos que el J respecto de la preocupación de este por la gente.
3. Puede ocurrir que el JJ prefiera hacer la "vista gorda" a los problemas humanos del J con sus Cs, con tal de que resuelvan el cumplimiento de la tarea.

Hemos observado gerentes que son altamente valorados por sus superiores, pero bastante menos por sus colaboradores, especialmente acerca de la dimensión humana. Puede que esta ambivalencia no ofrezca dificultades para la organización en el corto plazo; sin embargo, a mediano o largo plazo representa un problema serio, sobre todo en el entorno actual, donde la motivación de la gente es tan importante para el éxito de la organización.

Tales situaciones suelen ser muy difíciles de manejar. La idea central no es descalificar a los gerentes que presentan limitaciones o puntos para mejorar en cuanto a su preocupación por las personas; muy por el contrario, la idea es ayudarlos. Pero el intento de ayuda suele tropezar con dificultades importantes:

1. Cómo objetivar los problemas entre el J y sus Cs sin caer en los chismes entre el JJ y los Cs.
2. Cómo el JJ debe encarar la ayuda al J sin desmotivarlo y manteniendo el reconocimiento de su alta preocupación por la producción.
3. Cómo manejar todo esto en un ambiente de equidad, tanto sustancial como formal, cuando median presiones competitivas intersectoriales entre los propios miembros del primer nivel que llevan a sobreproteger a sus respectivos "ahijados" del nivel siguiente.

Confesamos que no hemos encontrado soluciones claras a los problemas indicados. Sin embargo, hay varios caminos que pensamos que vale la pena tener en cuenta:

• Flexibilizar la organización, de manera que las reglas (generalmente no escritas) acerca de con quien se pueden hablar los problemas sean lo más abiertas posibles, dentro de un cierto marco de ética y de eficiencia.
• Utilizar medios adicionales para pulsar formalmente la opinión de la gente, como son las encuestas, el sistema de evaluación denominado *360° feedback*, etcétera.
• Que el JJ predique con el ejemplo.

• Frente a situaciones concretas de comportamientos inadecuados por parte del J en cuanto a la relación humana con sus Cs, el JJ debe dar señales concretas orientadas a discontinuarlos, lo cual entraña operar efectivamente sobre el sistema de premios y castigos.

IV. TENDENCIA A EMPLEAR COMPORTAMIENTOS DIRECTIVOS O PARTICIPATIVOS

A. Comportamiento: participativo o directivo

Dado un sujeto responsable de una decisión y de un grupo de personas que pueden participar o no en la decisión, en cuanto al **comportamiento** del sujeto en el proceso de toma de decisiones cabe la alternativa **directivo o participativo**, en mayor o mejor grado. El sujeto puede ser un gerente y el grupo en cuestión, sus colaboradores directos. Pero el planteo es aplicable a otros tipos de sujetos y a otros posibles participantes.

A continuación trataremos de aclarar los conceptos de directivo y de participativo. Pero antes es necesario destacar que no implican una simple opción polarizada del tipo "blanco o negro", sino que entrañan un continuo que va desde el extremo más directivo al otro extremo más participativo, con cualquier cantidad de puntos intermedios. El prototipo de extremo directivo se da cuando el sujeto no participa al grupo en parte alguna del proceso decisorio, sino que se limita a comunicarle la decisión tomada. Y el prototipo de extremo participativo ocurre cuando el grupo interviene plenamente a lo largo de todo el proceso decisorio y la decisión se toma por consenso. Los puntos intermedios pueden ubicarse en función de lo siguiente:

1. Con relación a las etapas del proceso, caben muchas opciones que van desde participar en una sola etapa (o en un segmento de ella) hasta hacerlo en todas las etapas.
2. En cualquier etapa o segmento del proceso, la cuestión no se limita a si participar o no, ya que el sujeto dispone de una gama de comportamientos: ordenar/dirigir, persuadir, consultar (pero el sujeto toma la decisión) o buscar consenso; o bien delegar, que va más allá de participar.
3. Además, el grado de participación depende no solo de los comportamientos específicos del sujeto durante el proceso decisorio, sino también de la predisposición a participar de los demás. Y aquí juegan diversos factores, uno de los cuales (habitualmente muy influyente) es el comportamiento previo del propio sujeto en cuanto a crear un marco favorable o desfavorable para la participación.

El Gráfico 7.3 representa dicho continuo.

Gráfico 7.3

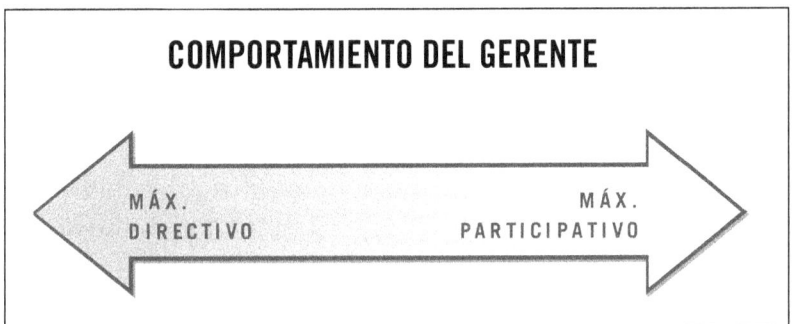

COMPORTAMIENTO DEL GERENTE

MÁX.
DIRECTIVO

MÁX.
PARTICIPATIVO

Aclaramos que en este planteo inicial, que pretende ser descriptivo y no evaluativo, preferimos usar la palabra "directivo" porque suena más neutral que "autocrático" o "autoritario", que parecen tener un tono peyorativo.

Hoy en día, una fuerte corriente de pensamiento identifica participativo con positivo y directivo con negativo, no solo en materia de estilo general, sino también de comportamientos específicos. Lo positivo o negativo puede basarse en distintas pautas de evaluación: si el comportamiento o estilo es eficaz, si responde a ciertos valores, etcétera. Particularmente, cuando la pauta de evaluación es la vigencia de ciertos valores, la identificación señalada se sustenta en que la participación constituye *per se* un valor fundamental.

El Gráfico 7.4 refleja dicha identificación.

Gráfico 7.4

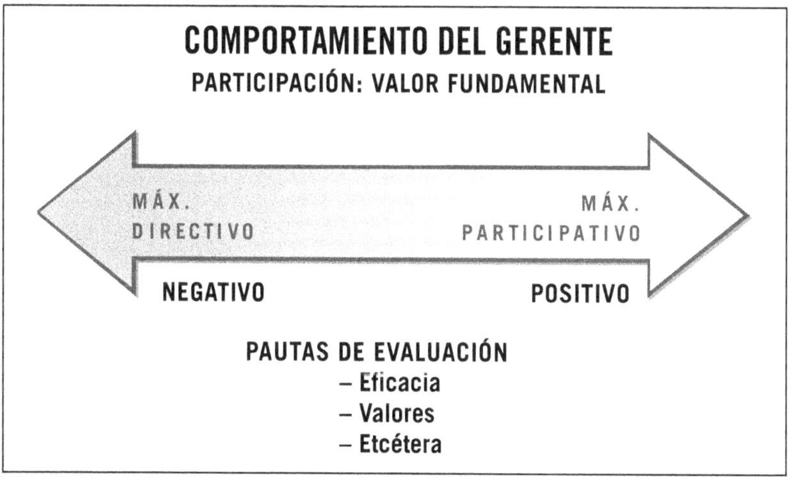

COMPORTAMIENTO DEL GERENTE
PARTICIPACIÓN: VALOR FUNDAMENTAL

MÁX.
DIRECTIVO

MÁX.
PARTICIPATIVO

NEGATIVO

POSITIVO

PAUTAS DE EVALUACIÓN
- Eficacia
- Valores
- Etcétera

Es evidente que al menos cierto tipo de situaciones justifican un comportamiento directivo, en cualquier contexto: en el deporte, en la familia, en la escuela, en la cárcel, en la empresa con propósito de lucro, etcétera. Lo que sí puede estar en discusión es la clase de situaciones que ameritan un comportamiento u otro. Por lo tanto, el modelo del Gráfico 7.4, en materia de comportamientos específicos, se contradice con la realidad.

En el libro *El aporte humano en la empresa* hemos tratado de fundamentar dicho enfoque situacional con respecto a la participación.

I. Identifica cuáles son los atributos a tomar en cuenta para evaluar la calidad de un proceso de toma de decisiones, a saber:

1. La eficacia de la decisión. Vale decir, que conduzca al logro de los objetivos que atañen al planteo del problema en cuestión.

2. La motivación y el compromiso de los participantes en cuanto a colaborar efectivamente con la implementación de la decisión.

3. La eficiencia del proceso. Mientras que la eficacia se refiere al producto del proceso, la eficiencia versa sobre la relación insumo-producto. Se persigue la eficacia, pero al menor costo posible. En este orden, un insumo crítico es el tiempo de los participantes.

4. El aprendizaje de los participantes a lo largo del proceso.

5. Los efectos trascendentes del proceso sobre la situación de los afectados en materia de motivación, satisfacción, confianza, cooperación, etcétera.

II. Examina en términos generales las ventajas y desventajas o limitaciones de la participación frente a dichos atributos (nótese la correlación entre la numeración de los atributos y la de los párrafos siguientes).

1. La participación de la gente entraña aumentar la cantidad de aportes. Y, en principio, cabe inferir que partiendo de una mayor cantidad de aportes se estará en mejores condiciones para tomar las decisiones más eficaces.

Además, la interacción de los participantes permite la sinergia. Este es el fenómeno por el cual la influencia mutua genera nuevos aportes que los participantes no estaban en condiciones de ofrecer originalmente. Por ejemplo, dos personas pueden tener sendas ideas distintas para resolver un problema, pero la discusión entre ellas las lleva a concebir conjuntamente una tercera idea superior a las originales. Esto se ha expresado metafóricamente diciendo que "el total es mayor que la suma de las partes" o que "dos más dos son cinco".

2. La participación activa de la gente en el proceso que lleva a una decisión tiende a desarrollar su motivación favorable y el compromiso de colaborar efectivamente en la implementación de la decisión. Esto es crítico cuando la decisión implica un cambio significativo en la situación de la gente y es probable que esta ofrezca resistencia al cambio.

3. Cuanto más participativo es el proceso de toma de decisiones, más tiende a consumir tiempo. Sin embargo, es posible que la falta de participación origine problemas de implementación, y que tales problemas ocasionen pérdidas de tiempo posteriores.

4. La participación de la gente es una forma de aprendizaje "en el terreno". La cuestión aquí es el costo de oportunidad, teniendo en cuenta el factor tiempo y las alternativas de aprendizaje.

5. En principio, la participación de la gente permite un desarrollo de la motivación, la satisfacción, la confianza, la cooperación, etcétera. Y una mejora en estos factores favorece a su vez la participación. De manera que se produce un efecto sinérgico. No obstante, esto puede tener sus limitaciones y así como cabe el mencionado efecto

sinérgico, también puede llegar a darse lo contrario: un círculo vicioso en donde una participación inadecuada ocasione desmotivación, insatisfacción, pérdida de confianza, etcétera.

III. Analiza distintos tipos de situaciones, tratando de evaluar en cuáles, en principio, es preferible la participación y en cuáles no. Esto nos llevó a concluir que la participación es aconsejable en muchas situaciones, pero no en todas.

En resumen, la conveniencia de un comportamiento participativo o directivo depende de la situación. Por lo tanto, la calificación de positivo o negativo no debe superponerse con el continuo de participativo-directivo, sino que constituye otra dimensión, otro eje.

El Gráfico 7.5 responde a este concepto.

Gráfico 7.5

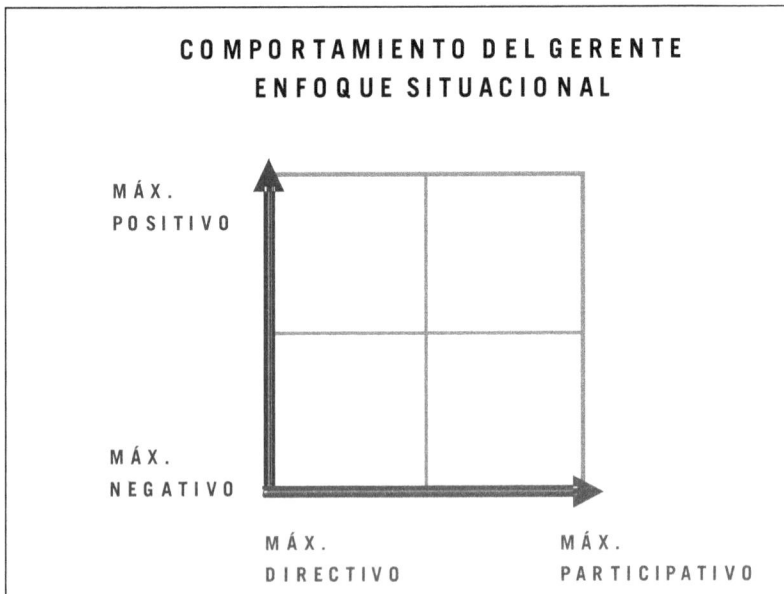

COMPORTAMIENTO DEL GERENTE
ENFOQUE SITUACIONAL

MÁX.
POSITIVO

MÁX.
NEGATIVO

MÁX.
DIRECTIVO

MÁX.
PARTICIPATIVO

B. Estilo: directivo o participativo

Decimos que una persona tiene un estilo directivo o participativo cuando demuestra una inclinación general a emplear preponderantemente comportamientos directivos o participativos, más allá de lo aconsejable en la situación. Así como se plantea un continuo en materia de cada comportamiento (ref. Gráfico 7.3), cabe plantear un continuo con respecto al estilo, que va desde el extremo más directivo hasta el otro extremo más participativo, con cualquier cantidad de puntos intermedios.

El Gráfico 7.6 presenta este continuo.

Gráfico 7.6

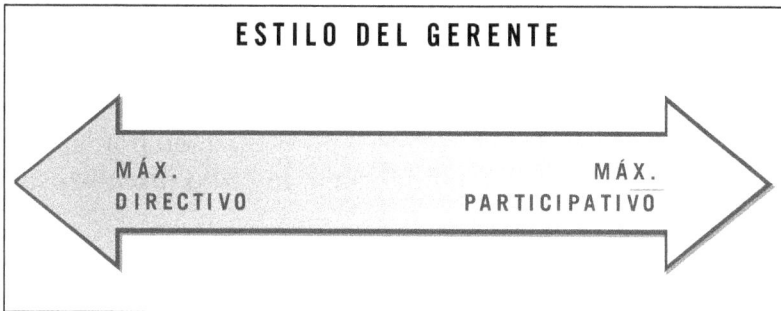

ESTILO DEL GERENTE

MÁX.
DIRECTIVO

MÁX.
PARTICIPATIVO

En la sección precedente concluimos que la conveniencia de un comportamiento participativo o directivo depende de la situación. Sin perjuicio de ello, se suele afirmar que, en general, es preferible un estilo participativo que uno directivo, desde el supuesto de que la mayoría de las situaciones ameritan un comportamiento participativo. Sin embargo, cabe sostener que un estilo directivo es preferible en ciertos contextos u organizaciones. Este concepto puede ser más cuestionable, pero tampoco pueden negarse las siguientes posibilidades:

- Las condiciones del contexto o de la organización demandan comportamientos directivos en forma preponderante.
- A fin de responder a tal demanda, la persona que tenga estilo directivo dispone, en principio, de un perfil más apropiado que otra persona con estilo participativo.

Si relacionamos la cuestión de estilo directivo o participativo con los modelos presentados en las secciones II y III, podemos decir:

- En general, un gerente con alta orientación al rol humano, o preocupación por las personas, habrá de tener tendencia a ser participativo.
- En cambio, es probable que un gerente con alta orientación al rol de administrador y/o de arquitecto, o preocupación por la producción, pero con baja orientación por el rol humano o preocupación por las personas, manifieste tendencia a un estilo directivo.

V. RESUMEN FINAL

En este capítulo definimos como estilo gerencial a la inclinación de un gerente a comportarse como tal de una manera determinada, a repetir ciertos patrones de conducta, más allá de lo aconsejable en la situación. Este concepto de estilo gerencial incluye el estilo de liderazgo que se ejerce en la actividad gerencial.

Hemos analizado tres modelos de estilo gerencial:

1. Aplicación de los roles gerenciales.
2. Preocupación por la producción y por las personas (el grid gerencial).

3. Tendencia a emplear comportamientos directivos o participativos.

En cuanto a la aplicación de los roles gerenciales, hemos establecido tres dimensiones que sirven de base para ponderar la intensidad de las respectivas orientaciones del gerente:

1. Administrador: orientación a la operación y los resultados.
2. Arquitecto: orientación a la arquitectura.
3. Humano: orientación a las personas.

En líneas generales, el grid gerencial concuerda con las dimensiones 1 y 3, pero no queda clara su posición en relación con el rol de arquitecto. Pensamos que es relevante plantear específicamente por separado esta tercera dimensión, por lo cual preferimos el modelo basado en la aplicación de los roles, sin desconocer el valor del grid gerencial.

La cuestión de directivo-participativo ofrece una perspectiva adicional significativa, que bien puede combinarse con cualquiera de estos dos modelos.

Invitamos al lector a que trate de ubicar su estilo o el estilo de otros gerentes empleando los conceptos que recorrimos en este capítulo.

ANEXO 7.1

BIBLIOGRAFÍA

Blake, Robert R., y Mouton, Jane S.: *El nuevo grid gerencial*. Diana, 1980.
Lazzati, Santiago: *El aporte humano en la empresa*. Macchi, 1999.

ANEXO 7.2

(Form. ERG-YO)

CUESTIONARIO INDIVIDUAL SOBRE EL EJERCICIO DE LOS ROLES GERENCIALES

A continuación se presentan 12 afirmaciones que se relacionan con su **desempeño como gerente**.

Evalúe en qué medida cada una de dichas afirmaciones responde a su forma de actuar. Asigne 5 puntos si piensa que responde totalmente; 4, si lo hace en gran medida pero no tanto; y así sucesivamente hasta 0, si no responde en absoluto.

Para expresar el puntaje, coloque una marca en el cuadrante correspondiente.

AFIRMACIONES	0	1	2	3	4	5
1. Tengo inclinación a planificar, dirigir y controlar con sumo cuidado las tareas de mis colaboradores.						
2. En mi actividad como gerente estoy permanentemente orientado a la innovación.						
3. Mi comportamiento como gerente se basa en que la clave de un management eficaz es desarrollar al máximo el trabajo en equipo en todos los niveles.						
4. Soy muy ambicioso en la fijación de metas (resultados a lograr) y controlo permanentemente su cumplimiento.						

305

AFIRMACIONES	0	1	2	3	4	5
5. Soy propenso a fijar políticas, establecer normas, estandarizar procedimientos, etcétera.						
6. Me preocupo y ocupo por que mis colaboradores reciban la capacitación correspondiente.						
7. Cuando planifico y controlo las tareas de mis subordinados, presto especial atención a su productividad y a la reducción de costos.						
8. En la planificación general del sector a mi cargo, me oriento principalmente a que responda debidamente a las condiciones de su entorno (clientes, competencia, proveedores, regulaciones, factores macroeconómicos, etcétera), según corresponda.						
9. Actúo teniendo siempre en cuenta que la motivación de mis colaboradores depende en gran medida de mi comportamiento con ellos.						
10. Me preocupa que se cumpla con las políticas y procedimientos establecidos.						
11. Le dedico mucha atención al diseño de la estructura y de los procesos operativos como factor clave del rendimiento del personal.						
12. En los procesos de toma de decisiones, tomo particularmente en cuenta las posibles reacciones emocionales y opiniones de la gente.						

CÓMPUTO DEL PUNTAJE

CUESTIONARIO INDIVIDUAL SOBRE EJERCICIO DE LOS ROLES GERENCIALES (ERG-YO)

Vuelque en la siguiente planilla el puntaje correspondiente a sus respuestas a las preguntas (1 a 12), planteadas en el cuestionario sobre el ejercicio de los roles gerenciales (Form. ERG-YO).

PREGUNTA N°	ADMINISTRADOR	ARQUITECTO	HUMANO
1	——		
2		——	
3			——
4	——		
5		——	
6			——
7	——		
8		——	
9			——
10	——		
11		——	
12			——
Sume los puntos de cada columna[1]	———————	———————	———————

---

1. Máximo 20, mínimo 0.

CAPÍTULO 8

ENFOQUE SITUACIONAL

I. INTRODUCCIÓN

A. Conveniencia de un enfoque situacional

En el capítulo precedente planteamos que la conveniencia de un determinado comportamiento, o incluso de cierto estilo gerencial, depende en mayor o menor grado de factores situacionales. En este capítulo avanzaremos sobre este enfoque situacional.

En cuestiones de management y comportamiento humano, corresponde distinguir tres niveles en cuanto al grado de generalización de cualquier respuesta a una determinada cuestión:

1. La generalización absoluta, constituida por una respuesta categórica a favor de una u otra posición, sin condicionamiento alguno. Por ejemplo, sostener que la organización matricial no funciona (a secas).
2. El enfoque situacional, donde la respuesta depende del tipo de situación, pero de todos modos hay

margen para generalizar, pues cabe identificar con
carácter general los factores situacionales para definir si conviene un camino u otro.
3. El rechazo de cualquier generalización, porque la respuesta adecuada depende de cada caso específico.

Las generalizaciones con el agregado de "en general" o
"excepto…" constituyen un nivel intermedio entre 1 y 2.
Aquí lo crucial es el alcance de las excepciones:

• Si es muy limitado, la respuesta se aproxima al Nivel 1.
• Si es muy amplio, la respuesta tiende a solaparse con
el Nivel 2.

Al respecto podemos decir que:

1. Son pocas las generalizaciones absolutas que sean verdaderas y que además tengan valor agregado. Puede
que sean verdaderas, pero la mayoría de ellas son pe-
rogrulladas; ergo, no brindan valor agregado.
2. En general, el conocimiento complejo demanda una
gran dosis de enfoque situacional. La mayoría de las
descripciones, valoraciones y prescripciones están condicionadas por factores que intervienen o pueden llegar a intervenir en la situación. Y el management no
escapa de este concepto.
3. El rechazo de cualquier generalización entraña negar la posibilidad del conocimiento teórico. El verdadero aprendizaje implica que las personas deben integrar la teoría con la práctica, la conceptualización
con la experiencia. Ello significa, por un lado, generalizar a partir de situaciones particulares. Y, por otro,
aplicar dicha generalización a nuevas situaciones particulares. Es un permanente proceso de ida y vuelta,
de lo particular a lo general, y viceversa.

Algunos autores reprueban el enfoque situacional porque consideran que atenta contra ciertos valores, dando por sentado que uno de los valores fundamentales es la propia participación. Esos autores propugnan lo que llamamos un modelo "idealista-normativo", que plantea la siguiente disyuntiva:

- Liderazgo apropiado, no situacional, basado en un conjunto de valores.
- Liderazgo situacional, no apropiado, porque no respeta tales valores.

Por ejemplo, James O'Toole en su libro *Liderazgo del cambio* (Prentice Hall, 1996) recomienda un liderazgo basado en valores y examina críticamente como única alternativa al "todo depende", que identifica con un relativismo presentado casi como sinónimo de nihilismo. El autor sostiene que "el error del relativismo consiste en afirmar que no existe ningún conocimiento social objetivo y, peor aún, que siempre está mal emitir juicios morales".

Semejante maniqueísmo pasa por alto una tercera opción, completamente apropiada, de un liderazgo basado en ciertos valores (en esto estamos de acuerdo), cuya debida aplicación es precisamente situacional, sin perjuicio de los valores tomados como base. Esto significa que la participación puede considerarse un valor, pero no de la jerarquía de otros, como la responsabilidad, la honestidad, el respeto, etcétera.

Se argumenta que el enfoque situacional constituye una invitación o excusa para un comportamiento directivo contraproducente. Aceptamos esta posibilidad. Sin embargo, ello no amerita ignorar la realidad: que no necesariamente un comportamiento participativo es positivo. Una analogía: reconocer que la policía debe recurrir a la fuerza en ciertas circunstancias implica el riesgo de que esta abuse del uso de la fuerza. A su vez, tal riesgo no justifica sostener que la policía debe abstenerse de emplear la fuerza en todo tipo de circunstancias.

B. Alcance de este capítulo

En este capítulo analizaremos dos modelos que hacen hincapié en el enfoque situacional:

• El de liderazgo situacional, desarrollado por Paul Hersey y Ken Blanchard, en la sección II.
• El de participación, que distingue cuatro tipos de comportamiento (cooperativo dominante, transigente y de incomunicación), en la sección III.

Ambos sostienen que la conveniencia del comportamiento de un líder o del sujeto pertinente depende de factores situacionales y que no es válido generalizar que cierto tipo de comportamiento es preferible, cualquiera sea la situación. Sin embargo, los dos justifican comportamientos directivos o dominantes solo en ciertas condiciones particulares, y postulan una orientación a generar situaciones que ameriten la delegación o la participación, según corresponda.

II. LIDERAZGO SITUACIONAL

A. Antecedentes

El modelo de liderazgo situacional de Paul Hersey y Ken Blanchard postula que el líder debe adecuar su estilo a la situación. Según ellos, distintas situaciones demandan distintos estilos de liderazgo. Cabe aclarar que dichos autores usan el término "estilo" para definir un comportamiento específico. Así, hablan de que un líder debe optar entre un estilo 1, 2, 3 o 4 para adaptarse debidamente a la situación, caracterizada principalmente por el nivel de desarrollo (*development*) o madurez (*readiness*) del liderado o seguidor (*follower*). Vale decir que no emplean la palabra "estilo" en el sentido de inclinación general de la persona, como la usamos nosotros. En todo el desarrollo del tema es importante tener en cuenta esta diferencia semántica.

Hersey y Blanchard no han sido los únicos en proponer un modelo de liderazgo situacional. Ellos mismos, en la obra que citamos más adelante, reconocen los aportes de Tannenbaum y Schmidt (continuo de comportamiento del líder), de Fiedler (modelo de contingencia) y de otros autores. Sin embargo, Hersey y Blanchard son quienes han tenido mayor trascendencia. Por ello, a continuación nos concentraremos en su obra.

Los autores trabajaron en equipo durante muchos años, pero luego se distanciaron. Ambos formaron por separado sus respectivas firmas de capacitación, que compiten entre sí. No obstante, continúan publicando juntos su gran libro de cabecera, *Administración del comportamiento organizacional. Liderazgo situacional,* en cuya séptima edición en castellano (Prentice Hall, 1998) se agrega un tercer autor: Dewey E. Johnson. Por otra parte, ambos han publicado por separado sendos libros cortos de divulgación:

- Hersey, *El ejecutivo eficaz* (IDH Ediciones, 1985).
- Blanchard, con Patricia Zigarmi y Drea Zigarmi, *El líder ejecutivo al minuto* (Grijalbo, 1986).

Es interesante mencionar que Hersey y Blanchard son autores también de *Padres e hijos* (IDH Ediciones, 1981), que propone la aplicación de liderazgo situacional en la relación entre padres (líderes) e hijos (seguidores).

A quien pretenda profundizar el tema en el ámbito de las organizaciones le recomendamos el largo libro (de 627 páginas) citado en primer término. Para una lectura más ligera, la obra de Blanchard, Zigarmi y Zigarmi y es muy conveniente: tiene solo 150 páginas, y es muy clara y entretenida.

Existen ciertas diferencias, algunas conceptuales y otras de terminología, entre el modelo que figura en el libro de Hersey, Blanchard y Johnson y el de Blanchard, Zigarmi y Zigarmi, pero no es nuestra intención analizarlas aquí. Pensamos que ahora lo más oportuno es agregar ciertos comentarios, tomando como base el libro de Blanchard, Zigarmi y Zigarmi, que ha tenido una gran divulgación. Para simplificar, haremos referencia solo al primero de sus tres autores.

B. Desarrollo del seguidor

Blanchard caracteriza el nivel de desarrollo del seguidor en función de dos factores: la competencia y el interés, **con respecto a la tarea asignada**. La **competencia** incluye los conocimientos y las habilidades (en la edición en castellano se emplea erróneamente la palabra "práctica" como traducción de *skills*). El **interés** es una combinación de seguridad en sí mismo y motivación.

Es importante resaltar que el nivel de desarrollo se califica con relación a cada tipo de tarea específica y no acerca del seguidor en general. De esta manera, un seguidor puede tener un alto nivel de desarrollo para cierta tarea, pero uno bajo para otra. Por ejemplo, un vendedor muy competente y motivado para vender, puede ser incompetente y desmotivado para manejar los aspectos administrativos de la venta.

Sobre la base de dicha caracterización, Blanchard establece un continuo de cuatro niveles de desarrollo (D) que expresa con el cuadro que aquí reproducimos con el título de Gráfico 8.1.

Gráfico 8.1

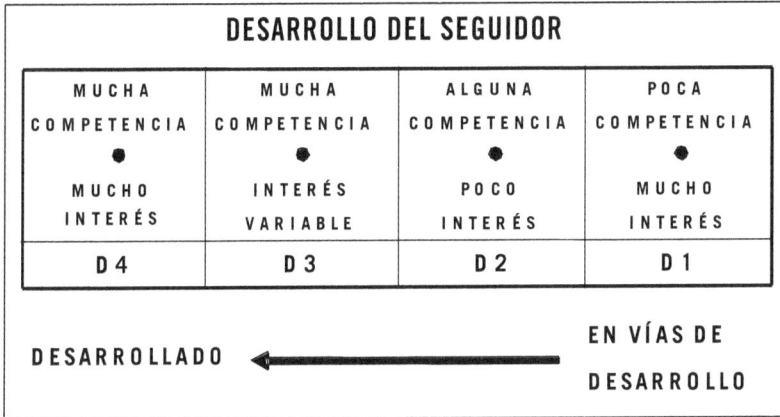

Cabe señalar que, en principio, un eje se presta para reflejar una sola dimensión, por ejemplo la competencia, que puede variar desde un mínimo hasta un máximo. Blanchard constriñe en un eje lo que él mismo reconoce como dos dimensiones distintas: la competencia y el interés. Por lo tanto, la gama de combinaciones posibles de competencia e interés podría representarse en dos ejes de coordenadas (Gráfico 8.2).

Gráfico 8.2

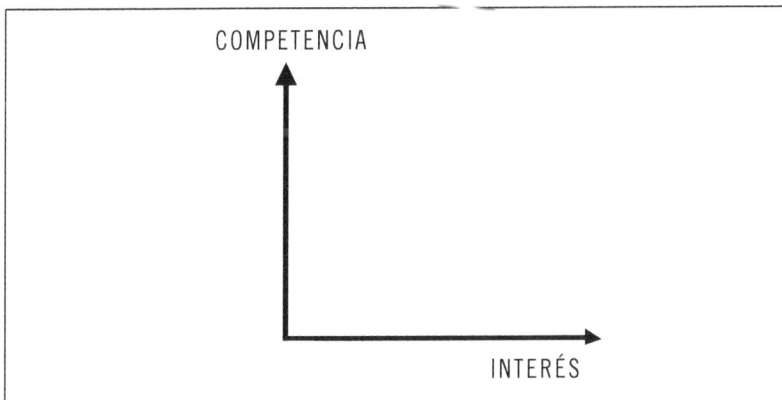

315

El Gráfico 8.2 sugiere que hay muchas más combinaciones que las incluidas en el Gráfico 8.1 de Blanchard (D1, D2, D3 y D4). No obstante, pueden aceptarse estos cuatro niveles como prototipos predominantes. Más adelante volveremos sobre esta observación.

C. Estilos de líder

Por otra parte, Blanchard distingue dos clases de comportamientos del líder:

- El rector, que consiste en decirle claramente a la persona qué debe hacer, cómo, dónde y cuándo, y supervisar luego estrechamente el cumplimiento.
- El seguidor, que consiste en escuchar a la persona, brindarle apoyo y ánimo en sus esfuerzos y, finalmente, darle facilidades para la resolución y toma de decisiones.

En la versión en castellano la palabra "seguidor" se emplea con dos significados bien distintos: uno como traducción de *follower*, el liderado; el otro como traducción de uno de los dos tipos de comportamiento del líder, el de apoyo (en inglés, *supportive behavior*). Habría sido preferible evitar esta duplicación que atenta contra la comprensión del texto. En lo que resta de este capítulo, en ciertos párrafos que incluyen ambos conceptos emplearemos "liderado" para traducir *follower*, a fin de favorecer la claridad.

Aquí sí Blanchard presenta las dos dimensiones en dos ejes, dando lugar al gráfico de cuatro estilos, o sea cuatro comportamientos específicos (Gráfico 8.3).

Otra aclaración acerca de la traducción: en el original en inglés, el estilo 2 se denomina *coaching*. En nuestra opinión, "instruir" no es una buena traducción, e incluso evoca más al estilo 1 que al estilo 2. Creemos que en la versión en castellano debió haberse mantenido la palabra original, porque no tiene un equivalente claro en nuestra lengua.

Gráfico 8.3

COMPORTAMIENTOS DEL LÍDER

(ALTO)

	MUY SEGUIDOR Y POCO RECTOR S 3 APOYAR	MUY RECTOR Y MUY SEGUIDOR S 2 INSTRUIR
	POCO SEGUIDOR Y POCO RECTOR S 4 DELEGAR	MUY RECTOR Y POCO SEGUIDOR S 1 DIRIGIR

COMPORTAMIENTO SEGUIDOR

(BAJO) ← COMPORTAMIENTO RECTOR → (ALTO)

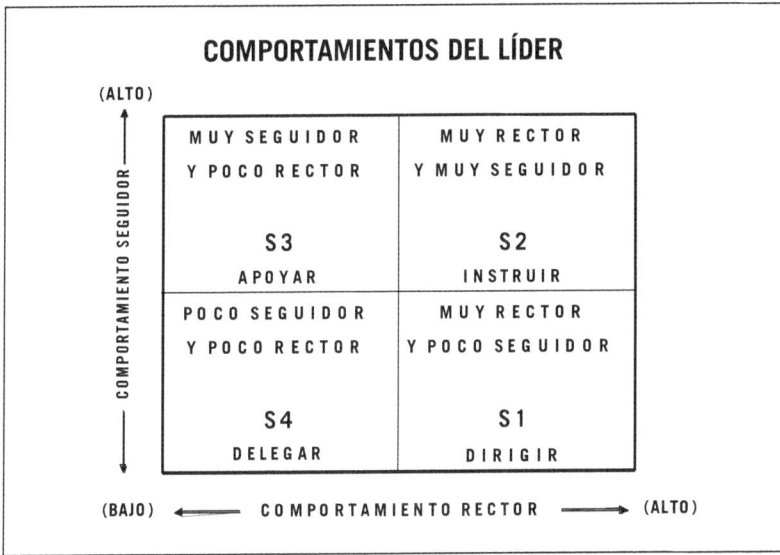

A continuación, resumimos los cuatro estilos.

1. **Dirigir** – El líder imparte órdenes específicas y supervisa de cerca el cumplimiento de las tareas.
2. **Instruir** – El líder, como en el caso anterior, manda y controla el cumplimiento de las tareas, pero además explica sus decisiones, pide sugerencias y fomenta los progresos.
3. **Apoyar** – El líder facilita y apoya los esfuerzos de los subordinados en orden al cumplimiento de las tareas, y comparte con ellos la responsabilidad por la toma de decisiones.
4. **Delegar** – El líder pone en manos de los subordinados la responsabilidad de la toma de decisiones y la resolución de problemas.

D. Relación entre el desarrollo del seguidor y el estilo del líder

Blanchard sostiene que el líder debe emplear un estilo distinto de liderazgo (1, 2, 3 o 4) para cada nivel del seguidor tocante a la tarea (1, 2, 3 o 4). Vale decir, propone la correspondencia que resumimos en el Gráfico 8.4.

Gráfico 8.4

N°	DESARROLLO DEL SEGUIDOR (LIDERADO) RESPECTO DE LA TAREA		ESTILO DEL LÍDER (COMPORTAMIENTO)	
	COMPETENCIA	INTERÉS	RECTOR	SEGUIDOR
1	POCA	MUCHO	MUCHO	POCO
2	ALGUNA	POCO	MUCHO	MUCHO
3	MUCHA	VARIABLE	POCO	MUCHO
4	MUCHA	MUCHO	POCO	POCO

En general, el comportamiento rector del líder se justifica por el déficit de competencia del liderado, en tanto que el comportamiento seguidor es apropiado cuando el liderado cuenta con la competencia pertinente. Además, el comportamiento seguidor (preguntas, apoyo emocional, etcétera) favorece el manejo de los problemas de interés. Sin perjuicio de ello, en el ciclo regresivo el comportamiento rector puede ser el último recurso para encarar problemas serios de interés por parte del liderado. Por ejemplo, si este bajó del nivel 3 al 2, aumentar el comportamiento rector sin abandonar dosis importantes de comportamiento seguidor (estilo 2). Y más tarde, si el liderado persiste en sus problemas o si estos se agravan (hasta culminar en el nivel 1 de desarrollo), reducir el comportamiento seguidor y concentrarse en el comportamiento rector (estilo 1): instrucción detallada y supervisión estrecha. Pero aquí el comportamiento rector apunta a problemas de interés, no de competencia, como es normal en el ciclo de desarrollo.

Dos aclaraciones muy importantes:

- Se reconoce que para elegir el mejor estilo del líder hay que tener en cuenta otros factores además del nivel de desarrollo del seguidor: cultura de la organización, expectativas de los superiores del líder, características del líder, naturaleza de la tarea, urgencia, etcétera. Sin embargo, el modelo concentra la atención en el nivel de desarrollo del seguidor, porque parte de la hipótesis de que este suele ser el factor más importante.
- En cualquiera de los cuatro estilos, el líder debe cumplir con un mínimo de ciertas funciones. En este sentido, nos remitimos al Capítulo 6 de este libro, sobre las funciones del liderazgo gerencial en torno a la tarea de los colaboradores.

Tal correspondencia implica un gradualismo que puede sintetizarse en el Gráfico 8.5 (adaptación nuestra del gráfico que figura en el libro de Blanchard).

En cuanto al estilo del líder, el gráfico muestra una curva (sombreada) que pasa gradualmente por dirigir, instruir, apoyar y delegar, en función de la combinación de comportamientos rector y seguidor (dentro de cada estilo, hay distintos grados de combinación). La idea gráfica es que en la situación actual el líder debe posicionarse en dicha curva ubicando el punto del nivel de desarrollo del seguidor y tirando una perpendicular desde dicho punto hacia arriba hasta encontrar el punto respectivo en la curva de estilo. El Gráfico 8.6 intenta reflejar esta idea.

Gráfico 8.5

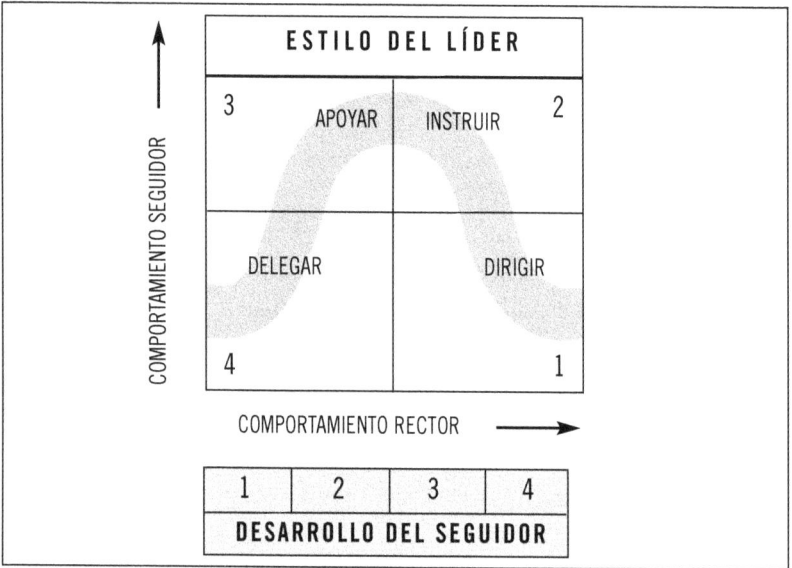

Gráfico 8.6

Cuanto más a la izquierda está el nivel de desarrollo del seguidor, más a la izquierda debe posicionarse el líder en la curva de los estilos.

E. Ciclo de desarrollo y ciclo regresivo

La idea gráfica de la perpendicular se refiere al estilo preferible en la **situación actual**. Sin embargo, con relación al **futuro**, el modelo propugna que el líder en general debe tratar de apuntar a que el seguidor alcance tarde o temprano el nivel 4 de desarrollo. Esto es lo mejor, no solo para el seguidor, sino también para el líder. En efecto, al aplicar eficientemente el estilo 4 de delegación, el líder libera tiempo para dedicarse a otras prioridades.

Precisamente, la manera de que el seguidor logre el nivel 4 de desarrollo no es que el líder aplique indiscriminadamente el estilo 4 en el momento actual. Al contrario, debe utilizar el estilo 1, 2 o 3, según corresponda, para ir llevando gradualmente al seguidor hacia el nivel 4. Como metáfora gráfica, esto inclina un poco (no mucho) la perpendicular hacia la izquierda, para ir generando un desafío que facilite el desarrollo del seguidor. El Gráfico 8.7 ilustra este concepto.

Gráfico 8.7

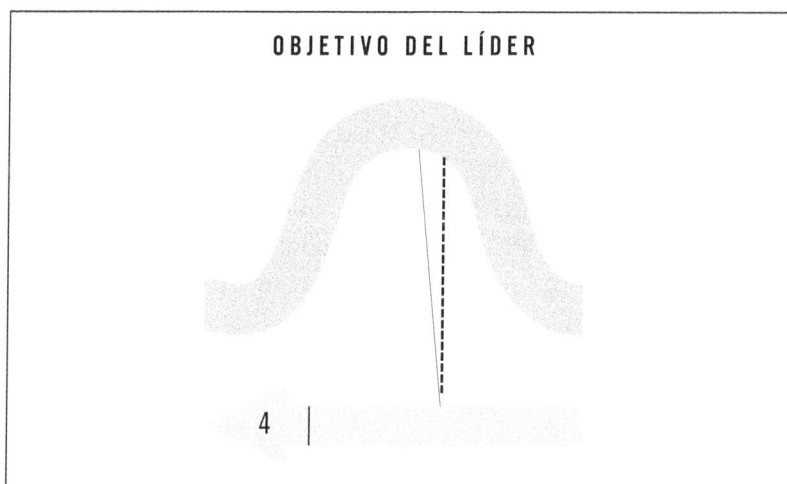

OBJETIVO DEL LÍDER

4

Empero, a pesar del objetivo, bien puede ocurrir que el seguidor retroceda en su nivel de desarrollo, en vez de avanzar. Un caso típico es el seguidor que estaba en nivel 4, pero baja a nivel 3 porque pierde interés por algún motivo. Entonces, ¿qué tiene que hacer el líder?: seguir aplicando el modelo, gradualmente, pero en sentido contrario. Por ejemplo, en el caso citado, si el seguidor bajó de 4 a 3, lo que corresponde es emplear el estilo 3 (preguntarle qué le pasa, etcétera), no comenzar por darle instrucciones detalladas (estilos 2 o 1).

El análisis del ciclo regresivo conduce a ciertas cuestiones interesantes: ¿qué pasa si el seguidor, que en su desarrollo respecto de la tarea había involucionado de nivel 4 a 3, empeora? Digamos que retrocede a nivel 2 y, si sigue empeorando, a nivel 1. Es probable que el problema sea de interés, no de competencia. Habitualmente, una persona no pierde competencia para una tarea determinada, salvo cuando media un círculo vicioso de pérdida de interés – no entrenamiento – pérdida de habilidad.

En tal ciclo regresivo parecería que los niveles 2 y 1 no corresponden a los prototipos establecidos por Blanchard. Llevando las cosas al extremo, el nivel 1 no sería el del aprendiz entusiasta de Blanchard (poca competencia, mucho interés), sino de alguien con un interés altamente negativo. Por ejemplo, una persona competente para la tarea, pero con graves problemas repetitivos en el cumplimiento de sus obligaciones básicas. Téngase en cuenta que la calificación del nivel de desarrollo es acerca de una tarea específica. Y, si estamos hablando del ciclo regresivo, la competencia respecto de la tarea establecida no suele ser el problema en cuestión (puede serlo, en cambio, en una tarea nueva).

De todos modos, el modelo parece seguir funcionando: si el seguidor involuciona de 3 a 2, corresponde aplicar estilo 2; y si continúa cayendo de 2 a 1, no hay más remedio que recurrir al estilo 1. Pero este estilo representa algo muy distinto del 1 para el aprendiz entusiasta, prototipo natural del comienzo del ciclo de desarrollo. En los párrafos que siguen examinaremos esta distinción.

En general, el comportamiento rector del líder se justifica por el déficit de competencia del liderado, en tanto que el comportamiento seguidor es apropiado cuando el liderado cuenta con la competencia pertinente. Además, el comportamiento seguidor (preguntas, apoyo emocional, etcétera) favorece el manejo de los problemas de interés. Sin perjuicio de ello, en el ciclo regresivo el comportamiento rector puede ser el último recurso para encarar problemas serios de interés por parte del liderado. Por ejemplo, si este bajó del nivel 3 al 2, aumentar el comportamiento rector sin abandonar dosis importantes de comportamiento seguidor (estilo 2). Y más tarde, si el liderado persiste en sus problemas o si estos se agravan (hasta culminar en el nivel 1 de desarrollo), reducir el comportamiento seguidor y concentrarse en el comportamiento rector (estilo 1): instrucción detallada y supervisión estrecha. Pero aquí el comportamiento rector apunta a problemas de interés, no de competencia, como es normal en el ciclo de desarrollo.

Una aclaración: no estamos postulando apresurar el estilo 1 en el ciclo regresivo. Al contrario, es conveniente ser fiel al gradualismo: de 4 a 3, de 3 a 2 y de 2 a 1. Solo estamos diciendo que habiendo aplicado debidamente el estilo 2 sin resultados positivos, hay un punto de inflexión que amerita apelar, como último recurso, al estilo 1 (la cuestión es cuándo). Tal cambio es coherente con un principio básico de influencia: en general, y a partir de cierto punto, no es conveniente seguir intentando lo que no ha dado resultados. Además, dicha apelación al estilo 1 (concentración en comportamiento rector) reconoce que a partir del punto de inflexión el comportamiento seguidor (por ejemplo, brindar apoyo emocional) puede influir negativamente, desde el punto de vista del régimen de premios y castigos.

El retroceso al estilo 1 tiene sus peligros: el seguidor puede reaccionar peor, tanto desde el punto de vista personal como en el cumplimiento de la tarea. Pero aquí hay que tener clara la alternativa:

A. Insistir en que el seguidor continúe con la tarea.
B. Buscar otra solución: abandonar la tarea, asignar a otra persona, etcétera.

Según la situación, convendrá el curso de acción A o el B. Pero si con fundamento se mantiene A, en general no hay más remedio que recurrir al estilo 1. Claro está que si este fuese contraproducente, entonces es preferible optar por B. Lo lógico es tener claro el objetivo y proceder en consecuencia. Lo incoherente es mantener A, pero insistir en un estilo que ha demostrado ser ineficaz.

F. Habilidades para el ejercicio del liderazgo situacional

En materia de liderazgo situacional, la eficacia personal está dada por la medida en que el líder adopta el estilo adecuado para cada situación. La eficacia depende de dos habilidades fundamentales: la flexibilidad y la capacidad de diagnóstico.

La **flexibilidad** personal es la disposición del líder para adaptarse a la situación aplicando distintos estilos. Por el contrario, la inflexibilidad es la tendencia del líder a usar un mismo estilo, con independencia de la situación.

La flexibilidad es necesaria para la **eficacia**. Sin embargo, una persona puede ser muy flexible, pero adoptar un estilo equivocado para la situación. La elección del estilo acertado depende también de la capacidad de diagnóstico del nivel de desarrollo del seguidor.

Desde un punto de vista prescriptivo, el modelo de liderazgo situacional propone el estilo que debe adoptar un líder según la situación. Pero desde un punto de vista descriptivo, el modelo reconoce que cada persona tiene su propio grado de flexibilidad, que muchos líderes tienden al abuso de uno o más estilos en detrimento de los otros, más allá de lo que demanda la situación. En sustancia, esto remite a la inclinación del líder a comportarse de cierta manera; o sea, a su "estilo", en el sentido general que le damos a esta palabra.

Como un paso primario para mejorar la aplicación del liderazgo situacional, Hersey y Blanchard proponen que el líder tome conciencia de su flexibilidad, como condición necesaria, aunque no suficiente, para el proceso de mejora. A tal fin dichos autores han ideado un instrumento que contiene una serie de distintas situaciones específicas. Para cada una de ellas se plantean cuatro cursos de acción posibles. Cada curso de acción corresponde a uno de los cuatro estilos, pero el instrumento no explicita esta relación. Quien contesta el cuestionario, debe optar para cada situación por el curso de acción que más representa su **manera habitual de ser** (no lo que él considera que es mejor). El procesamiento de las respuestas arroja resultados que indican la flexibilidad de la persona, su inclinación a emplear un estilo más que otro. Las 12 situaciones presentadas son, en nuestra opinión, muy pocas para extraer conclusiones valederas. Por ejemplo, basta que quien responda se distraiga con una respuesta para que se alteren significativamente los resultados. Posteriormente, Blanchard desarrolló un nuevo instrumento que comprende 20 situaciones.

El planteo del instrumento puede ser empleado también para que otras personas (jefes, pares, subordinados y otros) respondan cómo perciben la manera de ser habitual del líder objeto de análisis. Estas contestaciones brindan información adicional acerca de la tendencia del líder. Es como darle feedback al líder. En este orden, es interesante observar las diferencias en la autopercepción del líder y la percepción de los demás, que ayudan al líder a tomar más conciencia de su tendencia, a fin de mejorar. Téngase en cuenta que el liderazgo de un supuesto líder depende más de la opinión de los seguidores acerca de él que del parecer del propio líder sobre sí mismo. Una vez que la persona recibe información acerca de su inclinación a emplear más un estilo que otro, basado en la devolución de los resultados del instrumento, queda mejor equipada para encarar un plan de desarrollo personal. Esto no es garantía de que la persona vaya a mejorar, pero sí lo ayudará a hacerlo.

En el Capítulo 12 del largo libro citado, Hersey y Blanchard definen perfiles de las personas según su inclinación a emplear preponderantemente uno o dos estilos. En base a una investigación realizada entre unos 2.000 gerentes, analizan el significado de dichos perfiles. Remitimos al lector a este capítulo, que nos parece muy interesante.

Por nuestra parte, hemos diseñado una guía que suele ser muy útil para que un gerente desarrolle su liderazgo personal. La idea es que él elija uno o más colaboradores y que, empleando la guía:

• Identifique las tareas fundamentales del colaborador.
• Califique el nivel de desarrollo del colaborador para cada una de las tareas identificadas, lo cual indica los respectivos estilos que debería emplear el gerente, conforme al modelo de liderazgo situacional.
• Compare dichos estilos con los que realmente está utilizando en la actualidad.
• Elabore un plan de cambio para superar las brechas que surjan de la comparación.

El gerente puede hacer dicho diagnóstico con la participación del colaborador o sin ella. La elección depende de diversos factores. En principio, la participación del colaborador es enriquecedora, pero conviene encararla solo si se dan ciertas condiciones, como:

1. Que el colaborador conozca el modelo de liderazgo situacional.
2. Que quede claro para ambas partes que el objetivo es analizar el comportamiento del líder y no el del seguidor.
3. Que el gerente esté dispuesto a prestarle atención al colaborador y a cambiar en consecuencia.
4. Que haya confianza mutua, sobre todo del colaborador en el gerente, como para que le brinde feedback genuino, sin temor a consecuencias desfavorables para él.
5. Que no medie ningún acontecimiento particular que entorpezca el proceso; por ejemplo, un conflicto importante pendiente de resolución entre el gerente y su colaborador.

En el Anexo 8.2 incluimos una copia de dicha guía que titulamos "Guía para evaluar la aplicación del liderazgo situacional" (Form. AP-LID-SIT).

G. Falsa controversia

En general, debemos tener cuidado con las falsas controversias, donde se polarizan exageradamente dos enfoques como si fuesen totalmente contrapuestos, cuando en sustancia el *quid* de la cuestión es tratar de integrarlos. A nuestro juicio, un ejemplo ilustrativo es la polémica en materia de estilo de liderazgo que surgió hace bastantes años y que aún parece subsistir en la mente de muchos:

• Por un lado, Robert Blake y Jane Mouton propugnaron la idea de un "único estilo mejor" que caracterizaron como 9,9 en función de su famoso grid gerencial (sección III del Capítulo 7).

• Por otro lado, Hersey y Blanchard entraron en escena con su concepto de liderazgo situacional, postulando que no existe un único estilo mejor, que el líder debe adaptar su estilo a la situación, la que depende principalmente del nivel de desarrollo del seguidor respecto de la tarea en cuestión.

Entonces surgió entre ambas partes una fuerte controversia, nutrida con el intercambio de escritos polémicos. Sin embargo, si se profundiza el análisis puede concluirse que hay muchos aspectos en que ambas partes están de acuerdo, es decir, que una porción importante de la controversia es falsa. El grid de Blake y Mouton se refiere al estilo general del gerente, en el sentido de su inclinación a comportarse de una manera determinada, más allá de lo requerido por la situación. En tanto que el modelo de liderazgo situacional de Hersey y Blanchard versa sobre comportamientos específicos en situaciones concretas (al principio del Capítulo 5 aclaramos la distinción entre el estilo general y el estilo como comportamiento específico). Es obvio que un gerente, partiendo del mismo grado de preocupación, puede adoptar inteligentemente comportamientos muy diversos según la situación. Y creemos que nadie, ni los propios Blake y Mouton, podrían discutir el carácter situacional del liderazgo, al menos hasta cierto punto. La discrepancia real queda circunscripta al mayor o menor reconocimiento de ciertos principios generales de buen management, que Blake y Mouton han enfatizado y que, a juicio de ellos, Hersey y Blanchard descuidan.

La clave de la cuestión, entonces, es examinar el grado de generalidad de dichos principios y formar una conclusión al respecto. Es probable que, cualquiera sea esta, queda una importante zona de integración entre el grid gerencial y el liderazgo situacional. Aclaradas así las cosas, el planteo de único estilo mejor vs. liderazgo situacional queda bastante desdibujado.

H. Análisis del modelo de Blanchard

Más allá de algunas críticas que pueden hacerse al modelo de liderazgo situacional, pensamos que es muy valioso. Sin perjuicio de ello, opinamos que no se trata de aplicarlo literalmente. El modelo tiene sus limitaciones. En la vida real hay infinitas variables que no contempla ni ha pretendido contemplar. De manera que nos parece mejor utilizarlo a título de guía general, de ayuda para pensar y actuar, y no como una fórmula rígida. En los párrafos siguientes haremos algunas observaciones que pueden ayudar en este sentido.

En cuanto al desarrollo del seguidor, conforme se indica en el Gráfico 8.1, el modelo de Blanchard presenta **en un solo eje o continuo** cuatro prototipos de nivel de desarrollo que implican ciertas combinaciones de competencia e interés: los niveles extremos D1 y D4 (de la más baja y más alta competencia, respectivamente) dan por sentado un alto nivel de interés; en cambio, los niveles intermedios D2 y D3 suponen un interés bajo o variable.

Sin embargo, conforme surge del Gráfico 8.2, hay más combinaciones posibles que las incluidas en el Gráfico 8.1. En efecto, cualquiera de los cuatro niveles de competencia puede ocurrir combinado con cualquiera de las posibilidades de grado de interés.

En el Gráfico 8.8 se intenta reflejar la comparación entre ambos enfoques: los prototipos de combinaciones probables según Blanchard, y la gama de posibilidades indicada en el párrafo precedente.

Gráfico 8.8

DESARROLLO DEL SEGUIDOR

4	3	2	1

PROTOTIPOS DE BLANCHARD
COMBINACIONES PROBABLES

COMPETENCIA

INTERÉS

ENFOQUE
CONJUNTO

GAMA DE POSIBILIDADES

COMPETENCIA

INTERÉS

ENFOQUE
SEPARADO

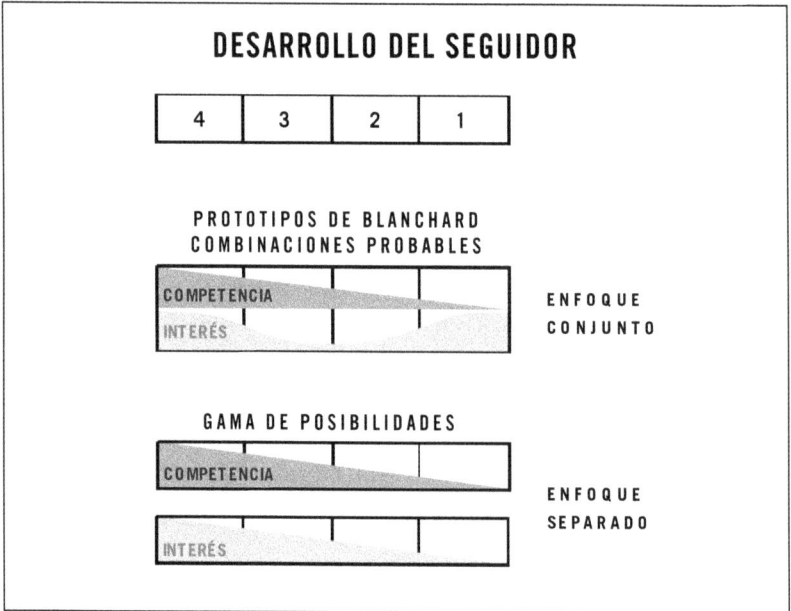

Con respecto al estilo del líder, más allá de la alternativa esquemática entre comportamiento rector y comportamiento seguidor, cabe distinguir lo siguiente:

- Tocante al comportamiento en sí, existe una amplia variedad de conductas específicas: persuadir, sugerir, opinar, informar, tirar ideas, ofertar, pedir, preguntar, participar, escuchar, etcétera. Combinaciones de estas conductas específicas dan lugar a categorías más generales como dirigir, participar y delegar.
- Con referencia al foco del comportamiento, este puede ser orientado a la tarea (por ejemplo, brindar o pedir opinión acerca de cómo ejercer una tarea) o a la persona (por ejemplo, indagar sobre su motivación o tratar de estimularla).

El comportamiento denominado "rector" es fundamentalmente un comportamiento directivo y controlante orientado a la tarea. En cambio, el comportamiento denominado "seguidor", además del comportamiento pertinente orientado a la persona, entraña participar o delegar en cuanto a la tarea.

Ahora bien, si conjugamos lo dicho en los párrafos precedentes sobre el nivel de desarrollo del seguidor y el comportamiento del líder, es razonable sostener que, **en principio**:

- El comportamiento orientado a la tarea constituye una función de la competencia del seguidor. En este orden, corresponde elegir las conductas más convenientes que pueden ubicarse en el continuo que va desde un estilo 1 (dirigir), pasa por los estilos 2 y 3 (participar en mayor o menor grado) y culmina con el estilo 4 (delegar).
- El comportamiento orientado a la persona se concentra en el nivel de interés del seguidor. En este aspecto, en adición al comportamiento orientado a la tarea, el líder debe adoptar aquellas estrategias más aconsejables según la situación: indagar, estimular, reconocer, etcétera.

En síntesis, proponemos abrir el acople situacional en dos ejes:

- Por un lado, el comportamiento del líder orientado a la tarea, que depende de la competencia del seguidor.
- Y, por otro, el comportamiento del líder orientado a la persona, que apunta al interés del seguidor.

No obstante, deben contemplarse también las conexiones entre ambos ejes:

- Un acople inadecuado entre el comportamiento del líder orientado a la tarea y el nivel de competencia del seguidor tiende a perjudicar la motivación de este último. Por ejemplo, si se emplea un estilo directivo con una persona muy competente.
- El interés del seguidor comprende la motivación y la seguridad en sí mismo. Y esta, a su vez, está vinculada con el nivel de competencia.
- Hemos visto que en el ciclo regresivo el comportamiento rector, orientado a la tarea, puede ser un recurso para combatir cierto tipo de falta de interés.

Corresponde agregar una observación importante, que se relaciona con las funciones del liderazgo gerencial en torno a la tarea de los colaboradores planteadas en el Capítulo 6, a saber:

- Asignar la tarea.
- Brindar orientación y apoyo.
- Controlar la ejecución.
- Suministrar feedback.
- Evaluar el desempeño.
- Administrar el régimen de recompensas (premios y castigos).

Está claro que el ejercicio de las primeras tres funciones depende principalmente del nivel de desarrollo del seguidor. La asignación, la necesidad de orientación y de apoyo y el grado de control se deben adecuar a este, precisamente para promover o asegurar su mejor desempeño. Pero las otras tres funciones deben responder, no tanto al supuesto nivel de desarrollo del seguidor, sino más bien a su desempeño, demostrado en la ejecución de la tarea. El Gráfico 8.9 ilustra esta diferencia.

Gráfico 8.9

RELACIÓN ENTRE LAS FUNCIONES DEL LIDERAZGO
GERENCIAL Y EL LIDERAZGO SITUACIONAL

RECOMPENSA

ASIGNACIÓN

DEPENDE
DEL
DESEMPEÑO
DEL
SEGUIDOR

EVALUACIÓN

TAREA

ORIENTA-
CIÓN
Y APOYO

DEPENDE
DEL
DESARROLLO
DEL
SEGUIDOR

FEEDBACK

CONTROL

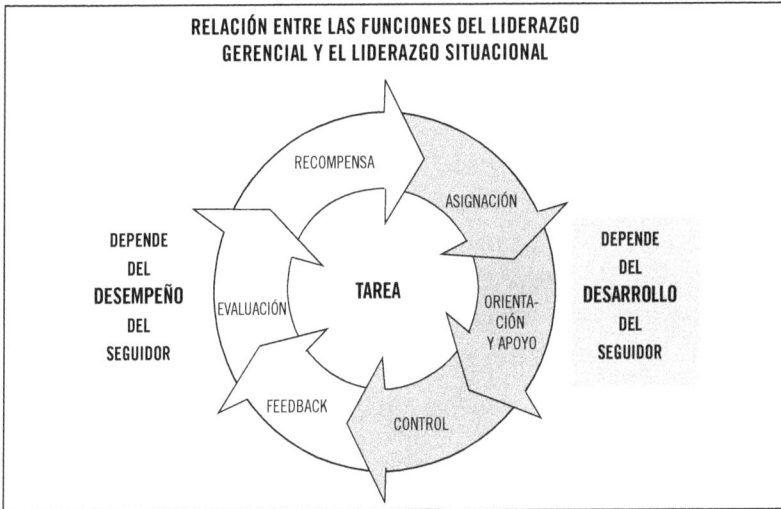

III. MODELO DE PARTICIPACIÓN

A. Conceptos de aporte y de influencia

En el Modelo de análisis organizacional, incluido en el Apéndice general, hacemos referencia al proceso de resolución de problemas o toma de decisiones (RP/TD), que abarca tres etapas: el examen de la problemática, el desarrollo de cursos de acción y el plan de implementación*. A su vez, cada etapa comprende varios pasos; por ejemplo, el desarrollo de cursos de acción incluye la concepción, la evaluación y la elección.

Participar en un proceso de RP/TD significa brindarle su **aporte** (información, ideas, opiniones, etcétera) basado en sus conocimientos y experiencia. Dado un proceso de RP/TD, es normal que más de una persona esté en condiciones de hacerlo. El aporte puede alcanzar a todo el proceso, o bien puede limitarse a una o algunas de sus etapas o pasos.

---

* Tema que analizamos en el libro *RP/TD - El proceso decisorio* (Macchi, 1997).

Para analizar debidamente una contribución, conviene no perder de vista tres diferentes conceptos:

- El aporte "potencial" que la persona podría llegar a brindar.
- El aporte "realizado" durante el proceso.
- El aporte "efectivo", que es el verdaderamente tenido en cuenta por el resto de los participantes a los fines de la toma de decisiones. A este aporte efectivo podemos denominarlo "influencia".

Es evidente que lo que importa en última instancia es el aporte efectivo o influencia. El aporte potencial, e incluso el realizado, interesan, claro está, pero más bien a título de antecedente.

La cantidad y la calidad de la participación radican entonces en la influencia de los participantes en el proceso de RP/TD. Por lo tanto, es clave el comportamiento que adopte cualquier participante en cuanto al espacio que otorga a la influencia de todos, ya sea la propia como la de los demás.

El comportamiento de alguien en materia de participación comprende dos dimensiones:

- La influencia que ejerce personalmente.
- La influencia que deja ejercer a los demás.

Para simplificar la exposición, denominaremos "el sujeto" a aquel cuyo comportamiento estamos examinando y "los demás" al otro u otros participantes (actuales o potenciales). Cabe aclarar que no necesariamente el sujeto es el jefe y el otro o los demás, sus colaboradores. El esquema es aplicable a cualquier clase de relación.

Si el sujeto busca maximizar la influencia de los demás, debe perseguir lo siguiente:

1. En una etapa previa, favorecer la capacitación y motivación de los demás, a fin de ampliar su aporte potencial.
2. Durante el proceso, promover la participación de los demás (creando un clima favorable, preguntando, explorando sus ideas, etcétera), a fin de que su aporte potencial se convierta en aporte realizado.
3. En el momento de la participación de los demás, escuchar activamente, verificar entendimientos e interpretar y comprender el aporte realizado, de manera que se traduzca en aporte efectivo; o sea, en verdadera influencia.

Estos tres objetivos son especialmente importantes respecto del jefe, en cuanto a la relación con sus colaboradores, o del conductor de una reunión, en cuanto al tratamiento de los demás participantes.

Nótese algo muy importante: los requisitos para que el sujeto aumente la influencia de los demás de por sí no atentan contra la posibilidad de que el sujeto incremente su propia influencia. Sin embargo, muchas personas se basan en la hipótesis de que en un proceso de relación interpersonal existe una especie de magnitud predeterminada de influencia total a distribuir entre las partes. De esta manera, suponiendo que tal influencia total sea igual a 100, si el sujeto concede 60 de influencia a los demás, él se queda forzosamente con 40. Este supuesto es erróneo. Las investigaciones demuestran que la magnitud total de influencia puede aumentar casi indefinidamente. Cuando el sujeto demuestra una disposición real a ser influido por los demás, a menudo crea una mayor disposición de los demás a dejarse influir por él. El error en este sentido ha llevado a muchos gerentes a emplear un estilo autoritario, con la idea de no perder su propia influencia. Por otra parte, basados en esa misma hipótesis, otros gerentes han adoptado un estilo "blando" o "condescendiente", en su afán de lograr la máxima colaboración de su gente. En ambos casos se aplica un estilo inadecuado. No se trata de acaparar o ceder influencia, sino de crear las condiciones que permitan maximizar la influencia de todos, para producir los mejores resultados.

B. Tipos de comportamiento

Esas dos dimensiones de influencia, que atañen al comportamiento del sujeto en materia de participación, se representan en el Gráfico 8.10.

Gráfico 8.10

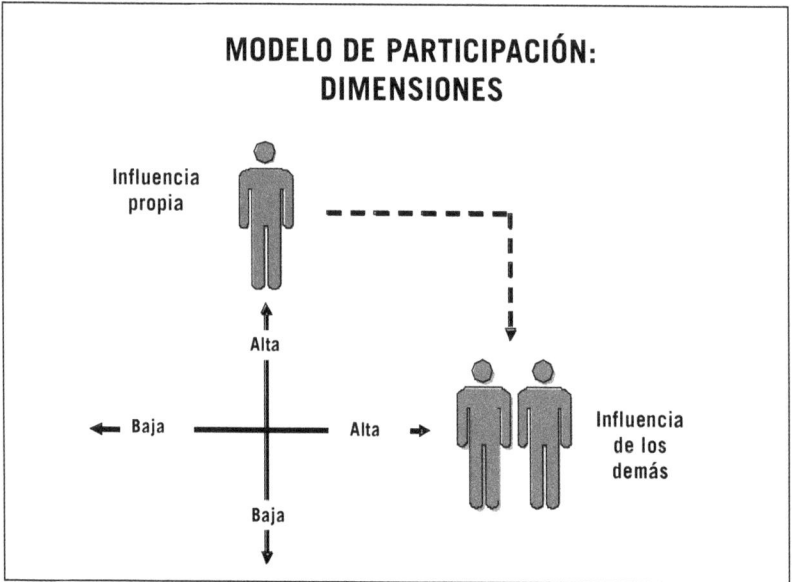

MODELO DE PARTICIPACIÓN: DIMENSIONES

Influencia propia

Alta

Baja — Alta

Influencia de los demás

Baja

Basados en dicha matriz podemos distinguir cuatro tipos básicos de comportamiento, que dan lugar al modelo que se presenta en el Gráfico 8.11.

Gráfico 8.11

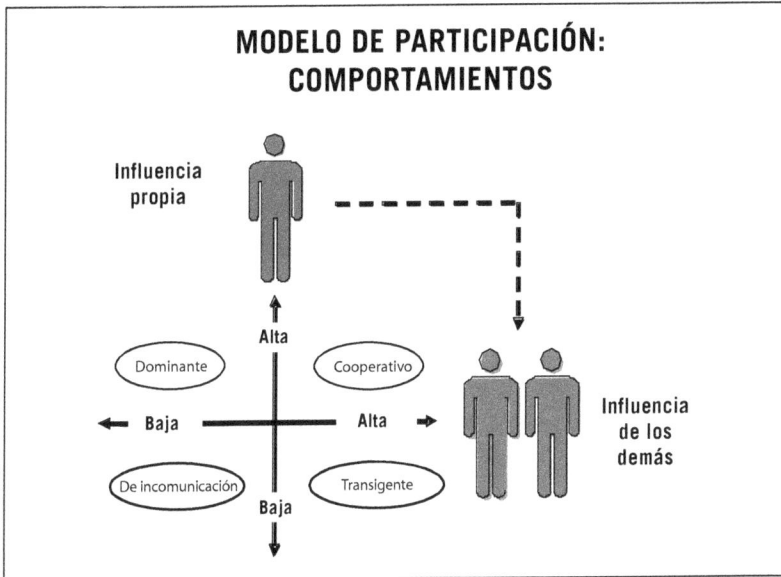

**MODELO DE PARTICIPACIÓN:
COMPORTAMIENTOS**

Influencia propia

Alta

Dominante   Cooperativo

Baja ← —— Alta →

De incomunicación   Transigente

Baja

Influencia de los demás

A continuación examinaremos cada uno de los tipos de comportamiento que componen el modelo.

C. El comportamiento cooperativo

Con este tipo de comportamiento, el sujeto pretende maximizar tanto su influencia como la de los demás. Su objetivo es buscar y encontrar la mejor solución entre todos los participantes. El sujeto no escatima su aporte personal ni trata de "imponer su voluntad", "salirse con la suya" o "ganar la discusión".

El comportamiento cooperativo comprende dos tipos de conducta: la asertiva y la receptiva, que analizamos en la sección correspondiente del Capítulo 3.

D. El comportamiento dominante

El sujeto adopta un comportamiento dominante cuando privilegia su propia influencia, a expensas de la de los demás. En mayor o menor grado, se dirige a "imponer su voluntad", "salirse con la suya" o "ganar la discusión". Se preocupa por mantener el control de la situación en cuanto al producto del proceso, aun a costa de sacrificar la mejor solución del problema. El comportamiento dominante puede llevarse a cabo de diversas maneras:

- Emplear directamente el poder que deviene de la autoridad o de otro factor ("quiero que se haga así porque soy el jefe").
- Utilizar argumentos que ejercen presión sobre los demás. Esto puede hacerse por medio de amenazas abiertas o veladas ("si no hace lo que quiero trataré de perjudicarlo"); invocando factores improcedentes ("el jefe quiere que hagamos las cosas así"); apelando indebidamente a sentimientos u obligaciones de los demás ("si eres mi amigo, debes responder a mi pedido"); etcétera.
- Ocultar o manipular información, de manera de conducir el proceso hacia la finalidad premeditada por el sujeto.
- Desvalorizar a los demás ("usted no tiene la experiencia suficiente como para opinar sobre este tema") o sus aportes ("tiene razón, pero poca y la poca que tiene no sirve para nada").
- No ser receptivo. Esto es, no dejar participar a los demás, no escuchar, no darle importancia a lo que se escucha, no tratar de comprender, etcétera. Aún más: en sentido estricto, no motivar la participación de los demás o cualquier otro proceder que agrande la brecha entre su aporte potencial y su aporte efectivo, sería un comportamiento dominante.

Tratar de convencer o persuadir a los demás no necesariamente constituye un comportamiento dominante. Sin embargo, cuando el sujeto fuerza sus argumentos o utiliza amenazas sutiles para convencer o persuadir está, en sustancia, comportándose en forma dominante.

E. El comportamiento transigente

El sujeto adopta un comportamiento transigente cuando privilegia la influencia de los demás a expensas de la propia. Aquí concede una brecha entre su aporte potencial y su aporte efectivo. Y lo hace aunque su falta de aporte pueda atentar contra la mejor solución del problema. Es común que el sujeto proceda de tal manera porque desea ganarse la aceptación, buena voluntad o aprecio de los demás; porque quiere evitar la confrontación o el conflicto; incluso, porque carece de convicción respecto de sus ideas y no quiere correr el riesgo de exponerlas. A menudo esto le sucede al colaborador frente a su jefe. Sin embargo, se puede dar también en sentido inverso.

Dentro del comportamiento transigente cabe distinguir:

- Un grado menor de transigencia, que limita el ejercicio de la influencia, pero hasta un cierto punto. Por ejemplo, cuando el sujeto está en desacuerdo con una ponencia y expresa sus puntos de vista, mas lo hace en forma limitada o no sigue la discusión a pesar de que podría hacerlo legítimamente; o cuando expone los pro y los contra de una alternativa, pero finalmente vacila o incluso evita fijar su posición personal en cuanto a la elección.
- Un grado mayor de transigencia, donde el sujeto virtualmente no realiza aportes y, sin embargo, no se retira del proceso. Por ejemplo, cuando el sujeto está

en desacuerdo con una decisión, pero no lo manifiesta; o bien expresa lacónicamente su desacuerdo sin exponer razones y, de todos modos, no ofrece resistencia o aun colabora en la implementación ulterior de la decisión.

F. El comportamiento de incomunicación

En este tipo de comportamiento el sujeto se retira del proceso; se desconecta de la solución del problema. No realiza aportes ni es permeable a los de los demás. Esto sucede de dos maneras:

- La abstención. El sujeto explicita su posición de retirada ("en este asunto no quiero meterme", "aquí no tengo nada que hacer ni decir", etcétera), o bien la da a entender por medio del silencio y la inactividad.
- La pelea. El sujeto agrede directa o indirectamente a los demás. Esto suele parecer una actitud opuesta a la abstención. Sin embargo, sus consecuencias son similares. El sujeto se entrega a un estallido emocional y escapa del problema.

G. Aplicación de los comportamientos

Hemos caracterizado los cuatro tipos de comportamiento que componen el modelo de participación. Pero no hemos emitido juicios de valor sobre la conveniencia de emplear uno u otro tipo de comportamiento. Este tema es objeto de la presente sección.

A tal fin no hay que perder de vista que lo que importa finalmente no es la participación por la participación misma, sino el cumplimiento de los objetivos de la organización.

Debemos valorar la participación de la gente en la medida en que favorezca dicho cumplimiento. En este sentido, es oportuno traer a colación lo dicho en el Capítulo 7, en cuanto a los atributos a tomar en cuenta para evaluar la calidad de un proceso de toma de decisiones y a las ventajas o desventajas o limitaciones de la participación frente a tales atributos. Los conceptos generales allí esbozados nos pueden servir de base para evaluar la conveniencia de emplear uno u otro tipo de comportamiento del modelo de participación.

Hay situaciones en las que tanto el sujeto como los demás cuentan con la capacidad (conocimientos, experiencia, etcétera) para brindar aportes significativos a la solución del problema. En ellas es aconsejable un comportamiento cooperativo, a fin de aprovechar debidamente el aporte de todos, particularmente valioso cuando la solución del problema en cuestión requiere creatividad e innovación.

Empero, sobre la base del mismo principio de aprovechar los aportes que valen la pena, caben otros tipos de comportamiento según las circunstancias:

- Si el sujeto está en condiciones de brindar un aporte significativo, pero los demás no (porque carecen de la capacidad pertinente), se justifica un comportamiento dominante.
- Por el contrario, si el sujeto no está en condiciones de brindar un aporte significativo, pero los demás sí, es preferible un comportamiento transigente.

Aquí podría llegar a sostenerse que dichos comportamientos (dominante o transigente) en sustancia no dejan de ser cooperativos. Si los demás o el sujeto no están en condiciones de brindar un aporte significativo, entonces no existe brecha entre el aporte potencial y el aporte efectivo, ni hay restricción de influencia de ninguna de las partes. Por lo tanto, el comportamiento podría calificarse como cooperativo. Esta es una cuestión muy sutil. En definitiva, la calificación del comportamiento depende de la visión que se tenga del aporte potencial que se restringe. Por ejemplo, un jefe puede creer que es cooperativo cuando se limita a dar una instrucción a un colaborador; pero este puede pensar que el jefe es dominante, porque a su juicio no le ha dado el lugar pertinente para brindar sus opiniones. Esto tiene que ver con lo que diremos más adelante, en la sección sobre limitaciones del modelo, en el sentido de que cabe distinguir tres visiones: la del sujeto, la de los demás y la que puede llegar a tener un observador que no participa en el proceso.

Si la motivación y el compromiso de los demás son importantes para asegurar la implementación de una decisión, tiende a hacerse más necesario un comportamiento cooperativo. Esto es particularmente válido cuando media resistencia al cambio. Puede pensarse que si el sujeto desea cambiar algo y presume resistencia por parte de los demás, se impone un comportamiento dominante como la manera lógica de superar la resistencia; sobre todo si el sujeto considera que goza del poder suficiente (por ejemplo, cuando un jefe quiere imponer un cambio a sus colaboradores). Sin embargo, tal estrategia tiene sus peligros. Los demás, al no participar debidamente en el proceso, mantienen o incluso aumentan su resistencia al cambio, lo que constituye un impedimento serio para la implementación de la decisión. Entonces pueden ocurrir dos cosas, ambas desagradables: fracasa la implementación, o se impone por la fuerza. La implementación forzada, si bien logra el objetivo puntual, probablemente perjudique la situación general de los recursos humanos en materia de motivación, satisfacción, cooperación, etcétera. Así, el sujeto puede "ganar una batalla pero perder la guerra". En síntesis, cuando hay mucha resistencia al cambio es raro que tenga éxito un comportamiento dominante, sobre todo a largo plazo. En cambio, un comportamiento cooperativo suele constituir un buen vehículo para que los demás se interesen en el proyecto, desarrollen su comprensión, lo enriquezcan con sus aportes y, finalmente, se sientan motivados y comprometidos para asegurar una adecuada implementación.

Cuando la motivación de los demás no es un factor importante, puede que no sea necesario o conveniente un comportamiento cooperativo.

• Si el sujeto piensa tomar una decisión y es obvio que los demás estarán contentos con ella (y no es importante el aporte que los demás podrían brindar al proceso que lleva a la decisión), es ocioso que los demás participen en el proceso. Ergo, cabe emplear un comportamiento dominante.

• Si los demás están muy motivados en llevar adelante un proyecto propio, y el sujeto ve el proyecto con buenos ojos, puede ser oportuno que adopte un comportamiento transigente para no atentar contra el sentimiento de autorrealización que nutre dicha motivación.

Hemos dicho que el proceso de un comportamiento cooperativo demanda más tiempo. En consecuencia, hay situaciones en las que las limitaciones de tiempo hacen que no sea conveniente, o ni siquiera viable, adoptar tal comportamiento:

• Si hay verdadera urgencia en tomar una decisión, porque se requiere una acción rápida, es probable que sea necesario un comportamiento dominante o transigente, según cuál sea el área de responsabilidad del sujeto.

• Un problema considerado individualmente puede merecer un comportamiento cooperativo. Sin embargo, la suma de los problemas que deben afrontar los miembros de una organización hace razonable que se limiten los comportamientos cooperativos a aquellos problemas que más lo merecen, porque de lo contrario la participación insumiría demasiado tiempo y la gente no podría dedicarse a sus respectivos menesteres. Vale decir que, para ciertos problemas, es más eficiente emplear un comportamiento dominante o transigente, según el área de responsabilidad del sujeto respecto del problema, a fin de concentrar el comportamiento cooperativo en los problemas que lo justifican desde un punto de vista integral. Como concepto general, esto viene a ser como un principio de participación selectiva, en cuanto a los temas objeto de participación.

Un comportamiento cooperativo puede ser efectivo para provocar el aprendizaje de los demás. Sin embargo, puede ser aún más eficaz un comportamiento transigente si el mejor enfoque de aprendizaje es que los demás vayan descubriendo el conocimiento por sí solos, que vayan ganando su propia experiencia.

Si el aporte del sujeto corre el riesgo de aumentar el conflicto entre las partes, cabe emplear un comportamiento transigente, o incluso de incomunicación (abstención):

- Si el otro está muy alterado o nervioso, es prudente utilizar un comportamiento transigente. El sujeto, sin debilitar su posición, permite que el otro se desahogue. La alteración del otro no da para un comportamiento cooperativo. Esto siempre y cuando el otro no "se pase de la raya" y sea menester otro tipo de comportamiento.
- Si, en cambio, es el sujeto quien está alterado o nervioso, tal vez lo mejor que puede hacer, dadas las circunstancias, es adoptar un comportamiento de abstención. En tal situación, debe desconfiar del valor

de sus propios aportes. Por ello, es peligroso un comportamiento cooperativo o incluso transigente.

En ambos casos (el otro o el sujeto padecen de alteración nerviosa) el comportamiento aconsejado (transigente o de abstención, respectivamente) puede encararse con carácter transitorio. Más adelante, superada la crisis personal, bien puede retornarse a un comportamiento cooperativo.

Si el aporte de los demás ofrece serios peligros de aumentar el conflicto, cabe la duda acerca del beneficio de un comportamiento cooperativo, aunque otros factores (posibilidad de aportes, etcétera) induzcan a adoptarlo. La cuestión es si la participación habrá de constituir una confrontación positiva que mejore la situación, o si, por el contrario, la agravará. Aquí un factor clave es el grado de confianza. Generalmente, un alto nivel de conflicto va acompañado de un bajo nivel de confianza entre las partes en cuestión. Si la confianza es baja, la participación tenderá a ser engañosa o aceleradora del conflicto. Ante esta posibilidad, un comportamiento dominante puede representar el mal menor. Este comportamiento suele ser necesario cuando el conflicto ha sido originado por una conducción anterior débil (transigencia indebida) que alimentó las luchas intestinas (por ejemplo, por el poder o por los recursos), y ahora es preciso lanzar señales claras acerca de los límites de cada uno en el conflicto.

Hay situaciones de tipo personal donde es válido que el sujeto restrinja total o parcialmente su participación en el proceso:

- Si el otro plantea un problema personal en el seno del trabajo, puede ser prudente que el sujeto adopte un comportamiento transigente, para no verse demasiado involucrado en el problema. Esto no significa desinterés por parte del sujeto, sino poner ciertos límites a su influencia.

- Un comportamiento de abstención puede ser lo indicado cuando el sujeto tiene un impedimento religioso, ético o legal para participar en el problema en cuestión.

H. Resumen de la aplicación del modelo

En general es aconsejable:

1. Un comportamiento cooperativo cuando:
   - Es valioso tanto el aporte del sujeto como el de los demás; esto es particularmente importante cuando el problema en cuestión requiere creatividad e innovación.
   - Son importantes la motivación y el compromiso de todos para asegurar una adecuada implementación, sobre todo cuando hay resistencia al cambio.
2. Un comportamiento dominante cuando:
   - El sujeto está en condiciones de brindar un aporte significativo, pero los demás no.
   - El sujeto piensa tomar una decisión y es obvio que los demás estarán contentos con ella (la motivación no es una variable importante).
   - Es urgente tomar la decisión y no hay tiempo para un comportamiento cooperativo.
   - El principio de participación selectiva lo justifica, teniendo en cuenta el área de responsabilidad del sujeto.
   - Es necesario poner límites al comportamiento de los demás en una situación de conflicto.
3. Un comportamiento transigente cuando:
   - El sujeto no está en condiciones de brindar un aporte significativo, pero los demás sí.
   - Los demás están muy motivados para llevar adelante un proyecto propio, y un comportamiento

cooperativo del sujeto atentaría contra el sentimiento de autorrealización que nutre dicha motivación.
- El principio de participación selectiva lo justifica, teniendo en cuenta el área de responsabilidad del sujeto.
- Se pretende que los demás aprendan descubriendo el conocimiento por sí solos, ganando su propia experiencia.
- El otro está muy alterado o nervioso.
- El otro plantea un problema personal.
4. Un comportamiento de incomunicación cuando:
- El sujeto está muy alterado o nervioso.
- El sujeto tiene un impedimento religioso, ético o legal para participar en el problema en cuestión.

I. Limitaciones del modelo

Llegados a este punto, debemos reconocer algunas limitaciones del modelo. Son de dos clases: la primera se refiere a la clasificación de los tipos de comportamiento y la segunda, a su aplicación.

La primera clase de limitaciones tiende a ponerse de manifiesto cuando se pretende identificar un comportamiento determinado, ya sea observado en la realidad o concebido hipotéticamente, con uno de los cuadrantes teóricos del modelo. Esto es así porque:

1. Cualquier descripción o percepción de comportamiento representa un "corte" de la realidad, un segmento de un proceso más largo. Dado un segmento, este puede merecer una calificación (cooperativo, dominante, transigente o de incomunicación). Pero, si se agregan otros segmentos de comportamiento, el conjunto puede justificar una calificación distinta. Por

ejemplo, la expresión de una opinión tomada aisladamente es encuadrable en un comportamiento cooperativo; mas su tímida defensa ulterior amerita calificar el comportamiento total como transigente.

2. Es casi imposible que la descripción o percepción de un segmento de comportamiento abarque toda la información pertinente. Y la información faltante podría hacer cambiar la identificación del comportamiento con un cuadrante del modelo. Por ejemplo, una determinada expresión verbal es definible como transigente; pero la expresión facial del sujeto torna dominante el comportamiento.

3. En todo comportamiento cabe distinguir tres visiones distintas:
   • La del sujeto.
   • La de los demás participantes.
   • La que puede llegar a tener un observador que no participa en en el proceso.

4. Las respectivas visiones están condicionadas por intenciones, ansiedades, prejuicios, etcétera. Por ejemplo, una determinada manifestación del sujeto puede constituir para él un mero suministro de información objetiva, sin intento alguno de restringir la influencia de los demás (comportamiento cooperativo). Y, sin embargo, ese mismo comportamiento puede ser percibido como amenazante por los demás (comportamiento dominante). O lo que el sujeto expresa como un pedido la otra persona lo toma como una orden (esto puede ser habitual entre el jefe y el colaborador, especialmente en ámbitos como el militar o equivalentes).

En cuanto a la aplicación de los tipos de comportamiento, hemos presentado un esquema de pautas acerca de cuándo convendría uno u otro tipo. El esquema, naturalmente, representa una sobresimplificación de la problemática que ofrece la vida real. Las pautas solo constituyen una guía tentativa, de carácter general. En la práctica, habrá que agudizar el análisis y el ingenio para elegir el mejor camino correspondiente a cada caso.

A pesar de sus limitaciones, el modelo representa una buena base conceptual para el análisis y la evaluación del comportamiento en relación con la participación.

J. Alcance del modelo

Es importante destacar que el modelo de participación esbozado en las secciones anteriores ofrece dos características fundamentales:

1. Es un modelo de tipos de comportamiento. *Prima facie* no es un modelo de estilos de liderazgo. Un mismo sujeto puede tener comportamientos de distintos tipos (cooperativo, dominante, transigente o de incomunicación) según las circunstancias. Sin embargo, los individuos tienen tendencia a comportarse siguiendo patrones personales de conducta, más allá de las circunstancias. Y, si definimos los estilos en función del tipo de comportamiento predominante, debemos reconocer que el modelo también puede servir de base para caracterizar estilos.
2. En primera instancia, es un modelo descriptivo de tipos de comportamiento, donde las respectivas descripciones *per se* no constituyen un juicio de valor. La idea es hacer primero una clasificación de los comportamientos, dejando su evaluación para una segunda instancia: un tipo de comportamiento puede que sea preferible en ciertas condiciones, en tanto que otro habrá de ser más aconsejable en condiciones distintas. Esto implica un enfoque situacional.

No obstante, el análisis de los factores que justifican uno u otro tipo de comportamiento lleva a observar que la mayoría de las situaciones complejas demandan un comportamiento cooperativo.

Respecto de la inclinación que puede tener una persona a emplear los comportamientos indicados en exceso o en defecto de lo que sería adecuado en la situación, en el Anexo 8.3 se incluye un instrumento titulado "Autoanálisis – Comportamiento personal acerca de la participación" (Form. COMP-PART).

IV. RESUMEN FINAL

En este capítulo hemos profundizado el enfoque situacional. Para ello examinamos dos modelos:

* El de liderazgo situacional, desarrollado por Paul Hersey y Ken Blanchard.
* El de participación, que distingue cuatro tipos de comportamiento: cooperativo, dominante, transigente y de incomunicación.

Ambos modelos complementan los conceptos fundamentales bosquejados en el capítulo precedente sobre estilos gerenciales:

* El de liderazgo situacional puede verse como un desarrollo más específico de las orientaciones generales que planteamos en las secciones sobre aplicación de los roles gerenciales y sobre preocupación por la producción y por las personas.
* El de participación constituye un mayor análisis de las alternativas referentes al empleo de comportamientos directivos o participativos.

ANEXO 8.1

BIBLIOGRAFÍA

Blanchard, Ken; Zigarmi, Patricia, y Zigarmi, Drea: *El líder ejecutivo al minuto*. Grijalbo, 1986.

Hersey, Paul: *El ejecutivo eficaz*. IDH Ed., 1985.

_____ y Blanchard, Ken: *Padres e hijos*. IDH Ed., 1981.

_____ y Johnson, Dewey E.: *Administración del comportamiento organizacional. Liderazgo situacional*. Prentice Hall, 1998.

Lazzati, Santiago: *RP/TD. El proceso decisorio*. Macchi, 1997.

O'Toole, James: *Liderazgo del cambio*. Prentice Hall, 1996.

ANEXO 8.2

(Form. AP-LID-SIT)

GUÍA PARA EVALUAR LA APLICACIÓN
DEL LIDERAZGO SITUACIONAL

I. **Elija un colaborador directo.**

NOMBRE:
....

II. **Identifique tipos de tareas** importantes que dicho colaborador realiza habitualmente en el ejercicio de sus funciones. Oriente la distinción entre tipos de tareas a posibles diferencias significativas en el nivel de desarrollo del subordinado para cada una de dichas tareas.

TAREA:

A. ....
....
....

B. ....
....
....

C. ....
....

D. ....
....

E. ....

....

....

III. Elabore el cuadro siguiente, siguiendo las instrucciones que se indican en (m) a (t).

CALIFICACIÓN DEL NIVEL DE DESARROLLO DEL SUBORDINADO RESPECTO DE CADA TIPO DE TAREA				ESTILO DEL LÍDER		
TIPO DE TAREA (m)	COMPE-TENCIA (n)	INTERÉS (p)	NIVEL DE DESARROLLO (q)	ESTILO ADECUADO (r)	ESTILO APLICADO (s)	COMPARA-CIÓN (t)
A						
B						
C						
D						
E						

(m) Se trata de las tareas identificadas en II. Los pasos que se indican a continuación se aplican a cada una de dichas tareas por separado.

(n) Califique de 1 (más bajo) a 4 (más alto) el nivel de competencia del subordinado teniendo en cuenta sus conocimientos y habilidades.

(p) Califique de 1 (más bajo) a 4 (más alto) el nivel de interés del subordinado teniendo en cuenta su motivación y seguridad en sí mismo.

(q) Califique de 1 (más bajo) a 4 (más alto) el nivel de desarrollo del subordinado sobre la base de (n) y (p).

(r) Identifique el estilo de liderazgo correspondiente (1 a 4) en función de la calificación precedente, conforme al modelo de liderazgo situacional.

(s) Identifique el estilo que usted está usando en la práctica actual.

(t) Compare (r) con (s) y marque con una cruz donde haya diferencias entre ambos estilos.

IV. Elabore planes de acción para migrar de la práctica actual (s) al estilo correspondiente (r).

ANEXO 8.3

(Form. COMP-PART)

AUTOANÁLISIS
COMPORTAMIENTO PERSONAL ACERCA DE LA PARTICIPACIÓN

Nombre y apellido ....

Fecha: ....

Cargo: ....

Conforme al modelo de participación presentado en este capítulo, existen cuatro tipos de comportamientos: el cooperativo, el dominante, el transigente y el de incomunicación. La idea es que conviene emplear uno u otro comportamiento, según la situación.

Este instrumento pretende ayudarlo a reflexionar acerca de su tendencia a emplear alguno de dichos comportamientos en exceso o en defecto respecto de lo que sería adecuado a la situación.

Para ello, conteste las preguntas siguientes colocando una marca o tilde en el casillero correspondiente.

	No	A veces	Frecuen- temente
A. Tiendo a emplear los siguientes comportamientos, aunque ellos no sean lo más adecuados en la situación: 1. Dominante			
2. Transigente			
3. De incomunicación			
B. Tengo dificultades personales para emplear los siguientes comportamientos, cuando son los adecuados a la situación: 1. Dominante			
2. Transigente			
3. De abstención			
4. Cooperativo			
C. Las siguientes condiciones atentan contra el empleo de un comportamiento cooperativo de mi parte: 1. Clima de la organización donde trabajo			
2. Clima del grupo al cual pertenezco			
3. Estilo de mi jefe			
4. Características personales de aquellos con quienes trabajo			
5. Naturaleza de la tarea que realizo			

MODELO DE ANÁLISIS ORGANIZACIONAL

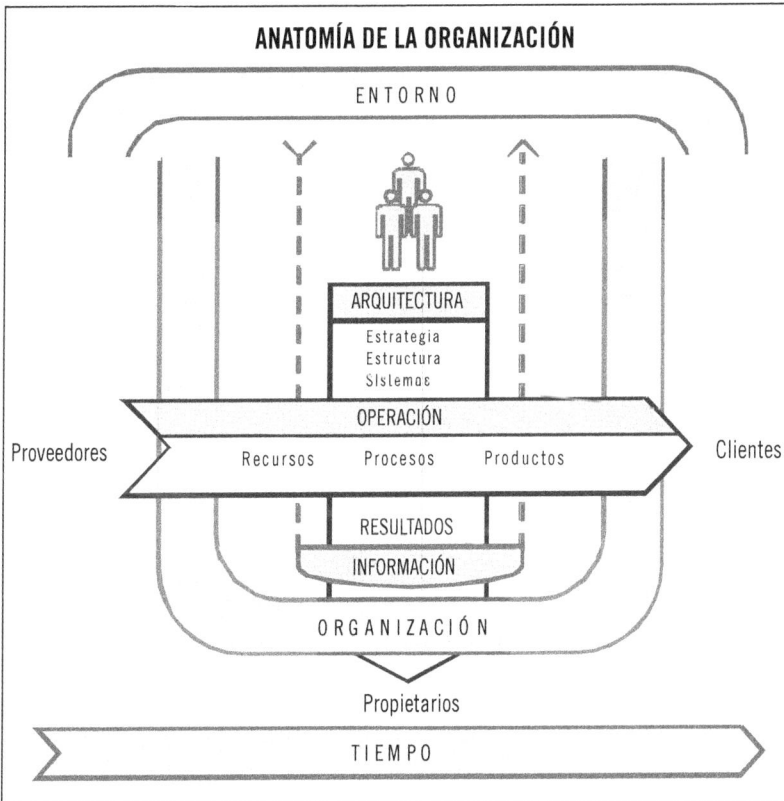

ANATOMÍA DE LA ORGANIZACIÓN

ENTORNO

ARQUITECTURA
Estrategia
Estructura
Sistemas

OPERACIÓN
Recursos   Procesos   Productos

Proveedores   Clientes

RESULTADOS
INFORMACIÓN

ORGANIZACIÓN

Propietarios

TIEMPO

MODELO DE ANÁLISIS ORGANIZACIONAL

CONTENIDOS

DESARROLLO DEL MODELO
ESTRUCTURA DEL MODELO
ANATOMÍA DE LA ORGANIZACIÓN
EL ENTORNO DE LA ORGANIZACIÓN
LA ORGANIZACIÓN
- Personas
- Arquitectura
- Operación
- Resultados
- Información

LA DIRECCIÓN Y LA GERENCIA
- Directorio u órgano equivalente
- Gerentes
- Roles de un gerente
- Gerencia y liderazgo
- Estilos de gerenciamiento y de liderazgo

CONCEPTOS COMPLEMENTARIOS ABARCATIVOS
- Recursos, procesos y productos
- Capital intelectual
- Objetivos, problemas y decisiones
- Desempeño

COMENTARIOS FINALES
- Alcance del modelo
- La organización como sistema socio-técnico
- Dinámica de la organización
- Resumen de los elementos componentes

ANEXOS
I. Definiciones estratégicas
II. Anatomía de la organización – Resumen de elementos

MODELO DE ANÁLISIS ORGANIZACIONAL

DESARROLLO DEL MODELO

En general, cuando se encara cualquier aspecto problemático de una organización o de un sector de ella, es conveniente emplear un **enfoque sistémico**, que abarque una visión integral de todos los elementos que tienen o pueden tener que ver con dicho aspecto. Este enfoque es aplicable se trate del planeamiento estratégico, de la gestión del cambio organizacional, del planeamiento y control de las operaciones, de la gestión de los recursos humanos o de cualquier otro tipo de proceso.

También suele resultar provechoso en la resolución de problemas puntuales, aunque parezcan acotados, debido a la profunda interrelación que es común encontrar entre un elemento y otro. Por ejemplo, cuando se afronta una deficiencia en el circuito operativo de un sector determinado, pero dicha ineficiencia tiene implicancias para otros sectores u otros aspectos de la organización (por ejemplo, la motivación de la gente).

Para facilitar el mencionado enfoque, hemos desarrollado un **Modelo de análisis organizacional**, que venimos aplicando desde hace más de quince años, con muy buenos resultados. A lo largo de todo ese tiempo hemos ido perfeccionando el modelo, principalmente basado en la experiencia de su empleo en las empresas y en la reflexión consecuente. Esta es su cuarta versión. Las anteriores fueron incluidas, con sucesivos cambios, en diversos libros propios (Ediciones Macchi):

- *Anatomía de la organización* (1997). Todo el libro es un análisis detallado del modelo.
- *Management del cambio y del desempeño* (2000). Capítulo 2.
- *Gerencia y liderazgo* (2003, en coautoría con Edgardo Sanguineti). Anexo 1.

Este modelo es **aplicable a todo tipo de organización**, cualquiera sea:

- Su misión, objeto social o ramo de actividad.
- Su objetivo primordial, en cuanto a si tiene o no propósito de lucro.
- Su tamaño.
- Su forma jurídica (empresa unipersonal, sociedad anónima, SRL, etcétera).
- Su propiedad u origen del capital (empresa familiar, multinacional, etcétera).

Cabe destacar que, a principios de la década de los '90, sendas versiones originales de este modelo fueron adoptadas por Arthur Andersen **a nivel mundial***:

- Para la práctica de **auditoría**, como un *Business analysis framework* a emplear en la primera fase, *Understand the business*, de la metodología oficial *The business audit*.

---

* Santiago Lazzati fue socio de Arthur Andersen hasta su retiro en 1993. Actualmente es director asociado de Deloitte.

- Para la práctica de **consultoría**, como un *Organization Analysis Model* aplicable a las distintas áreas de la práctica, a fin de que todos desarrollen un enfoque sistémico de la organización, más allá de su especialidad. El modelo fue especialmente incluido en un curso de aplicación *firm wide* titulado *"Designing Effective Solutions"*.

ESTRUCTURA DEL MODELO

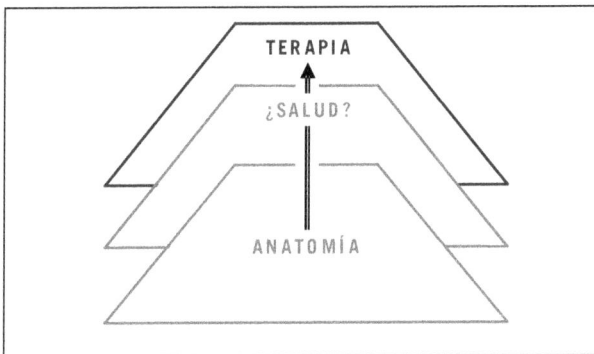

Nuestro Modelo de análisis organizacional comprende tres niveles.

1. El primer nivel analiza los elementos de la organización, de su entorno y de su evolución en el tiempo, yendo de lo general a lo particular. Además, señala las mutuas relaciones entre dichos elementos. Aquí el enfoque es puramente descriptivo, no evaluativo.
2. El segundo nivel trata la evaluación del funcionamiento de la organización. Comprende técnicas de diagnóstico (entrevistas, reuniones, encuestas, etcétera) e instrumentos que facilitan la evaluación.

3. El tercer nivel consiste en un mapa de las intervenciones (acciones específicas) que pueden llevarse a cabo para mejorar la organización.

Haciendo cierta analogía entre la organización y el cuerpo humano, podemos decir que dichos niveles equivalen, respectivamente, a lo siguiente:

1. Anatomía.
2. Chequeo de la salud.
3. Terapia.

En lo que resta de este texto nos limitaremos a la anatomía*.

ANATOMÍA DE LA ORGANIZACIÓN

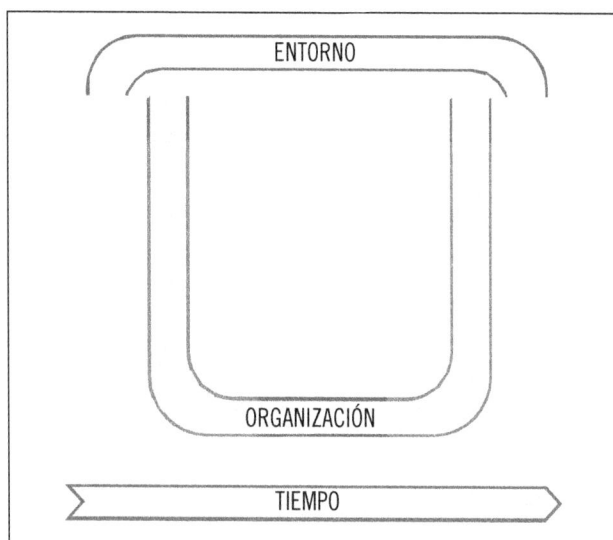

---

* El chequeo de la salud y la terapia son abordados en otras obras, como *Management del cambio y del desempeño* (Macchi, 2000).

La anatomía de la organización abarca:

- La organización en sí.
- Su entorno.
- Su evolución en el tiempo.

En esta misma sección haremos referencia a la **evolución en el tiempo**, que comprende el pasado, el presente y el futuro:

- La historia de la organización nos habla de su nacimiento y desarrollo, de sus hitos vitales, de sus crisis y de cómo se superaron. En general, el conocimiento de la historia es relevante para comprender mejor la configuración de los elementos actuales.
- En el presente, suele existir una visión de la situación futura de la organización. En general, la palabra "visión" se utiliza para representar una situación deseable, que se aspira lograr en un horizonte más bien lejano, aunque no necesariamente esté claro el camino para ello. La idea es que la visión, o mejor dicho la visión compartida, opere como un factor poderoso de motivación para los miembros de la organización.

En la sección siguiente trataremos el entorno de la organización y en las secciones subsiguientes analizaremos los elementos de la organización.

EL ENTORNO DE LA ORGANIZACIÓN

El entorno puede ser enfocado en dos niveles:

1. El macroentorno mundial, nacional o regional, referente a los factores económicos, políticos, legales, sociales, culturales, demográficos y tecnológicos que afectan o pueden afectar a la organización.

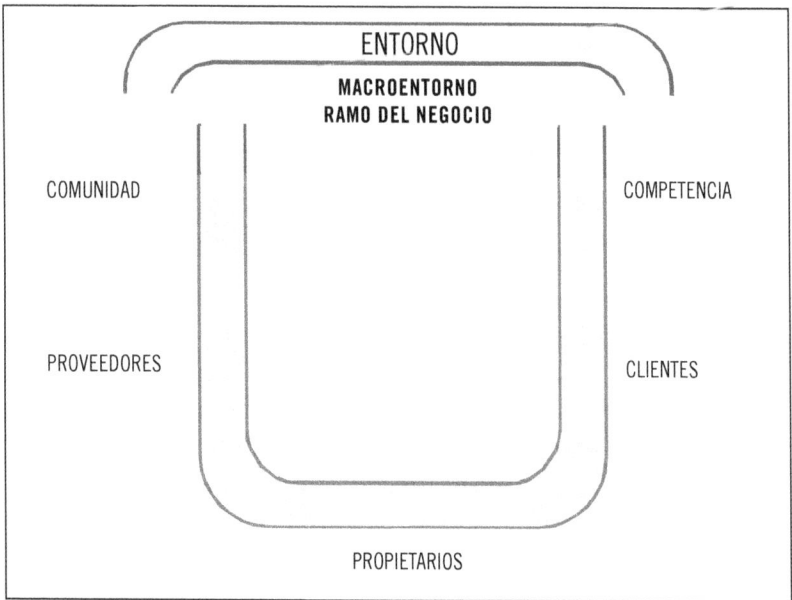

2. El ramo del negocio de la organización, con su mercado actual y potencial, sus rasgos económicos (costos, márgenes, etcétera), sus características tecnológicas, sus condiciones competitivas, sus regulaciones, etcétera.

Dicho entorno incluye **actores "cercanos"** que se relacionan específicamente con la organización:

- Los clientes que reciben los productos (bienes y servicios) de la organización. Aquí usamos el término "cliente" en un sentido bien amplio: abarca a los usuarios de un servicio público, los pacientes de un hospital, los alumnos de una escuela, los asistentes a un espectáculo deportivo, etcétera.
- Los propietarios de la organización (accionistas u otro tipo).
- Los proveedores de los recursos de la organización. Aquí empleamos la palabra "proveedor" en su senti-

do lato, que incluye también los proveedores de recursos humanos, de recursos financieros, de información, etcétera.

- La comunidad: gobierno, organismos de control, sindicatos, cámaras, entidades educativas, etcétera.
- Los competidores.

LA ORGANIZACIÓN

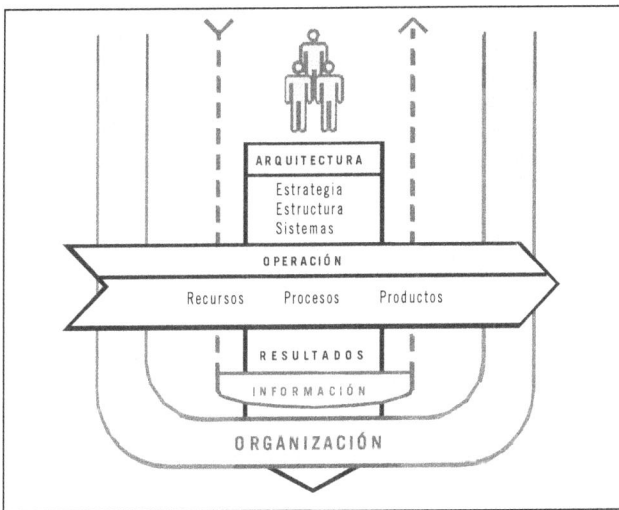

La organización comprende:

A. Las personas.
B. La arquitectura:
   1. Estrategia.
   2. Estructura.
   3. Sistemas.
C. La operación.
   1. Recursos.
   2. Procesos.
   3. Productos.
D. Los resultados.
E. La información.

PERSONAS

Dentro de las personas cabe distinguir:

- Los directores y gerentes, que trataremos más adelante bajo el título "La dirección y la gerencia".
- El personal interno de la organización que no reúne la condición de director o gerente.
- Otras personas: consultores, personal contratado temporalmente, etcétera.

Además de las características demográficas (edad, género, etnia, etcétera), los individuos tienen ciertas **características personales**:

- Conocimientos.
- Habilidades específicas.
- Valores y creencias.
- Vocación.
- Condiciones físicas (salud, destrezas, etcétera).
- Personalidad (rasgos y otros elementos).
- Inteligencia (capacidad intelectual e inteligencia emocional).

Dichas características personales son factores de las competencias y la motivación, que a su vez influyen sobre el desempeño (comportamientos y resultados).

Las **competencias** corresponden a características personales que están causalmente relacionadas con un desempeño exitoso en el puesto de trabajo. Dentro de las competencias cabe distinguir:

- En cuanto a su relación con las áreas funcionales, las denominadas funcionales o técnicas (cada una se identifica con un área específica) y las compartidas o conductuales (que son comunes a varias áreas).

- En cuanto a si se refieren o no a directores y gerentes, las gerenciales y las no gerenciales.
- En cuanto a su requerimiento, las genéricas (aplicables a todos los miembros de la organización) y las específicas (aplicables únicamente a ciertos miembros, según su puesto). En principio, las genéricas son compartidas y no gerenciales.

La **motivación** es el proceso por el cual una necesidad personal insatisfecha genera energía y dirección hacia cierto objetivo, cuyo logro se supone habrá de satisfacer la necesidad. En el ámbito de las organizaciones, es habitual plantearse si determinada persona está motivada. En este caso, es evidente que la definición resulta incompleta, porque la persona puede estar motivada para perjudicar a la organización, y seguramente no es este tipo de motivación al que se refiere el planteo organizacional. Es decir, habría que agregar que el objetivo de la persona inherente a la motivación debe ser convergente con los objetivos de la organización.

Dentro de la motivación se distingue la intrínseca de la extrínseca. Se da la motivación **intrínseca** cuando la persona es atraída por la tarea en sí o por su beneficio para el cliente. Por ejemplo, el profesor que goza con la actividad educativa o con el aprendizaje del alumno. Ocurre la motivación **extrínseca** cuando lo que moviliza es la consecuencia ulterior que la acción puede generar, como obtener una recompensa o evitar un castigo. La recompensa no necesariamente habrá de ser monetaria; puede ser una promoción, mayor reconocimiento, etcétera. Por ejemplo, el profesor que se dedica a la docencia no solo para ganarse la vida, sino también para adquirir prestigio. Un factor importante de la motivación extrínseca suele ser el régimen de evaluación y recompensas inherente a la gestión de los recursos humanos. Estos tipos de motivación no son excluyentes:

una persona puede estar motivada para una tarea tanto intrínseca como extrínsecamente. Pero también puede tener motivación intrínseca y no extrínseca, o viceversa.

Además de las características personales, cabe observar las **características sociales**, que abarcan:

- El poder, quién y por qué lo ejerce, cuáles son las luchas por conseguirlo o mantenerlo, etcétera.
- El liderazgo, que es una forma de poder. Más adelante, bajo el título "Gerencia y liderazgo", hacemos algunos comentarios sobre este tema.
- La comunicación, que depende de la confianza, el respeto, la cordialidad, la asertividad, la receptividad, la reducción de barreras defensivas, etcétera.
- El grado del trabajo en equipo, tanto intragrupal (la relación entre los miembros de un grupo) como intergrupal (la relación entre los grupos).
- El clima de las relaciones interpersonales e intergrupales, que tiene mucho que ver con la comunicación y con el trabajo en equipo, y que incluye otros aspectos como el conflicto y su manejo, el nivel de participación, la aceptación del disenso, la actitud frente a la innovación, la tolerancia del error, la orientación a la acción, etcétera.

Claro está que las características personales influyen sobre las sociales, y viceversa.

Todas ellas se manifiestan a través del **comportamiento**: maneras de ejercer el liderazgo o el poder, formas de comunicarse o incomunicarse, conductas favorables o desfavorables en cuanto al trabajo en equipo, etcétera. El concepto de comportamiento es extrapolable a cualquier sector de la organización o a esta tomada en conjunto. Así puede hablarse no solo de comportamiento individual, sino también de comportamiento grupal u organizacional. En última instancia, el comportamiento es parte del desempeño de la persona, del grupo o de la organización. Sobre este punto volveremos más adelante en la sección sobre el desempeño.

La **cultura** es la idiosincrasia de la organización. Se manifiesta a través de los comportamientos predominantes que configuran la manera de hacer las cosas. En este sentido, el concepto de cultura resulta muy abarcativo: incluye los aspectos salientes de las demás características de los recursos humanos y de su comportamiento. A la cultura subyacen valores y creencias compartidos, de naturaleza estable, que generan dichos comportamientos predominantes. La cultura es a la organización lo que los rasgos de personalidad son a las personas.

ARQUITECTURA

La arquitectura comprende:

1. La estrategia.
2. La estructura.
3. Los sistemas.

Estrategia

La estrategia de la organización contiene las decisiones de más alto nivel, que en general tienen efectos significativos a mediano o largo plazo, referentes a:

1. El producto del negocio (*output*) y su relación con el entorno (clientes, competencia, etcétera).
2. La obtención y utilización de recursos (*input* y proceso).
3. El desempeño a lograr.

La estrategia suele incluir:

• La definición de un marco general, que acostumbra expresarse en términos de misión, visión y valores.
• La definición específica de objetivos y estrategias.

(Ver Anexo I, "Definiciones estratégicas".)

Dentro de la estrategia de la organización, se suelen distinguir tres niveles:

• El nivel central está dado por la estrategia de lo que se llama "unidad estratégica de negocios" (UEN). Una UEN opera con una misión específica en un mercado específico: a grandes rasgos, se diferencia de otras UENs en los siguientes aspectos: productos (bienes tangibles y servicios), clientes y sus necesidades, y competencia. El corazón de la UEN es la estrategia competitiva, referente a la elección de mercados, clientes y productos, y a cómo desarrollar ventajas competitivas.
• Una empresa o sociedad, o un conjunto de ellas, puede constituir una sola UEN o bien comprender varias de ellas. En el segundo caso se habla de estrategia "corporativa". Este nivel superior de la estrategia se orienta principalmente a la asignación de recursos entre las UENs y a potenciar la sinergia entre ellas.
• El nivel inferior está dado por las estrategias sectoriales, que versan acerca de cómo los distintos sectores de la organización (funciones, regiones, líneas de productos, etcétera) se alinean para llevar a cabo las estrategias de nivel superior.

Estructura

La estructura, que es habitual sintetizar gráficamente por medio de un organigrama, implica decidir acerca de tres cuestiones:

1. La asignación de áreas de responsabilidad. Requiere la definición de las tareas de cada área, lo cual implica cierta agrupación de los procesos operativos.
2. La elección de mecanismos de coordinación de las tareas entre las distintas áreas de responsabilidad y dentro de ellas. Entraña establecer relaciones de jefe-subordinado, o sea niveles jerárquicos, y también otras relaciones formales, así como informales.
3. La asignación de las personas a cada área de responsabilidad, lo que influye significativamente sobre las relaciones interpersonales reales.

Sistemas

Los sistemas están dados por el diseño y la normativa de los procesos, incluyendo sus recursos (*input*) y sus productos (*output*). Dentro de los sistemas cabe distinguir:

- Los que en general están orientados a respaldar el ejercicio de los roles gerenciales, que convencionalmente denominamos "sistemas gerenciales".
- Los sistemas operativos, como el cajero automático de un banco.
- El sistema de información, que se solapa en gran medida con los sistemas gerenciales y operativos. El sistema de información brinda información no solo para directores y gerentes, sino también para otros destinos: empleo en la operación, uso externo, etcétera. Por ello lo trataremos en una sección separada.

Dentro de los sistemas o procesos gerenciales, es de señalar en primer término el **planeamiento estratégico**, cuyo producto es la ya mencionada estrategia. Al respecto cabe distinguir:

- El análisis estratégico, que abarca el análisis externo (del entorno) y el análisis interno (de la organización). La idea es aprovechar las oportunidades y protegerse contra las amenazas del entorno, teniendo en cuenta las fuerzas y debilidades de la organización. En otras palabras, se trata de diseñar la mejor inserción de la organización en el entorno.
- La identificación de las cuestiones estratégicas clave, o sea el planteo de alternativas de cursos de acción de alto impacto.
- La formulación de las definiciones estratégicas: misión, visión, valores, objetivos y estrategias.

Los demás sistemas o procesos gerenciales deben alinearse con la estrategia. Vale decir que constituyen la manera de implementar la estrategia. Dentro de estos sistemas hacemos la distinción entre:

- Dos sistemas o procesos "básicos" necesarios para la gestión cotidiana de las personas y de la operación: la gestión de los recursos humanos y el denominado planeamiento y control de gestión (que fundamentalmente consiste en el planeamiento y control de las operaciones). Estos sistemas constituyen la base de la gestión del desempeño, sobre la que volveremos en la sección correspondiente.
- Tres sistemas o procesos "adicionales" que incursionan respectivamente en determinados aspectos de los sistemas básicos: el riesgo, el conocimiento y el cambio.

A continuación haremos una breve reseña de los cinco sistemas o proceso indicados.

La **gestión de los recursos humanos** se ocupa de las siguientes funciones: reclutamiento (búsqueda, selección e incorporación), flujo interno, desvinculación, capacitación y desarrollo, evaluación y recompensas, seguridad y salud, comunicación y relaciones laborales. Como marco de estas funciones, es conveniente identificar las competencias que deben tener las personas, tanto las genéricas correspondientes a todos los miembros de la organización como las específicas atinentes a las respectivas tareas. La gestión de los recursos humanos incluye la **gestión del talento**, que consiste en reconocer los talentos más vitales para la organización, con el propósito de atraer, desarrollar y retener a aquellos que reúnan las competencias pertinentes.

El **planeamiento y control de gestión** se focaliza en la operación, pero también se ocupa de las tareas de las personas relacionadas con la operación, todo apuntando directamente al logro de los resultados.

El planeamiento y control de gestión se nutre de la llamada **administración (o dirección) por objetivos (o por resultados)**: para ciertos puestos de la estructura organizativa se definen objetivos específicos en términos de resultados a lograr (que denominamos "metas"), coherentes con los objetivos de superiores y pares; o sea, alineados con la estrategia de la organización. Para especificar un objetivo, es necesario basarse en un indicador de desempeño; por ejemplo, un objetivo de rentabilidad podría ser el 12% en función de un indicador de retorno sobre la inversión (una forma de computarlo es tomar la ganancia neta del período dividida por el patrimonio neto al inicio del mismo). En la sección sobre el desempeño diremos algo más acerca de estos indicadores.

La fijación de objetivos influye sobre la motivación de las personas, actúa como parámetro en el control de los resultados y, unida a este control, sirve de referencia para la evaluación y las recompensas. También puede ser útil para otras funciones de la gestión de los recursos humanos, como la identificación de necesidades de capacitación.

En sustancia, el **control presupuestario** forma parte de la administración por objetivos; se concentra en aquellos objetivos expresados en partidas de los estados contables (definiendo el presupuesto como estados contables proyectados).

La **gestión del riesgo** estriba en repasar los objetivos de la organización, en sus distintos niveles, y explorar la posibilidad de eventos que puedan atentar contra su logro, incluyendo acontecimientos fortuitos o extraordinarios. Y, sobre esta base, adoptar las medidas correspondientes para evitar, reducir o compartir los riesgos respectivos.

La gestión del riesgo incluye el denominado "control interno" y la auditoría, que tienen objetivos comunes: confiabilidad de la información, protección del patrimonio, eficacia y eficiencia de las operaciones, y cumplimiento de la normativa correspondiente. Estos objetivos pretenden cubrir, respectivamente, los riesgos de información incorrecta, perjuicios al patrimonio, ineficacia o ineficiencia, e incumplimiento de la normativa.

El **control interno** puede definirse en forma amplia o restringida. En el primer sentido, el control interno apunta a los cuatro objetivos y tipos de riesgo planteados, condicionando los aspectos pertinentes del planeamiento y control de gestión y demás sistemas gerenciales y operativos. La manera restringida (que tradicionalmente se ha denominado "control interno contable") se circunscribe a los objetivos de confiabilidad de la información y protección del patrimonio; en este sentido, el control interno se configura con las condiciones pertinentes de las personas, la estructura y los sistemas. Por ejemplo:

- La capacidad y honestidad de las personas.
- Cierta separación de funciones que entraña control por oposición.
- Los factores que determinan la calidad del sistema contable.

La **auditoría** consiste en un examen efectuado por alguien independiente de la responsabilidad sobre el objeto de la auditoría. Cualquier sector, elemento o aspecto de la organización puede ser objeto de auditoría. Según su finalidad, la auditoría suele clasificarse en contable y operativa. La **auditoría contable** se concentra en los objetivos de confiabilidad de la información y protección del patrimonio. Incluye la revisión del denominado control interno contable, referido en el párrafo precedente. La **auditoría operativa** se interesa adicionalmente en la eficacia y eficiencia de las operaciones y en el cumplimiento de la normativa. Por otra parte, tanto una como otra pueden ser ejercidas por personal perteneciente a la organización o por una persona o firma independiente de ella. En el primer caso, se habla de **auditoría interna** y, en el segundo, de **auditoría externa**. Una función típica de esta última es el examen y consiguiente dictamen sobre los estados contables de la organización que se publican para los actores externos (accionistas, proveedores, etcétera).

La **gestión del conocimiento** versa sobre la obtención, análisis, estructuración, registro, mantenimiento, disponibilidad y empleo del conocimiento. El conocimiento existente en la organización radica en dos lugares: en la mente de las personas y en el sistema de información. Una función importante de la gestión del conocimiento es transferirlo del primero al segundo lugar; o sea, convertir conocimiento individual en conocimiento organizacional, para facilitar su aprovechamiento sistemático por parte de todos los interesados, y para capitalizar conocimiento, aun cuando las personas se desvinculen de la organización y se lleven el conocimiento que poseen en su mente.

La **gestión del cambio** implica la modificación sustantiva de uno o más elementos de la organización: personas (estilos, clima, cultura, etcétera), estructura, sistemas y operación. La gestión del cambio comprende el diagnóstico de la situación actual y el diseño e implementación de la situación deseada, incluyendo las intervenciones pertinentes y el manejo de la transición.

También está la **gestión de proyectos**. Sin embargo, en general, los proyectos forman parte de la gestión del cambio o de la propia operación (por ejemplo, en los servicios de consultoría o en la industria de la construcción).

Lo dicho en cuanto a los sistemas gerenciales puede resumirse en el gráfico siguiente.

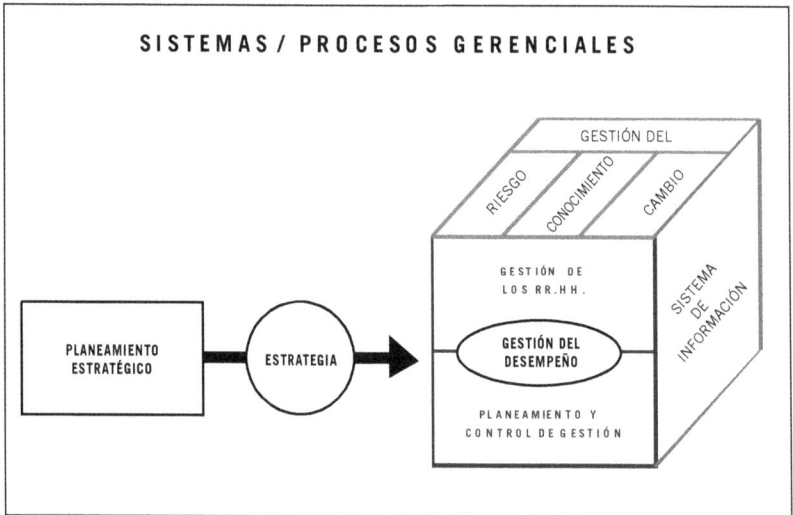

SISTEMAS / PROCESOS GERENCIALES

Todos los sistemas o procesos comentados deben cuidar el **cumplimiento de las disposiciones legales** respectivas:

- La legislación laboral, que normalmente es un campo de la gestión de recursos humanos.
- Los impuestos, que en general están asociados con la función contable.
- El resto de la problemática legal, que suele estar en manos de los especialistas pertinentes, internos o externos.

OPERACIÓN

La operación contiene los recursos, los procesos y los productos operativos. Seguidamente haremos una breve referencia a ellos.

Recursos operativos

Los recursos operativos comprenden:

* Los tangibles (financieros y físicos).
* Los intangibles (tecnología propia, marcas y patentes, posición en el mercado, clientela, acceso a proveedores, etcétera).

Estos recursos son suministrados por los proveedores o desarrollados por la propia organización.

Procesos operativos

En un sentido bien amplio, los procesos operativos abarcan dos tipos de actividades: las primarias y las de apoyo.

Las **actividades primarias** están constituidas por la logística de entrada (incluye el abastecimiento), la producción, la prestación de servicios, la logística de salida y la comercialización (marketing y ventas).

Las **actividades de apoyo** son inherentes a la investigación y desarrollo, la administración general (incluye la contabilidad y los impuestos), las finanzas, los recursos humanos, la informática, el aseguramiento de la calidad, los asuntos legales, la auditoría, etcétera.

Productos operativos

Los productos operativos consisten en los **bienes tangibles** y los **servicios** que se brindan a los clientes.

RESULTADOS

Los resultados representan, en última instancia, el **impacto** del entorno y de las actividades de la organización **sobre los recursos**. Los acontecimientos del entorno, como los cambios en los precios del mercado, alteran el valor de los recursos. Y las actividades de la organización consumen y generan recursos; o sea, provocan un enriquecimiento o empobrecimiento de estos.

Conforme señalamos más adelante en la sección sobre el capital intelectual, los **recursos** de la organización abarcan:

* Los recursos tangibles (financieros y físicos).
* El capital intelectual.

La evaluación periódica de tales recursos es condición necesaria para la medición de los resultados. Esto es lo que pretende hacer la contabilidad, que es parte del sistema de información. Sin embargo, la contabilidad tiene ciertas limitaciones que comentaremos en la sección siguiente.

De todos modos, más allá de dichas limitaciones, es oportuno aclarar el concepto de resultados. Sabemos que incluye el resultado neto (ganancia o pérdida) que la gran mayoría de las organizaciones determina periódicamente en función de las variaciones en sus recursos tangibles (principalmente) y que, a su vez, contiene:

* Los ingresos por el suministro de productos (bienes tangibles y servicios) a los clientes, y otras ganancias.
* El costo de dichos productos, los gastos del período y otras pérdidas.

Pero el concepto de resultados, en su sentido amplio, abarca también todos los cambios en el valor del capital intelectual. Esto como concepto, con independencia de las dificultades para medir dichos cambios. Por ejemplo, las erogaciones destinadas a la capacitación de las personas se suelen considerar un gasto en el cómputo del resultado neto; no obstante, dicha erogación bien puede representar un incremento en el valor del capital humano. Algo similar puede ocurrir con otros gastos. Por otra parte, es factible que la organización esté sufriendo un deterioro en el valor de su capital intelectual y, sin embargo, esto no se refleja como pérdida en el cómputo de dicho resultado neto.

INFORMACIÓN

La información ofrece múltiples dimensiones.

- Según su contenido puede:
  - Referirse a la organización o a su entorno.
  - Corresponder a una situación pasada, presente o futura.
  - Estar expresada en términos monetarios, cuantitativos no monetarios, y cualitativos.

- Según los sistemas o procesos que utilizan o generan la información:
  - Planeamiento estratégico.
  - Gestión de los recursos humanos.
  - Planeamiento y control de gestión.
  - Gestión del riesgo.
  - Gestión del conocimiento.
  - Gestión del cambio.
  - Sistemas o procesos operativos.

- Según sus destinatarios:
  - Miembros de la organización.
  - Actores del entorno.

- Según su modalidad:
  - Sistemática.
  - Circunstancial.

La información **sistemática** es principalmente escrita, se produce con una frecuencia predeterminada, generalmente según un formato estándar y sobre la base de una rutina de procesamiento de datos. Para su desarrollo es necesario tener los recursos tecnológicos adecuados. La disponibilidad de esta información es valiosa para un adecuado proceso de toma de decisiones en la mayoría de las situaciones. Sin embargo, es muy importante también el acceso a la información **circunstancial** para detectar y resolver adecuadamente los problemas. Por ello es clave la buena comunicación con el personal que puede brindar la información pertinente. Esto tiene mucho que ver con el clima de las relaciones interpersonales e intergrupales que mencionamos en la sección acerca de las personas.

La información sistemática, o sea el sistema de información, abarca los recursos informáticos, el procesamiento de datos y la información que surge como *output* del proceso.

Los **recursos informáticos** comprenden el hardware, el software, los datos que se incorporan en el proceso, y los servicios necesarios para que este se desenvuelva debidamente.

El **procesamiento de datos** incluye múltiples funciones, como la captación, clasificación, organización, comprensión, almacenamiento, transformación, transmisión, presentación, protección, validación, etcétera.

El *output* de la información es *input* de los procesos decisorios, sean gerenciales u operativos. Es una herramienta esencial de la dirección y la gerencia. Además, está completamente ligada a la operación. La gente toma decisiones constantemente, actúa entre sí y sobre la operación, utilizando y emitiendo información.

En la construcción de un sistema de información suele hacerse la distinción entre el llamado **diseño funcional**, que debe orientarse a las necesidades de los usuarios de la información, y la **tecnología informática**.

El sistema de información se perfecciona con los elementos adicionales tendientes a reforzar la confiabilidad de la información: el control interno contable y la auditoría contable, mencionados cuando tratamos la gestión del riesgo.

La **contabilidad** es una parte del sistema de información. En su sentido restringido, procesa y brinda información sistemática acerca de la organización, correspondiente al pasado y en términos principalmente monetarios*, con el propósito fundamental de registrar y valuar los recursos y medir los resultados. Sin embargo, la contabilidad se concentra en la registración y valuación de los recursos tangibles (aunque no computa todos los cambios en ellos; por ejemplo, cuando mantiene ciertos activos valuados a su costo histórico u original). Pero la contabilidad solo registra una porción menor del capital intelectual. En consecuencia, reconoce únicamente los resultados que surgen de los cambios en el valor de los recursos que registra, y desconoce el resto. La contabilidad procede así porque limita sus registraciones a mediciones que puedan ser hechas en forma sistemática, con cierto grado de objetividad y a un costo razonable. Y, en general, estas condiciones son demasiado problemáticas respecto del capital intelectual.

Hace algunas décadas, tal limitación no era mayormente significativa, por cuanto el valor de los recursos tangibles constituía una gran parte del valor total de los recursos. Sin embargo, en el mundo de hoy se ha incrementado

---

* Cabe otorgar al término "contabilidad" una definición más amplia que incluya información acerca del futuro (por ejemplo, el presupuesto) y otras. El alcance del nombre es convencional. De todos modos, siempre habrá de ser una parte del sistema de información. Nosotros pensamos que el sentido restringido brinda un corte más claro.

enormemente la proporción del valor del capital intelectual respecto del valor total. Esto constituye una seria limitación de la información contable. (Esta afirmación no pretende ser crítica; simplemente es aclaratoria.)

Los usuarios de la información tratan de superar dicha limitación recurriendo a otra información acerca del capital intelectual. Por ejemplo, los indicadores de desempeño que comentamos en la sección correspondiente.

LA DIRECCIÓN Y LA GERENCIA

En las secciones precedentes analizamos la organización sin desarrollar el tema de su dirección o gerencia. Hemos procedido así porque creemos preferible presentar primero los elementos básicos de la organización para luego examinar cómo se manejan dichos elementos.

La dirección y la gerencia comprenden obviamente a los directores y los gerentes. Pero la palabra "director" se emplea en dos sentidos: uno es para designar a un miembro del directorio u órgano equivalente; el otro es para caracterizar a un integrante de la alta gerencia. Por ello, con el propósito de aclarar el texto, primero nos referiremos al directorio, limitando convencionalmente a este ámbito el término de director; y luego trataremos la gerencia, en donde hablaremos del "gerente", cualquiera sea su rótulo formal, habida cuenta de que determinadas organizaciones otorgan el título de director también a ciertos gerentes.

Por otra parte, la dirección y la gerencia incluyen la arquitectura, además de las personas que actúan como directores y gerentes. La arquitectura, que identificamos en la sección precedente, es a la vez el *output* y el *input* de los procesos directivos y gerenciales: por un lado, su creación o modificación es el producto de directores y gerentes; y, por otro, estos deben basarse en la arquitectura para encarar el resto de su accionar.

A continuación trataremos el directorio u órgano equivalente (y sus miembros, los directores). Luego haremos lo propio con la gerencia, pero desglosando el tema en cuatro secciones: los gerentes, sus roles, la relación entre la gerencia y el liderazgo, y los estilos de gerenciamiento y liderazgo.

DIRECTORIO U ÓRGANO EQUIVALENTE

En la República Argentina, la Ley de Sociedades comerciales, en su artículo 255, establece que en las sociedades anónimas *la administración está a cargo de un directorio compuesto de uno o más directores.* Otros tipos de sociedades, legisladas por otras leyes, tienen órganos similares: las fundaciones y las cooperativas, el "consejo de administración"; las asociaciones civiles y las mutuales, la "comisión directiva". En los países anglosajones se suele emplear la expresión "*Board of Directors*".

Dada la importancia de la sociedad anónima y el empleo generalizado en la Argentina de la palabra "directorio", en este texto la usaremos, aclarando que incluimos otros órganos equivalentes, aunque tengan nombres distintos.

El directorio puede estar compuesto por miembros de la gerencia y/o por personas que no forman parte de ella. Estos se suelen llamar "directores no ejecutivos". Asimismo, el presidente del directorio (el *chairman of the Board*) puede ser el propio gerente general o equivalente, o bien una persona que no pertenece a la gerencia.

El artículo 270 de dicha Ley de Sociedades dispone que *el directorio puede designar gerentes generales o especiales, sean directores o no, revocables libremente, en quienes puede delegar las funciones ejecutivas de la administración. (…) Su designación no excluye la responsabilidad de los directores.* Esto da una idea de un rol muy amplio de los directores, que invade lo que en el mundo moderno se considera una función normal de la gerencia. Sin embargo, en la realidad de muchas organizaciones, sucede lo contrario: el directorio se limita a cubrir las formalidades, dejando en manos de la gerencia prácticamente todas las decisiones significativas.

Para cumplir debidamente con sus responsabilidades, y al mismo tiempo permitir a la gerencia una autonomía saludable, en nuestra opinión le caben al directorio las siguientes **funciones** principales:

- Con respecto a las personas, ocuparse de la selección y sucesión, de la evaluación y de la compensación del gerente general o equivalente, y eventualmente de otros miembros de la alta gerencia.
- Contribuir al desarrollo de la estrategia, o sea participar en el proceso de planeamiento estratégico (responsabilidad primaria de la gerencia).
- Participar en el diseño de la parte superior de la estructura referente a la alta gerencia.
- Participar en decisiones significativas en cuanto a políticas de la organización inherentes a los sistemas, incluyendo las medidas que contribuyan a la confiabilidad de la información y la protección del patrimonio.
- Aprobar decisiones significativas en cuanto a los recursos operativos (inversiones, endeudamiento, etcétera).
- Monitorear los resultados de la organización, o sea, la marcha del negocio.

GERENTES

En este modelo utilizamos el término "gerente" en un sentido bien amplio: gerente es quien tiene a su cargo un área de responsabilidad, desde toda la organización tomada en conjunto hasta un pequeño sector o proyecto, y que, para ejercer su responsabilidad, también tiene a su cargo ciertas personas; vale decir que **es responsable del desempeño de su gente**. El concepto abarca al dueño que conduce su negocio, al gerente general de una empresa, a los gerentes funcionales o divisionales, al jefe de un sector, al encargado de un proyecto, etcétera.

Es válido extender dicho concepto a las personas que reúnen las características siguientes (aunque no tengan gente a su cargo):

- Administran recursos financieros, físicos o intangibles importantes.
- Para cumplir su función, deben ejercer influencia significativa sobre otros miembros de la organización.

Entre los gerentes, cabe hacer una diferenciación por **niveles**:

1. El gerente (o director) general, o ejecutivo número 1 de la organización, o *Chief Executive Officer* (CEO). En la gran mayoría de las organizaciones el puesto es ocupado por una sola persona; es excepcional una gerencia general colegiada.

2. Las personas que reportan directamente al gerente general. En ciertas organizaciones una sola persona asume la conducción de toda la operación o de una porción importante de ella, en cuyo caso es común que se la denomine gerente de operaciones o *Chief Operating Officer* (COO). En las organizaciones que contienen varias unidades de negocios, es posible que sus respectivos responsables adopten el título de gerente general; si así fuese, el nivel máximo indicado en el punto 1 habrá de emplear un título distinto, como director general o presidente.

3. El resto de los gerentes, en el sentido amplio indicado, da lugar al nivel o los niveles siguientes. Para caracterizar estos niveles, las organizaciones acostumbran emplear distintos nombres: mandos medios, jefes, supervisores, etcétera.

El gerente general (indicado en 1) y las personas que reportan directamente a él (señaladas en 2) conforman la **alta gerencia** o la parte superior de ella. Además, suelen constituir (con algún o algunos miembros más o menos) lo que se denomina "comité ejecutivo" o algo por el estilo. Estas personas tienen un gran impacto sobre toda la organización, comenzando por la formulación de la **estrategia**. En cuanto a la **influencia sobre el comportamiento** de los gerentes (3) y demás personas, merece destacarse que:

• El estilo de gerenciamiento y liderazgo (que comentaremos más adelante) de los miembros de la alta gerencia afecta poderosamente el comportamiento de la gente; tiende a ser un factor importante del clima y de la cultura organizacional.
• El grado de trabajo en equipo entre dichos miembros condiciona significativamente el trabajo en equipo de allí para abajo. Por ejemplo, que dos miembros de la alta gerencia se lleven mal suele constituir una barrera para el trabajo en equipo entre los sectores que ellos dirigen.

ROLES DE UN GERENTE

Los roles que ejerce un gerente, cualquiera sea su nivel, pueden clasificarse en función del elemento de la organización que constituye el principal objeto de su actividad.

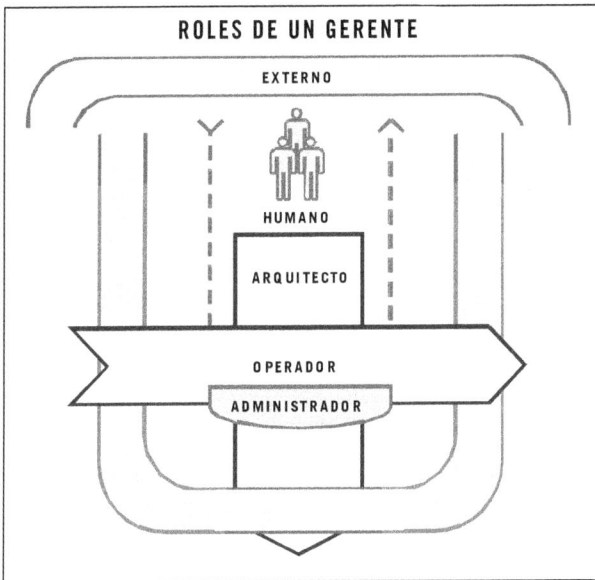

ROLES DE UN GERENTE

EXTERNO

HUMANO

ARQUITECTO

OPERADOR

ADMINISTRADOR

- **Roles generales** – Son aplicables tanto a gerentes como no gerentes:
  1. Operador – Actúa personalmente en la operación.
  2. Externo – Se relaciona con el entorno.
- **Roles gerenciales** – Son inherentes a la condición de gerente:
  1. Administrador – Gestiona la operación a través de otras personas, incluyendo especialmente sus colaboradores.
  2. Arquitecto – Crea o modifica la arquitectura.
  3. Humano – Se ocupa de las personas en sí.

A continuación hacemos un resumen de cada rol.

Rol de operador

Cuando el gerente actúa como operador, interviene personal y directamente en la **operación**, realizando actividades en el campo funcional o técnico.

Los **clientes** y los **proveedores** son actores del entorno. Sin embargo, ubicamos la relación con ellos como parte del rol de operador, dada su vinculación muy directa con la operación.

El rol de operador ofrece dos aspectos principales: la especialización acerca de la función en sí y la orientación al cliente, que es la finalidad de toda operación. Este segundo aspecto incluye prestarle atención al cliente actual o potencial y brindar un servicio que responda a sus expectativas.

Rol externo

En este rol el gerente se relaciona con actores del **entorno**: los propietarios de la organización, instituciones de la comunidad (gobierno, organismos de control, sindicatos, cámaras, entidades educativas, etcétera) y competidores.

Conforme hemos señalado, si bien los clientes y los proveedores son actores del entorno, ubicamos la relación con ellos como parte del rol de operador.

Rol de administrador

Como administrador, el gerente planifica, dirige y controla las tareas de las personas en la operación. Su campo de acción es la **operación**, pero la ejecuta a través de **personas**. Además, su meta es el logro de **resultados**, lo que incluye la gestión económica y financiera.

En tanto administrador, el gerente se basa en la arquitectura establecida; no crea ni modifica la arquitectura (que asignamos al rol de arquitecto). Por otra parte, excluye la intervención personal y directa en la operación (que asignamos al rol de operador).

La aplicación del **planeamiento y control de gestión**, de acuerdo con el sistema diseñado, corresponde al rol de administrador.

Rol de arquitecto

En su carácter de arquitecto, el gerente crea o modifica la **arquitectura**:

- Elabora la estrategia de la organización o del sector.
- Alinea el resto de la organización o del sector con la estrategia, lo cual implica el rediseño de la estructura y el desarrollo de sistemas.

El gerente realiza su tarea de arquitecto personalmente o a través de su gente.

El **planeamiento estratégico** y la **gestión del cambio** son aplicables al rol de arquitecto. En el desarrollo de la estrategia, focaliza primordialmente el entorno. En el alineamiento del resto de la organización con la estrategia, profundiza la atención a los aspectos internos de la organización.

Rol humano

En su rol humano el gerente se ocupa de las personas en sí, lo cual incluye cuatro aspectos fundamentales:

- El desarrollo de las personas (su capacitación y motivación) junto con el ejercicio de los otros roles. Por ejemplo, la supervisión de las tareas de sus colaboradores corresponde al rol de administrador, pero la manera en que lo hace (si brinda coaching, si da el feedback adecuado, si motiva o desmotiva, etcétera) pertenece al rol humano.
- El desarrollo del trabajo en equipo, con sus pares, con sus colaboradores, etcétera.
- El ejercicio de ciertas actividades inherentes a la gestión de los recursos humanos (reclutamiento, capacitación y desarrollo, evaluación y recompensas, etcétera) que debe realizar personalmente el gerente.

- La adecuada comunicación en todos los sentidos: para arriba (con supervisores), para el costado (con pares) y para abajo (con los colaboradores y otros miembros de la organización).

GERENCIA Y LIDERAZGO

Liderar es **influir** sobre personas y grupos para que se encaminen voluntariamente en el logro de **objetivos comunes**. El buen gerente debe ejercer un liderazgo adecuado sobre sus colaboradores y otras personas de la organización.

El liderazgo depende fundamentalmente del **rol humano**, pero también de **los otros cuatro roles**. El rol de arquitecto constituye la antesala intelectual de la influencia interpersonal. Asimismo, los demás roles inciden en cuanto al liderazgo; por ejemplo, la excelencia profesional de un gerente, puesta de relieve como operador, puede generar la admiración de sus colaboradores, que afecta positivamente su liderazgo.

Pero el liderazgo no se circunscribe a los roles de un gerente. Bien puede ser a la inversa: que los colaboradores influyan sobre el jefe. Además, existe el liderazgo entre pares o en cualquier otro tipo de relación dentro de la organización. Y también existe el liderazgo en muchos otros ambientes: en la familia, entre amigos o compañeros, en el deporte, etcétera.

Por otra parte, hay funciones gerenciales que *per se* no implican liderazgo; por ejemplo, controlar los resultados del sector a cargo sobre la base de un informe escrito.

De los párrafos precedentes surge que entre gerencia y liderazgo existe una suerte de "solape parcial" que puede reflejarse en el gráfico siguiente. Aquí se representa que una parte de la gerencia incluye al liderazgo y que una parte del liderazgo comprende el que se ejerce desde la gerencia. A la zona común la denominamos **liderazgo gerencial**.

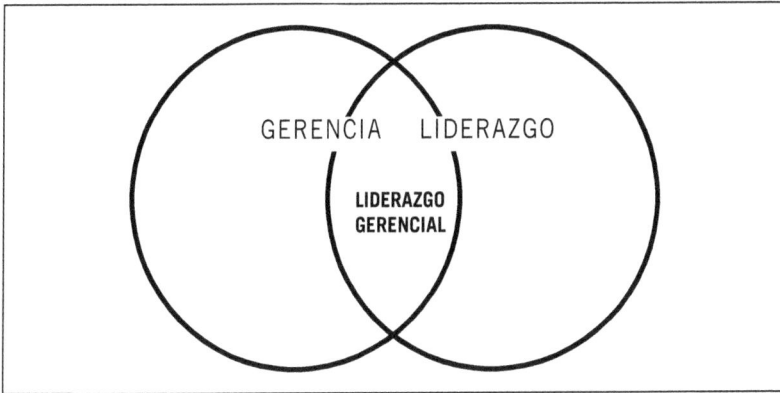

ESTILOS DE GERENCIAMIENTO Y DE LIDERAZGO

Antes de tratar el tema, es oportuno hacer una aclaración semántica. La palabra "estilos" se suele emplear en dos sentidos distintos:

- Como comportamiento puntual del gerente en una situación dada.
- Como inclinación general del gerente a comportarse de una manera determinada, a repetir ciertos patrones de conducta, más allá de lo aconsejable en la situación.

Aquí optamos por la segunda acepción; es decir, que un gerente puede tener un estilo definido y sin embargo en distintos momentos adoptar diversos comportamientos, que no responden a su estilo, debido a las circunstancias.

Existen abundantes modelos para caracterizar el estilo de un gerente. Entre ellos nos inclinamos por destacar los **tres modelos** que comentamos en los párrafos siguientes.

Con respecto a los **tres roles gerenciales** indicados (administrador, arquitecto y humano), cada gerente, debido a sus características personales (inteligencia, personalidad, valores, etcétera), propende a brindarle mayor o menor atención y dedicación (o preocupación y ocupación) a uno y otro rol. En este sentido puede hablarse de **tres dimensiones en cuanto al grado de orientación** al objeto: la operación (a través de las personas) y sus resultados, la arquitectura, y las personas en sí. En principio, cada dimensión puede plantearse separadamente, de manera que un gerente podría tener una fuerte orientación a los tres roles, o bien a uno o dos de ellos, o eventualmente a ninguno. Sin embargo, existe cierta tendencia a que una orientación muy fuerte en uno de los roles le quite espacio a cualquiera de los otros dos. La orientación está asociada con las competencias; y es poco probable que un gerente sobresalga en todas las competencias correspondientes a los tres roles; aún más: en cierta medida, las principales competencias inherentes a un rol pueden ser contradictorias con las de otro rol. Por otra parte, en el largo plazo, tiende a existir sinergia positiva entre los tres roles; pero en el corto plazo suelen mediar disyuntivas que ponen en juego la inclinación por uno u otro –por ejemplo, cuando la presión sobre los resultados inmediatos atenta contra la inversión en el desarrollo de las personas.

Dos autores altamente reconocidos en la investigación, capacitación y consultoría en el campo del management, Robert R. Blake y Jane S. Mouton, en línea con el trabajo de otros autores, destacaron **dos dimensiones** fundamentales para caracterizar el estilo de un gerente: su **preocupación por la producción** y su **preocupación por las personas** (la palabra producción puede considerarse como sinónimo de la tarea y los resultados). Basado en estas dos dimensiones, y aplicando una escala convencional de 1 a 9, el modelo distingue cinco prototipos de estilos*:

---

* *El nuevo grid gerencial*, Diana, 1980.

El 9,9 – Integra máxima preocupación por la producción (9) con máxima preocupación por las personas (9).

El 9,1 – Máxima preocupación por la producción (9) combinada con mínima preocupación por las personas (1).

El 5,5 – Nivel aceptable, aunque mediocre, en ambas dimensiones (5).

El 1,9 – Mínima preocupación por la producción (1) unida a máxima preocupación por las personas (9).

El 1,1 – Mínima preocupación tanto por la producción (1) como por las personas (1).

Dicho modelo, denominado el "grid gerencial", tiene cierta correlación con la orientación a los roles:

• La preocupación por la producción (la tarea y los resultados) con la orientación al rol de administrador (en principio).

• La preocupación por las personas con la orientación al rol humano.

No obstante, el grid gerencial no presta la debida atención al rol de arquitecto, o bien mezcla este rol con el de administrador. Si bien este modelo es bastante utilizado y acreditado, adolece de esta limitación.

Más adelante, en la sección sobre objetivos, problemas y decisiones, nos referimos a las opciones acerca de adoptar un comportamiento específico directivo o participativo en el **proceso de toma de decisiones**. Asimismo, la cuestión puede plantearse también en términos de estilo, en el sentido de que un gerente puede propender más a un tipo de comportamiento que a otro. Esto da a lugar a un continuo que va desde un estilo muy **directivo** a uno muy **participativo**, con muchas posibilidades intermedias.

A grandes rasgos, puede observarse cierta relación entre el modelo de directivo-participativo y la orientación al rol humano (o la preocupación por las personas según el grid gerencial): un gerente muy orientado al rol humano (o con máxima preocupación por las personas) tiende a ser participativo, mientras que un gerente con baja orientación al rol humano (o mínima preocupación por las personas), pero con alta orientación a cualquiera de los otros dos roles, tiende a ser directivo.

El estilo de un gerente depende mucho de sus características personales, especialmente de sus rasgos de personalidad y de su inteligencia (capacidad intelectual e inteligencia emocional).

Por otra parte, el comportamiento específico de un gerente en una situación dada depende no solo de su estilo, sino también de los factores que intervienen en la situación. Por ejemplo, un gerente que tiene un claro estilo participativo adopta un comportamiento directivo porque la urgencia y gravedad de la situación así lo requieren.

La influencia de la situación, además de ser una cuestión de hecho, ha planteado cierta discusión acerca de si en general existe un mejor estilo gerencial o de liderazgo; o si, en cambio, lo más importante es saber adaptar el comportamiento a la situación, partiendo de la premisa de que distintos tipos de situación ameritan diferentes estilos. Por ejemplo, el modelo del grid gerencial considera que el estilo 9,9 es el único mejor; por el contrario, los defensores del llamado "liderazgo situacional" opinan que la eficacia de un estilo depende de la situación. En parte, esta es una falsa polémica, porque estos defensores usan la palabra estilo en el sentido de comportamiento específico, y no como inclinación general.

CONCEPTOS COMPLEMENTARIOS ABARCATIVOS

RECURSOS, PROCESOS Y PRODUCTOS

En la sección sobre la operación hicimos referencia a los recursos, procesos y productos **operativos**. Pero, conforme se desprende del resto del texto, otros elementos de la organización responden también a la trilogía recursos-procesos-productos:

- Los recursos humanos (o sea las personas), sus procesos (el comportamiento) y su producto (fundamentalmente la tarea que realizan las personas).
- Elementos de la arquitectura, particularmente los sistemas que reseñamos en la sección respectiva.
- El sistema de información, con su *input*-proceso-*output*.

La **tecnología** es un recurso primordial que interviene en cualquiera de los campos indicados.

CAPITAL INTELECTUAL

Los recursos mencionados en la sección precedente pueden agruparse en dos grandes categorías:

- Los tangibles (financieros y físicos).
- El denominado "capital intelectual".

A su vez, el capital intelectual comprende:

- El capital humano, que radica en las competencias y demás características personales de los miembros de la organización.
- El capital llamado estructural, compuesto por la tecnología propia, los sistemas gerenciales y operativos, la

información sistematizada, etcétera. El capital estructural hace posible el funcionamiento de la organización y facilita el aprovechamiento del capital humano. Algunos autores incluyen ciertas características sociales, como la cultura, dentro del capital estructural.

• El capital que preferimos denominar externo (también llamado del mercado, relacional o clientela, aunque este último nombre no refleja todo su contenido), que comprende las marcas, la posición en el mercado, la clientela, las licencias y franquicias comerciales, el acceso a los proveedores, etcétera.

OBJETIVOS, PROBLEMAS Y DECISIONES

La vida de la organización requiere una actividad permanente de fijar objetivos, resolver problemas y tomar decisiones.

Un **objetivo** es un resultado, atributo o situación deseados, para los cuales se pretende ejercer alguna acción consecuente.

Un **problema** es una brecha entre una situación actual o proyectada y un objetivo. Se entiende por situación proyectada aquella que puede llegar a ocurrir, independientemente del objetivo. Dentro de los problemas, cabe distinguir cuatro prototipos:

1. El problema "negativo", cuando la situación actual no satisface el objetivo prefijado.
2. El problema "potencial", cuando la situación proyectada puede ser insatisfactoria.
3. El problema "de implementación", cuando ya se ha fijado un objetivo, y no necesariamente se observa un problema negativo o potencial, pero es preciso definir cómo se va a concretar dicho objetivo.
4. El "aprovechamiento de oportunidades", cuando a partir de un objetivo general (explícito o implícito),

y generalmente a raíz de nueva información, se plantea la posibilidad de desarrollar nuevos objetivos. En este caso, de todos modos, se genera una brecha entre la situación actual o proyectada y el objetivo, lo cual equivale a un problema.

La mayoría de los problemas suelen tener características pertenecientes a más de un prototipo; por ejemplo, una misma situación entraña un problema negativo y además un problema potencial; o un problema de implementación presenta dificultades que implican problemas potenciales. Aún más: una misma situación puede ser percibida o interpretada de distintas maneras por una u otra persona; por ejemplo, donde un pesimista observa un problema negativo, un optimista intuye el aprovechamiento de una oportunidad.

La resolución de un problema demanda un **curso de acción** que salve la brecha entre la situación actual o proyectada y el objetivo; vale decir, que permite lograr el objetivo.

La **decisión** consiste en elegir un curso de acción determinado entre varios. Se entiende que el curso de acción elegido puede comprender una configuración de varios cursos de acción.

En un sentido lato, los conceptos de "resolución de problemas" y de "toma de decisiones" son sinónimos, dado que ambos representan un mismo proceso. En efecto, la resolución de cualquier problema requiere la toma de decisiones; y viceversa, toda decisión implica necesariamente la existencia previa de un problema a resolver.

El proceso de toma de decisiones comprende las siguientes **etapas**:

1. El examen de la problemática que incluye, entre otras cosas, el diagnóstico de la situación.
2. El desarrollo de cursos de acción: concepción, evaluación y elección.
3. El plan de implementación.

Dado un sujeto responsable de una decisión y de un grupo de personas que pueden participar o no en la decisión, caben opciones en cuanto al **comportamiento** del sujeto en el proceso de toma de decisiones: **directivo o participativo**, en mayor o menor grado. El sujeto puede ser un gerente y el grupo en cuestión, el de sus colaboradores directos. Pero el planteo es aplicable a otros tipos de sujetos y a otros posibles participantes.

A continuación trataremos de aclarar los conceptos de directivo y de participativo. Pero antes es necesario destacar que no implican una simple opción polarizada del tipo "blanco o negro", sino que entrañan un continuo que va desde el extremo más directivo al otro extremo más participativo, con cualquier cantidad de puntos intermedios. El prototipo de extremo directivo se da cuando el sujeto no comparte con el grupo ninguna etapa del proceso decisorio, sino que se limita a comunicarle la decisión tomada. El prototipo de extremo participativo ocurre cuando el grupo participa plenamente a lo largo de todo el proceso, y la decisión se toma por consenso. Los puntos intermedios pueden ubicarse en función de lo siguiente:

1. Con relación a las etapas del proceso, caben varias opciones que van desde participar en una sola etapa (o en una parte de ella) hasta participar en todas las etapas.
2. En cualquier etapa o parte del proceso, la cuestión no se limita a si participar o no, ya que el sujeto dispone de una gama de comportamientos: ordenar/dirigir, persuadir, consultar (pero el sujeto toma la decisión) o buscar consenso; o bien delegar, que va más allá de participar.
3. Además, el grado de participación depende no solo de los comportamientos específicos del sujeto durante el proceso decisorio, sino también de la predisposición a participar de los demás. Y aquí juegan diver-

sos factores, uno de los cuales (habitualmente muy influyente) es el comportamiento previo del propio sujeto en cuanto a crear un marco favorable o desfavorable para la participación.

DESEMPEÑO

El concepto de desempeño comprende no solo los resultados de la organización, sino también el comportamiento de sus miembros y, por extensión, el comportamiento de la organización. Vale decir:

DESEMPEÑO = RESULTADOS + COMPORTAMIENTOS

El desempeño implica **evaluación**: positivo o negativo, bueno o malo, mejor o peor, etcétera. En general, es conveniente basar las evaluaciones en **mediciones**. En principio, los resultados son medibles, en tanto que los comportamientos son observables. Sin embargo:

- En general, se miden en forma sistémica los resultados inherentes a las variaciones de los activos tangibles, pero existen limitaciones para medir los resultados correspondientes a los cambios en el valor del capital intelectual. Esto lo planteamos en las secciones sobre los resultados y la información.
- Los comportamientos son medibles en ciertas condiciones. Por ejemplo, cabe medir el grado de trabajo en equipo sobre la base de una encuesta, en donde las opiniones de los encuestados se convierten en expresiones numéricas.

El desempeño se suele medir a través de **indicadores**, que pueden clasificarse en función de su perspectiva:

1. Indicadores económico-financieros, referentes a la rentabilidad (y sus diversos ingredientes como ingresos, costos, etcétera), el flujo de fondos, los dividendos, la situación patrimonial, el valor de la acción, etcétera.
2. Indicadores acerca del mercado y los clientes: penetración en el mercado, incremento y retención de clientes, satisfacción y lealtad de clientes, rentabilidad por cliente o tipo de cliente, etcétera.
3. Indicadores acerca de los procesos y sus productos. Estos indicadores giran fundamentalmente en torno a tres atributos: calidad, productividad e innovación. Brindan información sobre productos defectuosos, tiempos entre insumo y producto, proporción de productos nuevos sobre productos activos, etcétera.
4. Indicadores acerca de los recursos humanos: rotación, ausentismo, capacitación, motivación, productividad, etcétera.

La gestión del desempeño, que mencionamos en la sección sobre los sistemas, se sustenta en los dos sistemas básicos que allí mencionamos: el planeamiento y control de gestión, y la gestión de los recursos humanos.

El planeamiento y control de gestión utiliza los indicadores de desempeño: en la instancia de planeamiento, para fijar objetivos específicos o metas; y en la instancia de control, para evaluar el desempeño, incluyendo la comparación entre el objetivo fijado y el resultado logrado.

La gestión de los recursos humanos brinda apoyo al proceso: primero, estableciendo las competencias requeridas y suministrando la capacitación pertinente; y, complementariamente, instalando un régimen de evaluación y recompensas coherente con el desempeño, que surge, entre otras cosas, del planeamiento y control de gestión. De esta manera, no solo se evalúan los comportamientos y los resultados obtenidos, sino que para el futuro se promueven los comportamientos y resultados perseguidos. Vale decir, que se recurre a la motivación extrínseca, comentada en la sección sobre las personas.

COMENTARIOS FINALES

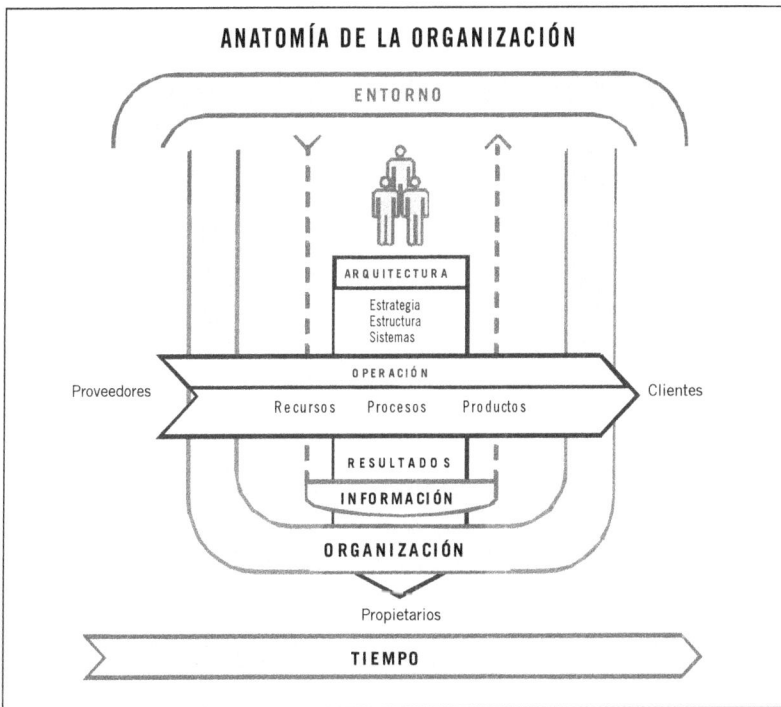

ANATOMÍA DE LA ORGANIZACIÓN

ENTORNO

ARQUITECTURA
Estrategia
Estructura
Sistemas

OPERACIÓN

Proveedores — Recursos Procesos Productos — Clientes

RESULTADOS

INFORMACIÓN

ORGANIZACIÓN

Propietarios

TIEMPO

ALCANCE DEL MODELO

El análisis de los elementos de la organización resumido en el gráfico precedente es aplicable a la organización tomada en conjunto. Pero cabe destacar que también es **aplicable integralmente a cualquier sector de la organización**, se trate de

401

una unidad de negocios, una división o departamento, un grupo de trabajo, etcétera. En este orden, transcribimos a continuación ciertos párrafos pertinentes de nuestra obra *Anatomía de la organización* (Macchi/Mercado, 1997):

> Encarado un sector en particular, él habrá de tener su entorno y su evolución en el tiempo. El entorno viene dado no solo por el de la organización total, sino también por la parte de la organización ajena al sector enfocado. El macroentorno y el ramo del negocio influyen sobre el sector. Y hacen lo mismo los propietarios y la comunidad. El sector tiene proveedores, organismos de influencia, competidores y clientes, ya sean internos o externos respecto de la organización.
>
> El sector tiene su management, su operación, su información, su gente y su desempeño. Su management reporta a un management superior dentro de la organización, y su desempeño habrá de contribuir al desempeño global de la organización.
>
> Le otorgamos una gran importancia al concepto de que el modelo es aplicable a cualquier sector de la organización. Esta aplicación permite que el modelo sea un instrumento valioso para cualquier gerente (empleamos esta palabra en el sentido amplio, abarcando desde el número uno de la organización hasta un supervisor de línea). El modelo procura que el gerente preste la debida atención a todos y cada uno de los elementos de la organización.
>
> Lo antedicho no significa, de manera alguna, que se enfoque al resto de la organización como algo ajeno al sector. Muy por el contrario, el sector debe integrarse al resto de la organización; los objetivos y las acciones del sector deben alinearse con los objetivos y las acciones de la organización; los clientes internos del sector deben encararse como eslabones de una cadena que apunta a los clientes externos de la organización, etcétera.

LA ORGANIZACIÓN COMO SISTEMA SOCIO-TÉCNICO

Se ha dicho que la organización constituye un sistema socio-técnico, compuesto por un sistema social y un sistema técnico. Creemos que este concepto es útil para una síntesis final.

En la página siguiente figura un gráfico que ubica los grandes elementos de la organización, analizados previamente, dentro del enfoque socio-técnico.

El **sistema social** está compuesto por:

- Las personas y su comportamiento.
- El contenido humano de la arquitectura; o sea de la estrategia, la estructura y los sistemas (fundamentalmente el sistema de gestión de los recursos humanos).

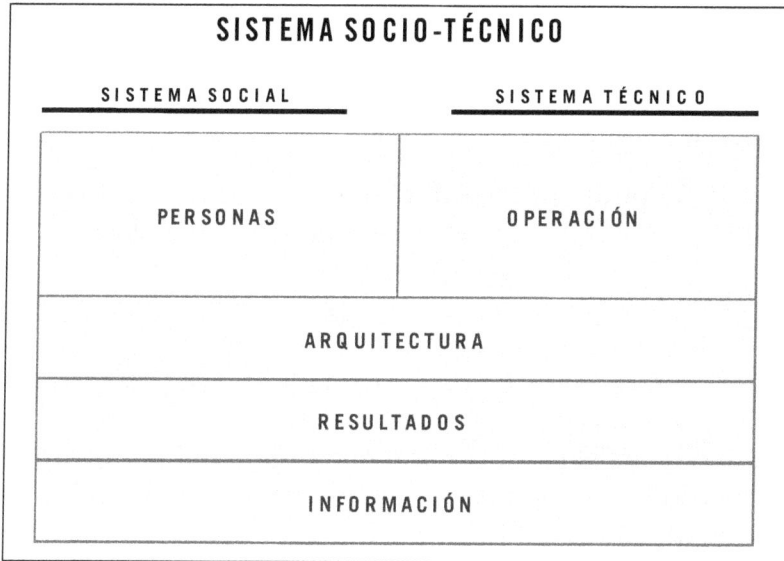

SISTEMA SOCIO-TÉCNICO

SISTEMA SOCIAL	SISTEMA TÉCNICO
PERSONAS	OPERACIÓN
ARQUITECTURA	
RESULTADOS	
INFORMACIÓN	

- Los aspectos de los resultados y de la información que tienen que ver con las personas.

El **sistema técnico** está compuesto por:

- La operación.
- El resto de la arquitectura, o sea, de la estrategia, la estructura y los sistemas (principalmente el sistema de planeamiento y control de gestión).
- Los resultados, excepto los inherentes a las personas.
- Los aspectos técnicos de la información, que incluyen la tecnología informática.

Hay quienes, debido principalmente a sus características personales (conocimientos, vocación, personalidad, etcétera), tienden a darle más importancia al sistema social. Otros, por el contrario, se inclinan a otorgar más relevancia al sistema técnico. Conforme hemos dicho, como principio general es conveniente emplear un **enfoque sistémico**, que abarque una visión integral de todos los elementos que componen tanto el sistema social como el técnico.

DINÁMICA DE LA ORGANIZACIÓN

Desde un punto de vista dinámico, los elementos de la organización pueden agruparse de la siguiente forma:

A. La configuración de la organización, integrada por las personas, la arquitectura (incluyendo el sistema que produce la información) y el diseño de la operación.

B. Las actividades que realiza la organización (incluyendo los comportamientos), las cuales generan los resultados.

C. La información acerca de A y B.

En tal dinámica, la organización afronta **dos grandes desafíos**:

I. Lograr los mejores resultados sobre la base de la configuración actual. Aquí es fundamental la eficiencia y el rol gerencial de administrador.

II. Ir transformando la configuración, en mayor o menor grado, para crear las condiciones que habrán de favorecer los resultados del mañana. Aquí es clave la innovación y los roles gerenciales de arquitecto y humano (este, con respecto al desarrollo de las personas).

El segundo desafío entraña la gestión del cambio organizacional. Se parte de la "anatomía" y, habida cuenta de la información (C), se hace el "chequeo de la salud; o sea la evaluación del funcionamiento de la configuración (A) y de las actividades y sus resultados (B). Y consecuentemente se diseña e implementa la "terapia", vale decir, las intervenciones sobre la configuración (A), procurando que repercutan positivamente sobre las actividades futuras y sus resultados (B).

Para acometer debidamente dicha problemática se requiere también un **enfoque sistémico**, en el sentido de brindar una atención integral a los dos desafíos. Hay personas que se limitan demasiado al primer desafío, descuidando el futuro; y, viceversa, hay quienes exageran su atención al segundo desafío, a expensas de los resultados actuales.

RESUMEN DE LOS ELEMENTOS COMPONENTES

En el Anexo II figura un resumen de los elementos descriptos en las secciones anteriores, que componen la anatomía de la organización.

ANEXO I
DEFINICIONES ESTRATÉGICAS

MARCO GENERAL

Visión

Visualización de una situación futura y deseable, que se aspira a lograr en un horizonte más bien lejano, aunque no necesariamente esté claro el camino para ello. La idea es que la visión, o mejor dicho la visión compartida, opere como un factor poderoso de motivación para los miembros de la organización. La visión puede contener cualquier tipo de ingredientes; puede referirse a aspectos clasificables como misión, valores, objetivos, metas o estrategias, en los términos que se detallan a continuación.

Misión

Síntesis de la naturaleza del negocio. A grandes rasgos: en qué mercado opera la organización, a qué clientes apunta, qué necesidades de ellos pretende satisfacer, qué clase de productos ofrece, qué propiedades esenciales tienen estos productos, etcétera. La misión sirve especialmente de marco para las estrategias del *output* que se tratan más adelante.

Valores

Pautas de conducta. Son principios fundamentales que guían el comportamiento de la organización, como la búsqueda de la excelencia, el cumplimiento de las disposiciones legales, el respeto humano, etcétera.

DEFINICIONES ESPECÍFICAS

Objetivos

Nivel de aspiración en cuanto al desempeño. Son resultados o atributos a lograr: rentabilidad, flujo de fondos, crecimiento, participación en el mercado, satisfacción de clientes, etcétera. Los objetivos pueden ser:

- Específicos, vale decir mensurados (en función de un cálculo predeterminado) y acotados en el tiempo. A estos objetivos se los suele llamar "metas".
- No específicos, que no reúnen dichas condiciones.

La idea es convertir los objetivos no específicos en específicos o metas. Si esto no ocurre, los objetivos pueden representar valores, o sea pautas de conducta.

Estrategias

Curso de acción elegido frente a un planteo de cursos de acción posibles. Es conveniente que las estrategias versen sobre **cuestiones estratégicas clave**: planteo de alternativas de cursos de acción de alto impacto. Dentro de las estrategias cabe distinguir:

- Las del *output* (elección de mercados, clientes y productos, estrategia competitiva, política de precios, desarrollo de canales de distribución, etcétera).
- Las del *input,* o sea la obtención y utilización de recursos (humanos, tecnología, financiamiento, etcétera).

ANATOMÍA DE LA ORGANIZACIÓN - RESUMEN DE ELEMENTOS

ENTORNO DE LA ORGANIZACIÓN

Macroentorno
(MUNDIAL, NACIONAL O REGIONAL) – FACTORES
  ECONÓMICOS
  POLÍTICOS
  LEGALES
  SOCIALES
  CULTURALES
  DEMOGRÁFICOS
  TECNOLÓGICOS

Ramo del negocio
  MERCADO
  RASGOS ECONÓMICOS
  CARACTERÍSTICAS TECNOLÓGICAS
  CONDICIONES COMPETITIVAS
  REGULACIONES
  ETCÉTERA

Actores "cercanos"
  CLIENTES
  PROPIETARIOS

PROVEEDORES
COMUNIDAD
  Gobierno
  Organismos de control
  Sindicatos
  Cámaras
  Entidades educativas
  Etcétera
COMPETIDORES

EVOLUCIÓN EN EL TIEMPO DE LA ORGANIZACIÓN

Pasado – HISTORIA
Presente
Futuro – VISIÓN

ORGANIZACIÓN

Personas[1]
  CARACTERÍSTICAS DEMOGRÁFICAS
    Edad
    Sexo
    Etnia
    Etcétera
  CARACTERÍSTICAS PERSONALES
    Características en sí
      Conocimientos
      Habilidades específicas
      Valores y creencias
      Vocación
      Condiciones físicas
      Personalidad
      Inteligencia

---

1. "Gerentes" y "no gerentes". Los gerentes se analizan en la sección sobre la dirección y la gerencia.

Factores personales del desempeño
Competencias
Motivación (intrínseca y extrínseca)
CARACTERÍSTICAS SOCIALES
Poder
Liderazgo
Comunicación
Trabajo en equipo
Clima
Cultura
COMPORTAMIENTOS

Arquitectura
ESTRATEGIA
Misión
Visión
Valores
Objetivos
Estrategias
ESTRUCTURA
Áreas de responsabilidad
Mecanismos de coordinación
Asignación de personas
SISTEMAS (PROCESOS)[2]
Planeamiento estratégico
Análisis interno
Análisis externo
Cuestiones estratégicas clave
Definiciones estratégicas
Gestión de los RR.HH.[3]
Reclutamiento

---

2. Aquí se circunscribe a los sistemas gerenciales. Los sistemas operativos forman parte de la operación, y los sistemas de información son inherentes a la información.
3. La gestión de los RR.HH. y el planeamiento y control de gestión configuran la gestión del desempeño.

Flujo interno
Desvinculación
Capacitación y desarrollo
Evaluación y recompensas
Seguridad y salud
Comunicación
Relaciones laborales

Planeamiento y control de gestión (o de las operaciones)– Incluye:

Administración por objetivos
Control presupuestario

Gestión del riesgo – Incluye:

Control interno
Auditoría

Gestión del conocimiento
Gestión del cambio

Operación

RECURSOS OPERATIVOS
Tangibles (financieros y físicos)
Intangibles
PROCESOS OPERATIVOS
Actividades primarias
Logística de entrada
Producción
Prestación de servicios
Logística de salida
Comercialización (marketing y ventas)
Actividades de apoyo
Investigación y desarrollo
Administración general
Finanzas
Recursos humanos
Informática
Aseguramiento de la calidad

Asuntos legales
Auditoría
Etcétera
PRODUCTOS
Bienes tangibles
Servicios

Resultados - Impacto sobre los recursos:
HUMANOS (personas)
OPERATIVOS (tangibles e intangibles)

Información
SISTEMÁTICA[4]
Recursos informáticos
Procesamiento de datos
Output
CIRCUNSTANCIAL

DIRECCIÓN Y GERENCIA

Directorio/directores

Gerencia/gerentes

ROLES GENERALES
Operador
Externo
ROLES GERENCIALES
Administrador
Arquitecto
Humano

---

4. Comprende el diseño funcional y la tecnología de informática. Incluye la contabilidad.